日本人の心と建築の歴史

上田　篤　著

鹿島出版会

日本人の心と建築の歴史……【目次】

第二章 承の巻 ……91

第四章 結の巻……209

はじめに——建築になぜ心か？

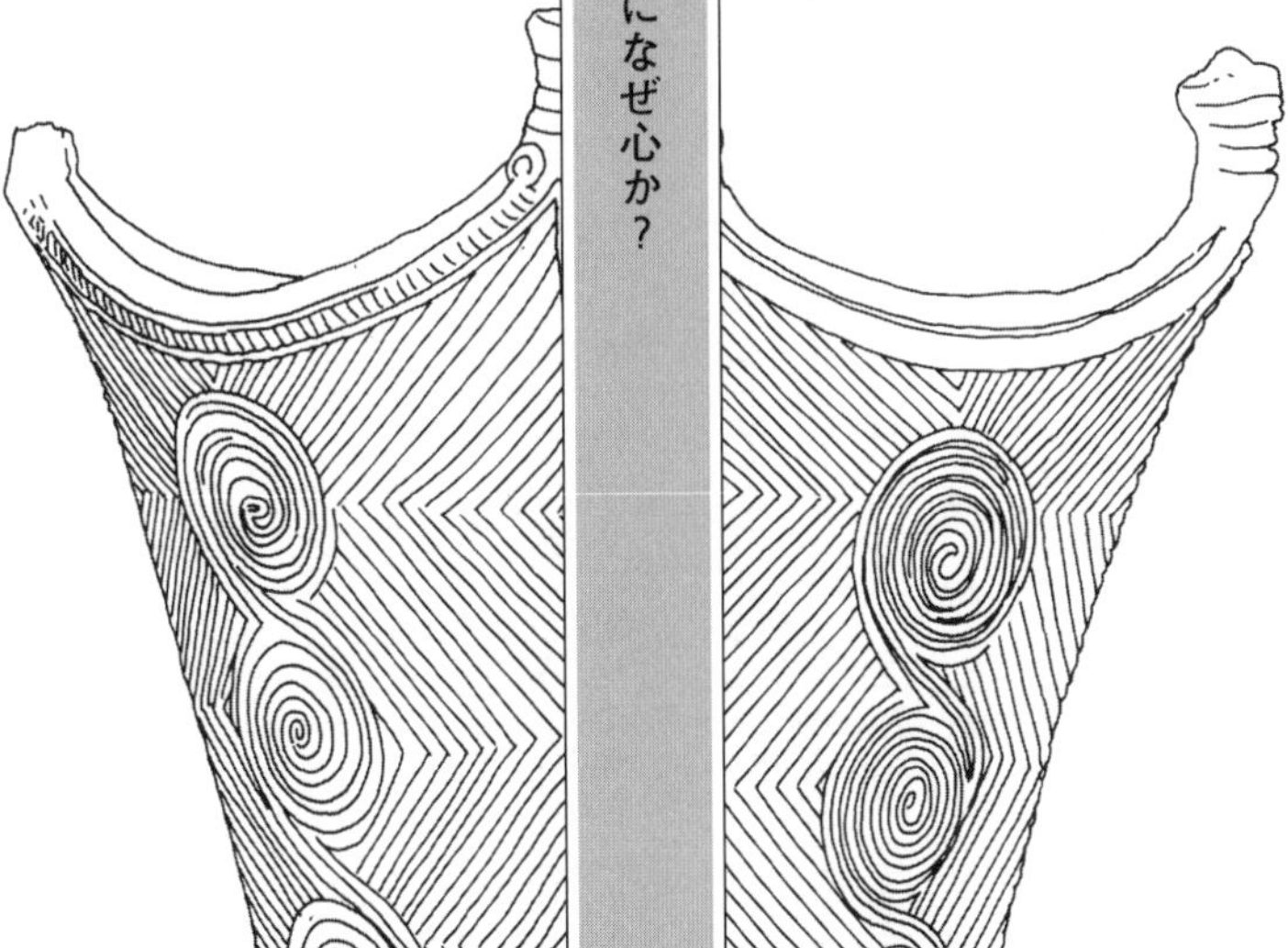

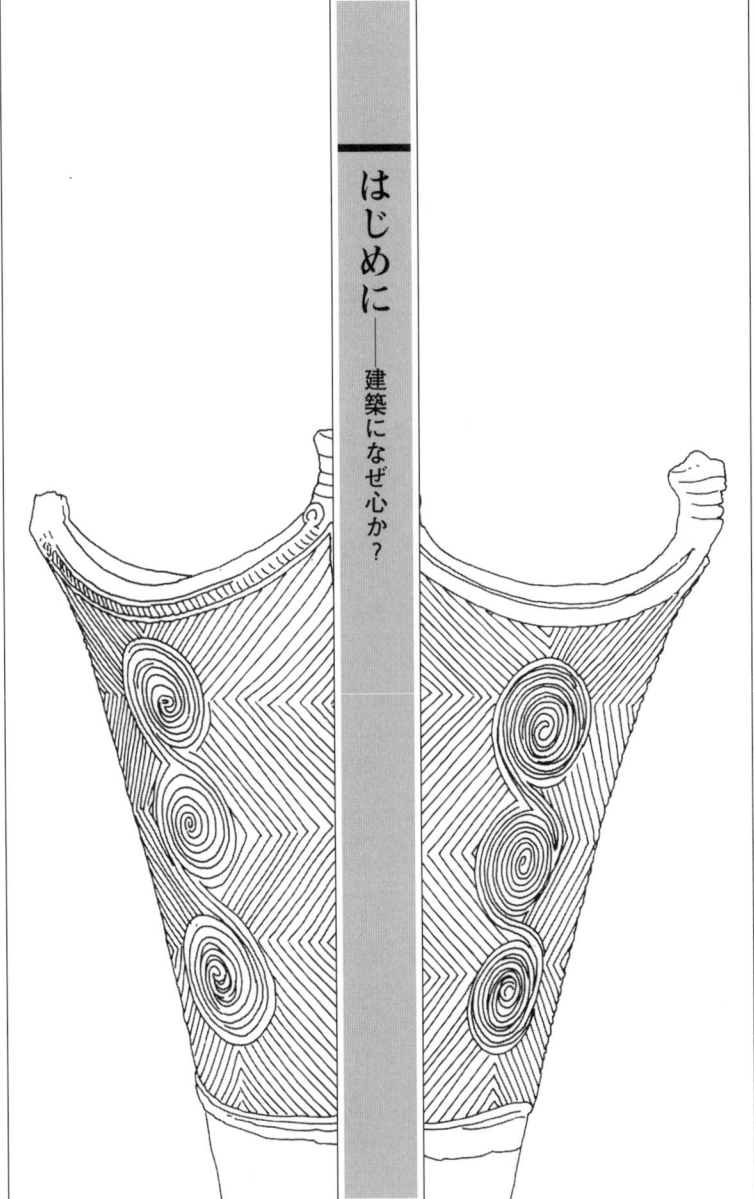

いままでの「日本建築史」はほとんど美術史だった。それも美術様式史である。

さらにいうなれば、その中心は「仏教建築様式史」だった。たとえば、西洋建築史がロマネスク、ゴシック、ルネッサンス、バロックなどといった美術様式にしたがって西洋建築の歴史をかんがえる「美術様式史」であるように、日本建築史も和様・大仏様・禅宗様などといった仏教建築様式にしたがって日本建築の歴史をかんがえる「仏教建築様式史」が主流だった、といえる。

もちろん、それがいけないというわけではない。だが問題はいろいろある。

たとえば仏教建築様式といっても、それにしたがって純粋に建てられた寺院はごくわずかで、大多数の寺院は伝統的スタイルもふくめていろいろな技術や様式の混交である。それに仏教建築様式の中心になるものは斗栱《ときょう》、つまり柱の上にのっかったり、柱に突きささったりして軒をささえる「組物」の構造やデザインのことだ。「西洋石造建築の柱頭様式の東洋版」といってもいい。その組物を大きなテーマとして日本建築史が成立してきたのである。

しかし日本建築については、もっと大切なことがたくさんあるのではないか？　たとえば「昔からおおくの日本人が中国や韓国にいってレンガ造建築や石造建築をみてきたのに、明治までレンガや石が日本人の生活空間には一切つかわれなかったのはなぜか？」といった疑問についてほとんどの建築史の本に書かれていない。そういう「日本建築史」では仏教建築の軒の組物のことはわかったとしても、現実の木造寺院建築の理解にさえすぐ役だつとはおもえない。ましてやその他の建築のこと、たとえば縄文・弥生時代の建築や「前方後円墳」のことなどとなるとまったくお手あげではないか。

それはまあよい。仏教建築の軒の組物様式のことがわかっていれば多少なりとも日本建築の理解に役だつだろうからだ。がしかしそういった美術様式史では、日本建築の歴史的発展のダイナミズムはわからないだろう。なぜなら建築を動かしているものは人間だからだ。建築様式のことがわかったとしても人間が存在しない建築史だと「なぜこんな建築ができたのか」といったことはほとんど知ることができないのではないか。

じっさい日本建築史家は、よく自虐的に「日本建築史は空家建築史だ」というが、いいえて妙である。たしかに「空家の美術カタログ」をならべたのでは「生きた建築の歴史」にはなるまい。

「人間にとって建築とはなにか?」

そこでだれしも「生きた日本建築史」をかんがえたい、とおもう。

だがそれはよいとしても、じっさいに「日本人と建築の歴史」あるいは「人間と建築の歴史」などということになると漠然としてとらえどころがない。第一、人間や建築というもの自体が茫漠とした存在だからだ。

そこで問題はもっとしぼりこまれなければならない。たとえば人間と建築のかかわりのなかで問題をどうとらえるか、いわば「人間にとって建築とはなにか?」ということをかんがえるのもそのひとつだろう。

「人間にとって建築とはなにか」という問にたいする答は、紀元前一世紀に古代ローマの建築家ウィトルウィウスが「建築は強さと便利さと美しさがたもたれなければならない」といって以来、今日までその考え方がおおかたの支持をえている。すると従来の建築史は、そのうちの主として「美」を中心にかんがえてきた歴史といえる。

しかしこれにたいして、ウィトルウィウスの『建築書』を日本に翻訳した建築学者の森田慶一は古代ギリシア建築の例をひきながら、ウィトルウィウスの「強・用・美」のほかに「超越した神秘性」なるものを強調する。それはすぐれた建築に接したときにおこる高揚した感情だ。森田はそれを「聖なる存在への志向」といっている。「強・用・美のほかに聖がある」というのだ(1)。

これは重大発言である。森田はウィトルウィウスを翻訳紹介しながらウィトルウィウス建築観を大幅に修正している。にもかかわらず、森田の翻訳したウィトルウィウスの『建築書』だけが世間にひろまり、森田のこの発言は、今日までわが国の建築界ではほとんど無視されている。

「強・用・美・聖」

そこで、森田のいっていることをもういちどかんがえてみよう。

たとえば、わたしたちがヨーロッパにでかけてゴシックの大聖堂を見あげたとき、巨大な尖塔が太陽の日をうけてキラキラ光り、一瞬、しびれるような感覚をおぼえることがある。それは美的感覚をとおりこして、超自然的な力に接したときにおこる「畏怖の感覚」に近いものだ。あるいは心に何かをうったえるものである。現代的なことばでいえばオーラといっていいか。では、何にたいする「畏怖の感覚」か。オーラなのか。

ゴシック建築の創始者といわれるサン・ドニ修道院長シュジェールは、その聖堂の入口に「この輝く気高い御堂は魂を明澄にする。魂が真《まこと》の光の中をとおって真の光にいくために」ときざませている。かれがいう「真の光」とは「神」である。とすると、畏怖の感覚とは「神」にたいするものだ。シュジェールにとって心にうったえるものは「神」だったのだ。オーラとは「神」のことなのである。

それとおなじようなことを日本建築についていった人がいる。シュジェールとほぼ同時代の歌人の西行だ。かれは伊勢神宮の社前にぬかずいて「何事のおわしますかは知らねどもかたじけなさの涙こぼるる」と詠んだ。八〇〇年のちにドイツの建築家ブルーノ・タウトも伊勢神宮を見てどうようの感懐をもった。すると建築は「強・用・美」のほかにもうひとつ「聖」という観念をくわえなくてはならないのではないか。さきのオーラである。

「聖」は心

ところで、そういうオーラの感覚は現代人より原始・古代の人びとのほうが強かったようだ。たとえば建築＝アーキテクチュアということばは、古代ギリシアの「アルキテクトニッシェ・テクネ（architectonice techne）」の略で「構築の原理を知る工匠の技術」とされるが、その「構築の原理」とは空間の秩序をいう。それを数学的に表現したものが「シムメトリア（symmetria）」といわれた。それは造物主である神の作品、たとえば天上の星、地上の自然、美しい人間の肉体などにならぶものとされたのである。すると「建築する」ということは、じつは人間の行為ではなく「神の行為」なのだ。じっさいパルテノンの設計図はすべて神殿の礎石の下に埋められて人間の眼にふれることはなかった、といわれる。

それとおなじようなことが日本にもある。古い日本語で人間が住まう建物のことを「屋《や》」といったが、神が住まうものは「霊屋《みや》」といって屋とは区別した。「宮」である。すると「宮」は「屋」とちがって「強・用・美」のほかに「聖」あるいはオーラというものがあるのだ。建物が「屋」なら建築は「宮」のことなのである。

そういう宮の「聖」を知ることが、この国の建築史を知ることだろう。

なぜなら「強・用・美」というのは物の問題でどこの国にも共通するが「何をもって聖とするか」は心の問題であり、それは民族や文化によって異なるからだ。じっさい世界には、民族の救世主をもって「聖」とする国もあれば、ウシをもって「聖」とする国もあるのである。

現代をかんがえる

しかしそういう「聖」といったことを問題にするのは「古い時代の話だ」といわれるかもしれない。たしかに科学技術の未発達の時代には「強・用・美」といった合理的観念より「聖」やオーラといったある種「呪術的感覚」のほうが人びとの心をとらえたろう。しかし科学技術が発達した今日では、もはや「聖」やオーラといった感覚は不要のものだろうか。

わたしはそうはおもわない。なぜなら、すくなくとも日本についてかんがえると、今日、近代化したわたしたちの建築世界にも合理主義だけでは説明できないことがいっぱいあるからだ。たとえば日本人は家の中にはいるときほとんど靴をぬぐ。こんな行動と、そのための玄関や式台、あがり框《かまち》や下駄箱などという空間的装置をもっている国は世界でほとんど日本だけだからだ。そしてその理由を合理主義だけで説明するのはむずかしい。そこにはある種の「聖」観念をもってでないと説明できないことがあるからである。

そこでわたしたちの建築のまわりにある合理主義だけでは説明できないおおくの疑問点、とりわけ外国のものとは異なる日本建築の特色をもういちど歴史にさかのぼってかんがえたい。そうすればおおくの謎もとけるのではないか、そういうことを知らないと今日の日本の建築もまた明日の世界の建築も論じられないだろう、そしてそういうことを知ることが「日本建築史」ではないか、とわたしはかんがえたのである。

「部分と全体を見る」複眼的思考から謎にせまる

だが「歴史にさかのぼってかんがえる」といっても、じつはそれもたやすいことではない。というのは、そのためには一般の歴史学を勉強しなければならないが、その歴史学もじつは問題がおおいからだ。

まず日本では、古代史や中世史のような特定の時代史はあっても通史はない。たとえあっても、多くの学者の論文の「よせあつめ」でしかない。通史の専門家がいないのである。また経済史や文化史などの専門史はあっても総合史はない。

その専門史もおおくが各種事件、人物、資料などをならべたもので、物事のダイナミックな動きをつたえるものはすくない。たいてい「資料史」であって「人間史」ではない。ましてや「聖」をかんがえる「人間の精神史」というような学問ジャンルにいたってはほとんど未発達だ。「宗教史」もあるにはあるが、各時代の宗教家の活動を紹介するていどのものにすぎずおおくが「人間の心の歴史」にはなっていない。

なぜ「歴史学」がこういうことになったか、というと、それにはいろいろな理由があるが、根本的には「何事も部分と全体をみる」という視点が欠けているからではないか、とわたしはおもう。

歴史学にかぎらず一般に人文系の学問世界では専門主義が尊重されて教養主義は低くみられている。また自分の専門領域をとざして他人をよせつけない「タコツボ主義」がおおっている。なぜそうなるか、というと、学者はおおく「資料集め」に汲々として「謎解き」の姿勢を放棄しているからだ。学問はほんらい「この世界の謎を解くことからはじまった」とおもわれるのに、そういうことがわすれられているのだ。

そこでそういう「謎解き」をおこなうためには、学者は自分の専門領域のみならず、専門外の関連領域もどうじに見る複眼的思考をもたなければならないだろう。たしかに「部分と全体をどうじに見る」というのはむずかしいことだが、しかしそれはスポーツの分野でも芸術の分野でも、すぐれたプロならかならずとりくみ、成果をあげていることである。学問世界でもできないことはないだろう。

「建築史すること」

そこでわたしは、建築史という分野と、それに関連する一般歴史学、考古学、民俗学、人類学、宗教学、さらには土木学、地理学、地質学などをどうじにかんがえようとおもった。というと大変なことのようだが、じつは手さぐりでそういうことをやっているうちに、いろいろなことが発見されてくるものだ。従来、どの専門分野でも見すごされてきたことがつぎつぎに明るみにでる、ということをたびたびわたしは経験した。

そしてそういうことを発見する契機となったものは、ふつうの人間のふつうの感覚である。それを真正面にすえてたくさんの視点から物事の謎にせまっていくと、いろいろのことがわかってくるものなのだ。

ただ「いろいろのことがわかってくる」といっても、それはたいてい論理上のことである。「そうかんがえるといままでの謎が解ける」ということであって、具体的な証拠のないことがおおい。つまりせいぜいが妥当な推量でしかない。

しかしたとえ「妥当な推量」であっても、それが「聞く人になっとくがえられるような論理をもっているなら、それをいろいろな視点からおぎなっていけばひとつの論や仮説になりうるのではないか」とわたしはかんがえた。そしてまた「そういう論や仮説はいろいろあってもいいのではないか」。その論や仮説を聞いて「おかしい」とおもった人がさらにかんがえればいい。そうやってみんなでいろいろかんがえていくことが「歴史すること」だ、とおもうようになったのである。

すると、本書は「わたしの日本建築史すること」である。これをひとつの刺激として、お読みいただいた人がまたいろいろ「日本建築史してほしい」とねがっている。じっさい、人間世界はこのような歴史的世界をふくめて謎にみちみちたものなのだ。現在の学問をもってしても世界のことはなにほどもわかっていない。それをさもわかったように書いている「科学論文」や、それをうけてつくられた「教科書」などは、せいぜい「わずかな知識の羅列」か「学界常識のくり返し」でしかないだろう。

そこでわたしは「そういう知識の片々を頭につめこむ教育としての建築史から脱却したい」とかんがえた。わたしがやりたい建築史の教育は「知識の詰めこみ」ではなく「世界の謎解き」である。そこでわたしにできることは、知りうるかぎりの世界の情報を集め、できるかぎりの総合的視野に立ち、ふつうの人間のふつうの感覚で建築の歴史を問いつめていって、建築と、建築をとおしてみる日本人の心について「こうかんがえては？」という論を提示することぐらいだ。そして「学問とはほんらいそういうことなんだ」ということを若い人たちに知ってもらうことが教育ではないか、それなら若い人たちも「わたしたちもやってみよう」とおもうようになるのではないか、とかんがえている。

それが「生きた日本人の建築の歴史」を知ることだろう、とおもうのである。

第一章　起の巻

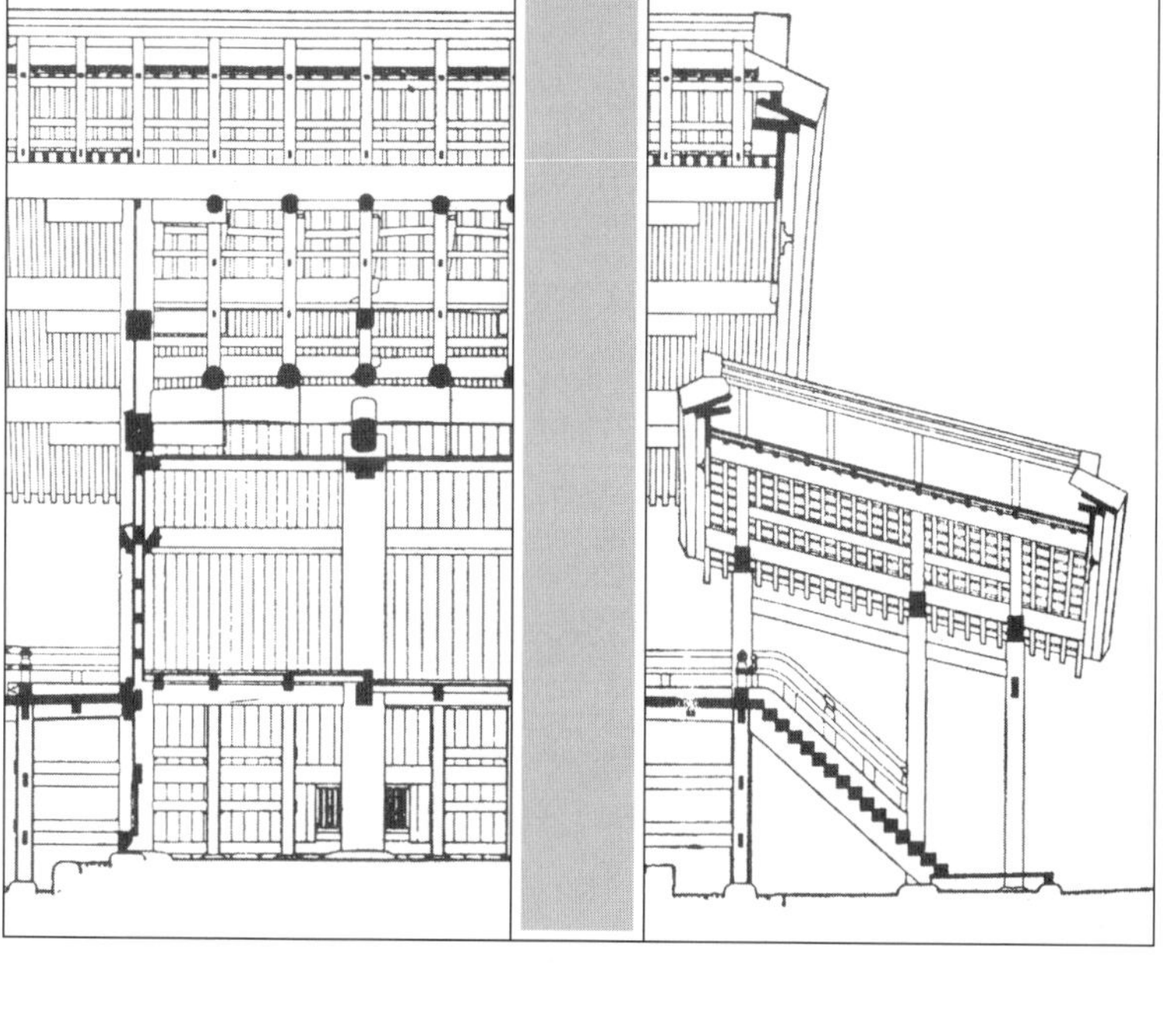

1 日本の屋根はなぜ大きいか？——縄文人と竪穴住居

京都という町は「日本建築の故郷」といった感がある。毎年、春秋になると、建築や庭園を見るために国内外からおおくの人びとが京都へやってくるからだ。

そこでわたしもJR京都駅前にたつ。駅の喧騒をさけて北に四、五分あるく。すると東本願寺や西本願寺の伽藍が目にはいる。日本最大の仏教教団である東西の浄土真宗の総本山だ。それらを遠くからみると屋根が巨大である。近くによってみると軒の深さにびっくりする。なかにはいると空間の広さにおどろく。

もっとも、建物のそばにくると屋根の大きさをあまり感じさせない。西洋建築とちがい屋根がゆるやかにセットバックしているからだ。ところが図面をみると屋根は巨大な面積を占める。立面図のおおかたは屋根である。屋根面積がときに壁面積の数倍もある。

こういった日本の屋根のデモンストレーションは、なにも京都の寺にかぎらない。いなかの町や村でも、しばしばびっくりするような大きな寺の屋根をみかける。まわりの建物が小さいから、そのぶん寺の屋根が大きくみえる。

また寺だけでなく古い農家の屋根も大きい。ときに建物全部が屋根といってもいいぐらいの民家さえある。

では日本の建築の屋根はどうしてこんなに大きいのか？

それはふつう「雨のせいだ」とかんがえられる。が、じつは日本より雨のおおい国はいっぱいある。インド、インドネシア、マレーシア、シンガポール、タイ、フィリピン、メキシコなどの年間降雨量はみな日本より大きい。韓国だって仁川の最高降雨月の降水量は東京のそれよりはるかに大きい。だがそれらの国の建物の屋根が巨大かというとかならずしもそうではない。となると屋根が大きいのは雨のせいばかりとはいえない。

ではどうしてか？　これは日本建築の根本にかかわる問題である。そこで「日本人と建築の歴史」をその原始からみていくことにしよう。

「草原人間」から「森林人間」へ——定住生活者の誕生

日本列島は、いまから二〇〇万年前ごろに姿をあらわした地球上でも「若い地層」に属する。

しかしその若さにもかかわらず、列島の表面は意外にもろい岩石でおおわれている。その原因のひとつに、大陸移動によって太平洋プレートが海洋地殻のかけらや海底土砂などを集めてきて日本列島に堆積したからだ、という説があるぐらいだ[1]。また大陸の大平原などとちがって平野がほとんどない。かわりに山あり、谷あり、湖沼あり、急流河川あり、といった入組んだ地形になっている。

そこへ夏には熱帯性低気圧が大雨を、冬にはシベリア寒気団が大雪をもたらす。

この地形の複雑さと気象のきびしさが、この国に豊かな自然と災害のおおい国土とをつくりだしてきた。

この日本列島に古くから住みつき、身体的にも文化的にも今日の日本人とつながりをもつ、とみられる人びとつまり「原日本人」については、最近、しだいにその姿があきらかになってきた。

まず、およそ七万年前ごろの氷河時代の極寒期の日本をみよう。そのとき地球上の海水面はいまより一四〇メートルほども低下していた。ために日本列島の大陸棚のおおかたは陸化し、間宮海峡や朝鮮海峡も陸化して日本列島は大陸とつながっていた。

すると日本列島の大陸棚の草原を目ざして、アジア大陸からマンモス、ゾウ、カモシカ、オオツノシカなどの大型哺乳類がやってきた。それを追って人間たちもやってきた。いまから三万年前ごろといわれる。

かれらはナイフ型の石器やヤリ型の石器のほか細石刃といわれるカミソリ型の鋭利な石器をもってきた。

また動物の皮でおおうテント小屋の技術ももってきたとおもわれる。これらは「先土器文化」といわれる。

こうして日本列島において大型哺乳類と人間とのドラマがはじまった。それは約二万年つづいた。ところが一万七〇〇〇年前の最寒冷期をすぎるころから、地球はふたたびあたたかくなり、海水面は上昇し、すくなくとも一万年前ごろには大陸棚は完全に水没してしまった。ためにマンモスたちは草原を失ない、さらに大陸に帰るべき「陸橋」を失ない、とうとう人間たちに狩りつくされてしまった、とおもわれる。とどうじに人間たちも、大切な食糧源を失なって絶滅するはずであった。だが人間たちは生きのこった。なぜだろうか？

それは日本列島があたたかくなっただけでなく、雨が降るようになったことが大きい。

夏には地球の温暖化によって熱帯で発生した低気圧が日本列島に大雨を降らせ、冬にはそれまでつめたく孤立していた日本海にあたたかい対馬暖流が流れた結果、海水の蒸発量がふえ、それをシベリア大陸の寒気団が日本列島上で雪に変えるようになった。こうしてこの国に本格的な森林が生みだされた。いまから一万四、五〇〇〇年前ごろのことである。ヨーロッパやアメリカでの本格的な森林形成は八〇〇〇年前ごろといわれるから、世界でも異常に早い森林の成立といえる。

そこでこの列島の人間たちは、森林の木の実と、森林の小動物と、森林が放出する各種栄養塩がやしなう魚貝類などによって命をつないだ。各地で発見されている貝塚のなかに、多数の木の実、森の小動物の骨、魚の骨、貝殻などが発見されていることがそれを証明している。大動物を追っていた「草原人間」は、森のそばの「森林人間」に変わったのだ。

もっとも以前の狩猟民は絶滅し日本列島の外部からあらたに森林に適応する民族がはいってきた、という説もあるが、考古学的証拠に乏しく人類学的にもかんがえにくい。じっさいそのころの遺跡には「草原人間」の遺物と「森林人間」の遺物とが混交して発掘されるケースが多いから「草原人間」が「森林人間」に変わった、とみるほうが自然だろう。

竪穴住居はなぜつくられたか？

細かいことをいえばいろいろあるだろうけれど「日本の草創期」にかんしては、だいたい以上のようなことがいえるのではないか。

さてここで「草原人間」が「森林人間」になり、食生活の内容がかわっただけでなく、かれらが森のそばで定住生活をはじめたことが大きい。今日、各地で発掘される多くの「竪穴住居」がその証拠である。じっさい、地面を掘ってつくられる竪穴住居は大動物を追う遊動生活にはおよそ適しなかったものだ。

その竪穴住居がいつごろつくられたか、ということについては、住居内の炉の地層にのこされた炭片の放射性炭素の年代測定によって知ることができる。そのいちばん古いものは約一万一〇〇〇年前におきた桜島の噴火による火山灰層の下から旧石器時代の遺物とともに発見された竪穴住居だ。一万二〇〇〇年前ごろと推定されている。ということは、一万二〇〇〇年前、あるいはそれ以前に人びとは遊動生活に別れをつげ、定住生活にはいったことが推測されるのである。

そこで竪穴住居をみよう。

それはふつう小高い丘の上などに、直径四、五メートルの円形、楕円形、または隅丸四角形状に排水溝をもうけ、その内側に土盛りをし、土盛りの内部の土を一メートルぐらい掘りさげ、なかに四本柱などの骨組をつくり、それにまわりから木や枝をたてかけ、そのうえに草を敷き、しばしば土をのせ、踏みかため、屋根に煙だしをもうけ、壁はないかあっても低く、小

大地をおおう竪穴住居（三内丸山遺跡の復原から）

さな出入口はムシロなどでとざす、といったものである。

もちろん、こういった竪穴式のほかに「平地式住居」や「掘立柱式住居」などもあるが、それらはたいてい物置用や集会用とかんがえられ、一般的なすまいとしてはこの竪穴住居とみられている。

ここにひとつ重大な疑問がある。

というのは、たとえ定住のためとはいえ、なぜこんなに気密性の高いすまいをつくらなければならなかったのか。ちょっと見にはこれはトーチカである。あるいは建物全部が屋根といってもいい。じっさいこういう形式の建物を専門家は「伏屋式《ふせや》」とよんでいるぐらいだ。そういう気密性の高いすまいの採用についてふつう「防寒用」といわれる。けれどそれまで大動物を追っていたとき人びとはそこらの木の下でやすんだり、岩陰でねたり、あるいはテントですごしたりしていたはずだ。しかもそれは氷河時代の極寒期である。ところが定住するようになったとはいえ気候は温暖になったのだ。だからもっと開放的なすまいをつくってもよかったのではないか。にもかかわらず前よりはるかに密閉したすまいをつくった。

いったいどうしてそんな密閉した「伏屋式すまい」をつくらなければならなかったのだろうか？

竪穴住居は「火の囲い」だった

その謎をとく鍵は竪穴住居の内部にある。それは炉だ。

竪穴住居は、一般に出入口から奥にむかって作業場、炉、祭壇と一直線につづく。その軸線にそって右のほうがすこし高くて男のベッド、左のほうも高くて女のベッドなどといわれる。五、六人ほどの人びとが居住する家だったろう。そのイエの中心はいまいった炉である。その炉はたいてい石でかこまれている。しばしばそこに細長い自然石などがみられる。さらには炉の奥に石棒などの石組がみられる。祭壇とされる。とみてくると、竪穴住居は人びとのすまいであるとどうじに「祭の場」だったのだ。「祭祀空間」である。

するとと竪穴住居は「祭住一致のすまい」なのである。ではなんのための祭祀か、というと、炉の配置などからみて火を絶やさないための祭祀ではなかったか、とおもわれる。

もちろん、火はもっと古い時代から使用されていた。しかしそれは動物をおどしたり、暖をとったり、夜の明かりにしたりするものだったろう。ところが定住生活にはいって、どうやら火の意味が変わったようなのだ。

それを炉の出現がしめしている。炉の周辺から多数の土器が発掘されるからだ。つまり炉は暖をとったり明かりをとったりするだけでなく、食物の煮たきにつかわれたのだ。となると、炉の火は夏も冬も、昼も夜も必要になる。食物をくさらせないために火を絶やさないことが肝要だからだ。底のとがった土器のあることなどがそれを証明している。とがった土器の頭は灰のなかに突きさすためのものだからだ。

すると、すまいははげしい風雨から炉の火をまもるためのものではないか？　つまり竪穴住居は人間のためのすまいというより「火のための囲い」ではなかったか、とおもわれるのである。

食物の煮たきで人びとは生きのびた！

それにしても、なぜそんなに食物の煮たきが大切なのか？

それはかれらの食生活がしめしている。草原の大動物が絶滅したあと、かれらは森林の小動物や海の魚貝類、木の実や山菜などの乏しい資源で生きていかなければならなかった。そのかれらに必要なものは、食糧の保存とその省エネ対策である。それには食物の煮たきが欠かせなかったのだ。

人びとが食物の煮たき技術を知らなかったときには肉を生《なま》でたべるか、火で焼いたことだろう。しかし生肉はすぐくさるし、焼けば脂はポタポタ地面におちる。ところが煮たきをすると、とろ火にさえかけておけば食物は何日もくさらない。また脂はすべて汁にとけてむだなく利用できる。すると炉は、食物がくさりやすい夏にこそ必要なのだ。わたしたちの祖先は、煮たきによるいわば「省エネ革命」によって大動物ハンティング時代と決別して生きていける方法を発見した、といえるのである。

その食物の煮たきに必要なものは炉である。火だ。それは定住生活をはじめた人びとにとって、マンモスやナウマンゾウにも匹敵するほど大切なものだったろう。いわば「神さま」のような存在なのだ。

もちろん炉は戸外でももちいられた。しかし戸外では火はすぐ消える一時的なものである。そこで「神さま」を絶やさないようにするために室内の火を「聖火」とし、祭壇や炉などを「祭器」とし、竪穴住居を「防護施設」とした、とおもわれるのである。

縄文土器と縄文人

しかし食物の煮たきに必要なのは火や炉だけではない。もうひとつ大切なものがある。器だ。土器である。今日、日本列島各地から多数の土器が発掘されている。

いうまでもなく、こわれやすい土器は大動物を追って移動生活をしていたころには不向きなもので、それがつかわれるようになったのは定住生活をするようになってからだ。ではその土器はいつごろつくりだされたのだろうか？

土器が出土した地層の炭片の放射性炭素から、今日までに発見された日本列島のいちばん古いものは一万二七〇〇年前という数値をしめしている。最近では一万四五〇〇年前という報告もある。従来、人類の定住は「八〇〇〇年前に西アジアからはじまった」とされるが、この土器をみるかぎり、日本列島ではそれよりすくなくとも五〇〇〇年も早く遊動生活から決別して定住生活にはいったことになる。

さて人類史上、非常に早い定住生活者となったかれらはいったいどういう人間だったのか？

かれらを特色づけるものはその土器にきざまれた模様だ。土器の表面に、しばしば草や木の繊維を縄状にしてころがした文様がつけられている。それは関東の内陸にはじまって全国に普及したようだ。そこでそれらの土器は「縄文土器」と名づけられた。のち縄だけでなく、貝をたべたあとの貝殻、雲、雨などの自然、さらにはヘビ、イナヅマといったおそろしいものまでさまざまなものがきざまれるようになった。

こうして土器に、縄をはじめとする文様をつけることがおおかた一万年以上もつづいたため、その時代の人間のことを「縄文人」とよぶようになったのである。

これは、かんがえてみると世界にあらわれた最初の定住人類につけられた名前といっていい。ためにJOMONはいまや世界語になりつつある。

ところで、土器にこのような縄文の文様をつけた理由について、従来は土器表面の継目の補強とか、厚さを均等にするためとか、装飾のためなどといわれてきた。しかしわたしはそのどの説にも納得しがたい。その理由は、縄文土器は一万年以上もつづいたが、つぎの弥生時代になるとしだいに姿を消していくからだ。ということから、それはたんなる技術的な、あるいは装飾的なものではなく民族の浮沈にもかかわるような重大な意味をもっていたのではないか、とおもうのである。

縄の呪力

そこでわたしはこうかんがえる。草であれ木であれ一本の繊維は弱い。しかし数本の繊維をよりあわせて縄にすると強靭な力を発揮する。大きな石をもちあげることもできるし、太い丸太を組むことだってできる。こんな簡単な操作によって力を発揮する縄にたいして、古代人は驚異の眼でみたことだろう。縄には「超自然的な力」あるいは「呪力」がある、とおもったのではないか。そこで「そういう呪力にあやかりたい」という願望から、縄のもつ呪力を割れやすい土器に写しとろうとしたことがかんがえられる。呪術的行為だ。

呪術というものに「科学のメス」をいれた文化人類学者のジェイムズ・フレイザー（一八五四〜一九四一）のことばをかりると「感染呪術」ということだろう。接触していたものは離れたあとも影響力をもつ、とい

う考え方である。(2)

しかし、それを「古い」といってわらうことはできない。というのも、そういう伝統は今日の日本にもひきつがれているからだ。大切なものを周囲からまもるときにまわされる「注連縄《しめなわ》」がそうである。相撲の「横綱」も心技体において「神さま」の域にたっした力士であることをしめすものだ。これらは、縄文時代の「超自然力」をしめす「呪術文化の名残り」といえるのではないか。

こうして縄文人は割れやすい土器に呪力を「注入した」。そういう土器製作はほとんど女の仕事だったろう。女も「子どもを産む」という呪力をもつとかんがえられたからだ。縄文時代の土偶は「聖像」とみなされ、その人間像はみな女性なのである。

さて土器が呪具となった結果、人びとは土器を慎重にとりあつかい、ために土器の損傷をすくなくする効果をもった、とおもわれる。だからこそ呪具となった縄文土器が一地方に発して全国土に普及し、一万年以上もの寿命をたもったのだろう。

以上の解釈は、呪術ということを調べてきたわたしの考えであるが、すくなくとも土器が食糧の煮たきに大きな威力を発揮したことはたしかだ。そしてその伝統は今日もつづいている。日本の懐石料理でいちばん大切なものは煮物料理とされるからだ。それに反し、西洋料理にはおよそ煮物料理というものがない、といってもいいのだ。

このような考え方は、従来いわれてきた「農業の発明によって人類の定住生活が確立する」という史観に反するものである。土器の発明によっても定住生活が成立することをしめしているからだ。「農業による食料の大量確保」という革命によって定住生活が確立するだけでなく「土器による食料の省エネ利用」という変革によっても定住生活は成立するのである。そういうことを可能にしたものが「縄の呪力」だ。

縄文時代は一般に「新石器時代」とよばれるが、石器だけでなく土器の重要性をかんがえる「史観」もこれからは必要になってくるだろう。従来の西洋文明中心の「史観」をかんがえなおさなければならないときにきているのではないか、とおもわれる。

「祭住一致」のすまいの原理

その縄によってつくられたものに、土器だけでなく竪穴住居もあった。木の結び目にはみな縄がつかわれたからだ。またその竪穴住居はたんにすまいだけでなく「祭祀の場」でもあった。そこに炉と、火と、さらに「呪具としての土器」があるからだ。すると「縄―木―すまい―炉―火―土器―縄」とすべては関連していることになる。

さらに文化がすすんで、日本人がもっとりっぱなすまいをもつようになったときにも、人びとは「窯には神さまがいる」とかんがえて正月には餅をそなえた。炉の上には神棚をまつった。じっさい神棚というものは民家では、たいてい炉のある部屋の上部にまつられている。

そうして炉の火をまもるために建物に大きな屋根をかけ、深い軒の出をもうけた。それは防寒、防暑というよりは家のなかの「聖火」を雨風からまもるためのものだったろう。つまり屋根は、強い雨風などの天地自然の邪悪なものの侵入を防ぐ「防護装置」だったのだ。

すると建築のもっとも大切なものが西洋ではしばしば邪悪な「人間」の侵入を防ぐ「壁」とされるが、日本建築ではそれは「屋根」といえそうである。そしてそういう姿は、縄文時代の竪穴住居に「火をまもるための屋根」としてすでに確立していたのだ。さらにその火が「神さま」なら、日本のすまいは当初から「神さまのすまい」だった、といえるのである。

「祭住一致」という日本のすまいの根本原理の確立である。

2 日本の柱はなぜ太いか？——縄文社会と丸木舟

「日本建築の形態的特徴は大きな屋根にある」といった。が、それにたいして構造的特徴は太い柱だろう。すくなくとも太い柱が、大きな屋根をはじめとする建物全体をささえているかにみえる。

たとえば、さきの西本願寺や東本願寺の本堂のなかにはいると、二尺ほどもある太い柱が何十本も林立していて壮観である。また入母屋づくりの古い民家にはいると、七、八寸もあるような太い大黒柱にしばしばおどろかされる。しかしよくかんがえてみると、いかに屋根が重いとはいえ、構造的にいってそんな太い柱がいるのだろうか？　と、少々疑問におもえてくる。

建築構造的にみれば、柱は長さにもよるが一般的には三〜五寸、一〇センチあまりもあれば十分だ。建築に太い木の柱をつかう例にヨーロッパのログハウスがあるがそれは木を横倒しにして積みあげた工法で、一般的な柱・梁による「軸組構造」ではない。また中国や韓国の建築にも日本のような太い柱をあまりみかけない。

ではいったい日本だけが、なぜこういう太い木の柱をつかうようになったのか。

もういちど、縄文時代にたちかえってみよう。

死者の墓は生者の広場——縄文集落の成立

竪穴住居から外にでる。するとまだほかにも竪穴住居がいくつもあるのに気づく。竪穴住居は一つだけで存在しているのではないのだ。

縄文時代のはじめのころからそうだったが縄文人は集団で住んでいた、あるいは「集落」を構成していた。その縄文集落ははじめのころは非常にはっきりした形をとっていた。いくつかの竪穴住居がドーナツのように丸く輪になって「広場」をかこむ、という姿だ。そのヒロバからは食物の貯蔵穴が多数みつかるが、しばしば人骨も発見される。つまりそこは墓だったのである。

ところがヒロバは貯蔵所や墓だけではなかった。そこから土器や土偶などの遺物も発見されるからだ。つまりそこはどうじに人びとの「集会場」でもあった。さらに五五〇〇年前からあとになると、しばしば掘立柱をもった大型の平地式建物などがあらわれる。それらの内部はあまり踏みかためられていないから集会所または宿泊所ではなかったか、とみられている。祭祀用施設だろう。

また集落の近くに「貝塚」がつくられている。それは不用になった物の「ゴミ捨場」といわれるが、たしかに貝殻や骨などがたくさんみつかる。ところがそれらはたいてい、きれいに整理されて埋められている。さらにしばしば人骨なども発見される、といったことから、たんなるゴミ捨場ではなかったようだ。

すると、それは役割を終えた貝や魚やその他の動物、さらには人間の「埋葬場」ではなかったか。つまり生を終えたものたちをあの世へおくる、あるいは生の復活をねがった「墓」ではなかったか、とかんがえられる。

また、すまいからはなれて独立して存在する貝塚もある。それらをみると馬蹄形の平面が多い。そして馬蹄形の中央部からは、たいていなにも出土しない。するとそこはイベントがおこなわれるヒロバだったのではなかったか。じっさいその貝塚からは生活道具のほかに装飾品が発掘されることが多い。

というようにみていくと、それらは死者の埋葬場とはいうものの、どうじに「生者のコミュニケーションの場」つまり歌舞音楽や集団飲食するヒロバだった可能性が高いのである。貝塚はそのランドマークだ。[1]

今日まで全国で約三〇〇〇ケ所の貝塚が発見されているが、それらには、そもそも縄文集落というものが成立する構造の秘密がかくされているようにおもわれるのである。

列石遺構も列木遺構もコミュニケーションの場

さらに集落の外に目をうつそう。

東北地方のあちこちでは、集落からはなれたところに拳《こぶし》大から頭大の大きさの石を輪のように敷きつめた列石遺構が発掘されている。「環状列石」とよばれるもので、秋田県鹿角《かづの》市の大湯遺跡などはその代表だ。そしてそこからは人骨などもみいだされるので広域社会のリーダーたちの埋葬地ではなかったか、と推量されている。また多くの遺物が発掘されるので祭祀や集会がおこなわれたと想像される。

どうように「列木」もある。有名なのは青森県の三内円山遺跡の「六本柱」である。そこでは人びとが集会したことをものがたるさまざまな土器や土偶が発見されている。

このように墓であったり、貝塚だったり、埋葬場だったりするものの、どうじにそこが集落内の、あるいは集落をこえた地域社会の集会場だった、とみられるものがすくなくない。「死者の弔いをとおして生者のコミュニケーションがおこなわれた」という縄文社会の情報システムを想像させるものである。

だがかんがえてみると、それは縄文時代にかぎらない。たとえば、つぎの弥生時代でも「葬式のときおおくの人びとが歌舞飲食する」と中国の史官は報告している。また今日の日本の葬式だっておなじだ。葬式の場は、どうじに日ごろ疎遠な親戚・知人のコミュニケーションの場である。何千年たっても日本人の行動様式はかわっていない。

またそういう仲介をするのは「祖霊」だけではない。飛鳥時代や奈良時代のころ、日本列島の各地で歌垣という集会がおこなわれた。春秋に「神の山」とかんがえられる景色のよい交通便利な地に、各地から人びとが集まってきて歌舞飲食をする。どうじに各地からもちよった生産品を「神さま」にささげ、そのお下がりをみんなでわけあう。するとこれは「情報交換」や「物資交流」の場である。日本社会の「商業」の原点がここにあるのではないか、とおもわれるのだ。

さらに時代がさがると、各地に市がたつ。「商業」が本格化する。その市のたつそばにはかならず森があり「神さま」がまつられる。つまり「市」というのは、人間と人間の商取引の場ではなく「神さまにささげる供物の交換の場」だったことを推測させるものだ。

さて、縄文時代にこのような「死者」を媒介とする集会がみられるとなると、いったいなにがかれらをしてそういう行動にはしらせたのだろうか？

超過疎社会と大イエの構造

そこで、縄文時代の人間と国土のようすをおもいうかべよう。

縄文人はそのおよそ一万年の歴史を通じて、この日本列島の北から南までほとんどの地域に棲息した。その人口は最小時で二万、最大時でも二五〜六万とみられる。

すると集落はどのぐらいあったのか？　縄文人の人口をかりに一〇万とすると、集落の戸数は三戸から一〇戸、平均五、六戸とみられるから一集落の人間は三〇人前後だろう。その三〇人で一〇万人をわると、縄文集落の総数は約三〇〇〇となる。今日の市町村数の約三〇〇〇とほぼおなじだ。

もちろん縄文時代の東日本の人口密度は高く西日本は低い、といったことをも考慮にいれなければならないが、平均的にいって三〇人の縄文集落が今日の一つの市町村に一つの割合で存在したことがわかる。たとえば東京都二三区に一つの集落があるとすれば、そのとなりの集落は川崎市か、武蔵野市か、所沢市か、松戸市かといったぐらいの密度である。おそろしく低い集落密度ではないか。超過疎社会だ。

となると、たった三〇人しかすんでいないとなりの集落にいくのはたいへんなことである。今日のとなりの市町村にいくようなものだからだ。そういうことだと、一つの集落で飢饉がおきたり疫病が発生したりしたらどうなるか。だれに救いをもとめるのか。たちどころに集落は全滅してしまうだろう。そういう超過疎化した集落の集合である縄文社会が、どうして一万年も長続きしたのだろうか？

その秘密は、どうやら集落自身の構造にあるようだ。

まずこれらの集落はふつう「縄文村」などとよばれるが、しかしそれは今日いう地縁的な村ではなかったろう。というのはたいていの原始集落がそうだが、それらは親子のほかに、多数の兄弟姉妹、オジ、オバ、オイ、メイ、イトコなどからなっているからだ。複合家族である。

すると縄文集落も例外ではなかったろう。そしてそこで尊敬されるのは「子どもを産む女」で、その最上位にランクされる女性が「家母」となって集落をとりしきる母系制社会だ。つまり血縁集団である。それはたとえば「アメリカ・インディアン」に多くみられるように「入婿」の形で非血縁者もくわわったろうから「氏族」といったほうがいいだろう。仮想上の大家母を祖とする「擬似的血縁集団」である。[2]

ただその氏族の構成人員は「アメリカ・インディアン」のばあい、大平原のせいで一〇〇〇人という大規模のものまであったが、縄文社会ではさきにのべたように三〇人前後でいたって小さかったようだ。そこでこのような氏族で構成される集落を、一戸の竪穴住居に住む家族のイエにたいして「大イエ」とよぼう。

「恋人さがし」が超情報社会をつくる

ではそういう大イエがなぜつくられるか、というと、それはインセストタブー、つまり近親相姦や近親婚を禁止するためのようだ。というのはたった三〇人ぐらいの孤立した小集団社会でインセストタブーがないとなると、集団内の性行動が紊乱して疑惑と嫉妬がとびかい、その社会は崩壊してしまうからだ。インセストタブーの存在は、生物学的理由によるのではなく社会学的理由による、とかんがえられる。

そこで集落内の性交渉は禁じられる。ただし家母だけはその安定性のために配偶者をもつ。たぶん、他の集落からの「招婿婚」ないし「掠奪婚」によったろう。

そうなると、家長夫婦以外の集落の成人は、集落の外に性の対象や配偶者をもとめざるをえない。集落の成人の「恋人さがし」が大きな課題となってくる。必然、集落の成人にとって他の集落とのコミュニケーションが欠かせない。

このような集落の成人の「性要求」につきうごかされて、縄文社会では近在の集落の人びとどうしのコミュニケーションがさかんになったことが想像される。さきの歌垣なども社会的に公認された「性交渉の場」だったが、それは飛鳥や奈良の時代にかぎらず、古くからの、おそらく縄文時代からの民間習俗として日本社会に存在したものだろう。それが飛鳥・奈良時代に「歌垣」として記録されたにすぎまい。

そしてそういう「歌垣」はたぶん満月の夜におこなわれたとおもわれる。社会的に認知された「デートの夜」である。またそうでないとそこへ到達することも、集会することもできないからだ。すると人びとは、毎日、満月の夜を恋いこがれたことだろう。『万葉集』などにも月夜の晩に恋人とあう歌が多い。

さらにそういう「交流」は近隣の大イエどうしのあいだにとどまらなかった。さきほどのいろいろな集会所ではかなり遠方でつくられた遺物などが発見されている。なかに日本列島の一部にしか採掘されない資源が各地でみつかっている。たとえば伊豆七島の神津島の黒曜石が、南関東から浜名湖までの地域で発掘されている。

それは商業的流通システムが確立する以前にあっては、近隣集落間の交換が伝播拡大した、とかんがえられるが、ほかになんらかの理由でみずからの所属する集落社会を離脱した、あるいは長期放浪する「ひとり者男性」たちの存在を推測させる。かれらは各地の集落をわたりあるき、あるいは女性をたずねあるき、たくまずして物資の流通者、情報の伝達者となる。日本社会に古くから存在する「マレビト」や「ホカイビト」だ。『古事記』にも、大国主命《おおくにぬし》が遠くの地に女性をもとめて「うち廻《み》る島の崎崎　かき廻る磯の崎落ちず若草の妻持たせらめ」と放浪するさまがえがかれている。

つまり縄文社会は、いっぽうでは超過疎社会であるとどうじに、もういっぽうでは超情報社会・超流通社会であった。そこに縄文社会がこの国に一万年も長続きした秘密がかくされているのではないか、とわたしはかんがえる。

「単一民族・単一部族」

そこには「縄文社会は平和だった」という厳粛な事実がある。平和だったからそういうコミュニケーションが可能になったのだ。その平和の理由には、縄文社会は自然採集経済だったから資本蓄積がすすまず、みなともに貧しく平等だったことや、小集団社会だったから戦争するほどの軍事力がなく、人を殺傷する銅や鉄などの金属もなかったことがあるだろう。しかしいちばん大きな理由は「かれらが共通する文化的アイデンテティーをもっていた」ということではないか。

それにはまず「単一民族」ということがある。日本列島を一歩ふみだすと、そこはまったく文化の異なる世界だった。一衣帯水の樺太にせよ、朝鮮半島にせよ、台湾にせよ、そこには縄文社会とはまったくちがった文化が存在していた。ことばもまったくちがったことだろう。

だが単一民族というだけなら、「アメリカ・インディアン」といわれたアメリカ先住民も単一民族だった。にもかかわらず、北米の東海岸から西海岸までもおよそ三〇〇〇キロメートルのあいだに五〇〇もの部族と文化があって、おたがいに争そい、殺しあったのである。

日本列島も北海道から沖縄まで直線距離にしておよそ三〇〇〇キロメートルある。その間、大きな海をいくつもこえていかなければならないにもかかわらず、そこに展開した文化は「縄文文化」という単一のものだった。いわば縄文人は「単一民族・単一部族」だったのだ。民族、つまり言語の基本構造などが共通で、部族、つまり方言や習慣などもあまりちがわなかった、といえる。

縄文社会が超人口希薄だったにもかかわらず、またおたがいどうしがものすごくかけはなれていたにもかかわらず「単一部族」だった秘密は、その強力な情報伝播力にあったろう。平和と情報伝播力と単一部族性とがおたがいに密接に関係しあいつつ「縄文一万年の治」をえた、とおもわれるのである。

これは世界史的にみても非常に稀有な例ではないか。

水びたしの日本列島

とはいうものの、そこにはいろいろな困難な問題があった。

このような超過疎社会にあっては、遠近の集落から人びとが集まるのはよういでないことだ。というのは、地上におよそ道というものが存在しなかったからだ。

道がないとき通行にいちばん困るのは日本列島のばあい山地ではなくて平地である。山地では木の根、草の葉をたどってでも目的地にいけないことはないが、平地では水面があらわれるとお手あげだからだ。平地といっても日本列島のそれは、大部分、深い森、土砂の積みあがった洲、それらのあいだをぬう細流や湿地帯である。しかも厄介なことに細流は雨が降るたびにその流れをかえる。湿地の水面の高さもかわる。したがって平地の往来は至難をきわめたろう。

そのことは幕末や明治初年に北海道を探検した人たちのアイヌの調査報告からもうかがえる。「北海道だからアイヌ人はひろい大地を闊歩したろう」とかんがえるのは本州人のおもいすごしで、大地といえども北海道はいたるところ細流と湖沼だらけの原野だった。そこで原住民であるアイヌ人は移動にほとんど舟をもちいたという。かれらは「舟行民族」だったのだ。

すると縄文人もおなじことがいえるのではないか。この山高く水流のはげしい、そして平地では細流がクモの巣のようにからみあって日々刻々かわるような日本列島にあっては、舟がなければどこへもいけなかったはずだ。海岸地帯にいたっては、岬の岩山に隔絶されてとなりの海岸にもいけず、舟は必須だったろう。

つまり日本列島はいたるところ「水びたし」だったのだ。

すると縄文人もまた舟行民族にならざるをえなかった、とかんがえるしかない。

そのばあい、かれらがもちいた舟は単材刳舟《くりぶね》、すなわち「丸木舟」である。ふだんの狩猟や採集も、集落の集まりなどにも、みな丸木舟がもちいられたろう。丸木舟は水面をわたるだけでなく、水の浅いところでは人間が舟をおし、少々の陸地ならコロにのせてすすむ。また浸水や、転覆などのときにも、ひっくりかえして水をだせば元どおりにこげる。それによって見知らぬ土地をおとずれ、見知らぬ人間と交流する。物質的にめぐまれなかった社会におけるほとんど唯一の未知をひらく扉であり、レクリエーションだった。

縄文時代の女たちの生きがいが、今日、何百万点とのこされている土器や土偶づくり、いわば「神さまとのコミュニケーション」にあったとしたら、男たちの楽しみは、この丸木舟の製作と操作、いわば「人間どうしの交流」にあったろう、とおもわれるのである。

だから丸木舟は縄文男子の本懐だった。その縄文男子の「本懐」が、縄文社会に超情報と超流通のネットワークをつくりだした、とわたしはかんがえる。

丸木舟と巨木信仰

しかし丸木舟をこいでいっても目的地に到達するのはたやすいことではない。日本列島はいたるところ入江、岬、岩礁、島などが変哲もなくつづき、陸地では深い森や大きな洲が何の変化もなくつづいていたからだ。

そこで目的地に到達するためには、ランドマークが必要になってくる。自然の特徴ある山や岩や森や木が目標になるだけでなく、人工的につくられた貝塚なども有力な目印になったろう。そのおおくが海や川をみわたせる見晴らしのいい場所にこしらえられたのもそのせいだ。

さらに積極的に目印がつくられた可能性がある。さきの「列木」だ。滋賀県能登川町正楽寺遺跡には縄文時代の「木柱列」跡がある。それは丸太の柱を半分にわった半裁《せつ》の柱列である。その柱列の内部に火を焚いた炉が発見されている。

ここで注目されるのは半裁ということだ。なぜ丸太棒そのままではいけないのか？　わざわざ丸太を半分にわった柱をたてなければならないのか？

話は建築から少々はなれるが、わたしは以前に日本の船の歴史を調べたことがある。そこでわかったことは、丸木舟にたいする日本人のものすごい執着ぶりだ。

船というものはその源をさぐっていくと、世界中どこでも丸木舟か「皮舟」にいきつく。皮舟とは、木の幹や動物の骨などで人間の骨格のように椎骨や肋骨をつくり、そこに木の板や動物の皮などをはりこんだものだ。ところが丸木舟は木の大きさによって船の大きさが制限されるが、皮舟は骨組を組みあわせていけばいくらでも大きなものがつくれる。ために文化が発達すると、はじめは丸木舟でも最後は皮舟に移行する。

ところが不思議なことに日本人はその昔から明治まで、歴史上多くの「皮舟技術」が外国から輸入されたにもかかわらず、頑として丸木舟に固執した。

もちろん丸木舟そのままではない。厳密にいうと丸木舟を舟底にして、その上に何段にも舷側板を構築して梁をわたす、という「半構造船」である。しかしその基本はあくまでも丸木舟だった。竜骨と肋骨による「皮舟」ではなかったのだ。

準構造船の丸木舟
（西都原古墳の舟形埴輪から）

千石船などというものも原理的には「巨大な丸木舟」である。

しかしこれらは、皮舟の構造船にくらべると操作性能はすこぶるわるい。にもかかわらずそれらがもちいられた理由は、操船の容易さや製作費の安さのほかに『記紀』つまり『古事記』や『日本書紀』にしばしばでてくる「大きな木で舟をつくったらとても早く走った」ということだろう。また転覆してもオキアガリコボシのような復原力をもったことがある。つまり「丸木舟には呪力がある」と信じられたのだ。

そこで陸上に沖ゆく舟のランドマークをつくるときにも、半裁の木、つまり「呪力」をもついわば「丸木舟」をたてた。すると正楽寺遺跡のそれは、柱ではなく「丸木舟」だったのだ。半裁の木はもうほとんど丸木舟だからである。

すると、それは巨木でなければならない。そこに日本人の「巨木信仰」の原点があるようにおもわれる。

したがって、ながらく日本では優秀な大工は船大工だった。舟の製作には命がかかっていたからだ。その船大工が暇になったとき陸の家をつくる。そのとき「巨木はすまいの安全を約束する」とかんがえられたのだろう。太い柱が日本建築のシンボルとなったのである。

日本建築が必要以上に太い木をもちいるのはこのように呪力をもつと信じられる丸木舟のための巨木が建築にももちいられたことからきた、とおもわれる。とりわけ「神の家」である神殿や寺院、宮殿などには巨木をもちいることが必要だとかんがえられた。

庶民もこれにあやかって祭住一致のすまいのなかに太い大黒柱をとりいれていったものだろう。

3 日本の床はなぜ高いか？——弥生人と高床住居

さきにのべた「日本人は家のなかでなぜ靴をぬぐか？」という問にたいする答はじつはよういではない。というのも、たんに清潔さをたもつ、といった説明だけではなかなかなっとくできないからだ。たとえば「外の道路がきたない」といってもそれは日本の町のことだけではない。パリの街はイヌの糞だらけだ。

「タタミをよごしたくない」という人もいるが、西洋のカーペットもおなじだろう。しかもカーペットのほうが一般にタタミよりずっと高価だ。タタミは一枚五～六〇〇〇円ぐらいだが、カーペットは一枚が何万円も、何十万円もする。

「日本人は清潔好き」といわれるかもしれないが、ドイツ人やオランダ人はもっと清潔好きで家のなかはいつもピカピカだ。

といったようなわけで、清潔さだけでこの問題は説明できない。

そこで少し視点をかえる。というのは、このごろ外国でも室内靴と外出靴とをわける家をみかけるが、そこにはいっさい段差というものがない。それにたいして日本のすまいの玄関にはあがり框《かまち》というものがあって床が一段高くなっている。

すると「靴のはきかえ」の問題でなく「高床」の問題としてかんがえたらその答もみいだせるのではないか。じっさい、日本のように家のなかに

大地からはなれる高床の倉（登呂遺跡の復原から）

段差のあるすまいは世界でもめずらしい。では日本のすまいにはなぜ段差があるのか？　なぜいまも「高床」なのだろうか？

この問題も歴史的にかんがえてみる。

縄文人が弥生人になる！――東アジアの動乱の影響か？

約一万年つづいた平和な縄文時代も、終りをつげるときがきた。その変化は日本列島の外からやってきた。具体的にいうと中国大陸からだ。大陸の北では四〇〇〇年前に黄河の治水に成功した人びとの手によって農耕がはじまった。その富を基礎に国家ができた。しかし春秋時代（紀元前七七〇〜四〇三）に西アジアから鉄がはいってきて鋭利な武器がつくられたため、社会が不穏になった。いまから二五〇〇年ほど前のことである。

各地で叛乱や戦争がおきた。争乱は約一八〇年間つづいた。戦国時代だ。やっと秦王の政が統一して平和になった。秦の始皇帝である。

しかしその過程で、大陸に栄華をほこった多くの国々がほろびた。西暦紀元前四七三年に呉が、おなじく三三四年に越が、二五六年に周室が、二四九年に東周と魯が、二三〇年に韓が、二二八年に趙が、二二五年に魏が、二二三年に楚が、二二二年に燕が、二二一年には斉がほろんでいる。

これらの国々がほろびると、それら敗残の王室や貴族たちはいっせいに国外に亡命する。かれらはやぶれたりとはいえ金も技術ももっていた人たちだったから、中国の周辺に亡命してそこで文化の花をひらかせたろう。ヴェトナムは越南と書くように越の亡命者たちがつくった国家とみられる。そのころヴェトナムにはドンソン文化といわれる高度な文化が花咲いた。朝鮮半島にもおおくの亡民がはいって国家をつくっている。朝鮮はこのころから東アジアの歴史に登場するようになった。

とすれば縄文時代をおわらせて弥生時代をひらいた人びとも、かれらの亡命と無関係ではなかったろう。

ところが、かれら亡民が日本で弥生文化のにない手になったという証拠はない。あるのはせいぜい「徐福伝説」ぐらいだ。秦の始皇帝に命ぜられて東海に不老不死の薬をさがしにいった徐福である。たしかに日本列島各地には徐福伝説がある。だが徐福がたくさんいたわけもないから「秦の国の亡命者」をみな「徐福」にしてしまったのだろう。

そしてもしかれらが日本に「文化革命」をもたらしたのなら弥生文化のなかにかれらのことばや文字や宗教などがなにがしかのこっていなければならないが、そういうものはなにもない。ただそのころ日本に金属器と稲作が到来し、本格的な農業がはじまったことがあるだけだ。つまり物は大量にはいったが、人がたくさんはいったかどうかはわからないのである。

いっぽう最近の弥生遺跡の発掘などをみると、縄文の遺物と弥生の遺物とが混交しているケースが多い。しかもそのダブリは相当長期間にわたっている。すると縄文から弥生への社会的変化は持続的におこなわれた、とかんがえていい。

したがってかれら亡民も貢献したかもしれないが、むしろかれらの亡命に協力した東シナ海の多くの倭人の海人《あま》たちの存在をみのがせないだろう。東アジアの動乱と大量の難民による亡命騒ぎのなかで、倭人の海人たちはしだいに東シナ海における交易の実力を身につけていった、とおもわれる。そして多くの文物を日本にはこんだのだろう。

じっさい紀元前一〇八年に漢が衛氏朝鮮をほろぼしたとき、漢人たちは「東アジアに穢《わい》人や韓人のほかにさらに倭人という人種がいる」ということを報告している。縄文人は、直接、間接にこういう国際的洗礼をうけて、しだいに縄文文化のうえに弥生文化を重ねていったのではないか。

つまり縄文人が弥生人になったのだ。

深鉢から壺へ

では弥生文化とはなにか？

明治一七年（一八八四）に、東京都文京区弥生町二丁目にあった向ヶ丘貝塚から、従来の縄文土器ともその後の土師器《はじ》とも異なる多数の土器が発掘された。

その特徴をのべるとこうだ。縄文土器はやわらかくて厚ぼったいが新しい土器はかたくてうすい、縄文土器には装飾が多いが新しい土器はシンプルで機能本位である。また縄文土器はほとんどが深鉢とその変化形といっていいが新しい土器には四種類ほどの形があった。鉢、高杯《たかつき》、甕《かめ》、壺である。

その鉢や高杯は料理のもりつけ用、つまり今日の飯茶碗やどんぶりに相当する。人びとの食事行為がゆたかになったからだろう。ただし文様のあるものとないものがある。あるものは祭祀用、ないものは日常用とかんがえられる。

甕は多くの縄文土器の深鉢とどうよう煮沸用であるが、そこには縄文時代にあれほどさかんだった文様がない。もはやたんなる「生活用具」となったのだろう。「聖器」ではなくなったのだ。

壺はおもに稲籾を保存する貯蔵容器である。これには美しい飾りがある。ということは深鉢にかわって壺があらたに「聖器」になったことを意味するのだろう。ただしその土器表面の彫刻には、一部地域をのぞいてもはや植物の繊維や貝殻などの自然材はつかわれなくなった。かわりに刷毛目文や櫛描文など抽象的な線がえがかれている。いままでのやわらかい曲線がするどい直線にかわったのだ。鉄の斧や鉄の刃のような金属器が登場したことをおもわせる。石器時代から金属器時代への移行をしめすものといえる。

なかに、縄文土器にはあまりなかった蓋つきの壺が登場する。つまり、土器は食物の煮たきから食糧の貯蔵へと用途を変更させたのではないか。その貯蔵のもっとも中心になるものはイネモミであった。わが国にもようやく稲作農業が定着したのである。

そこで、新しい土器は新時代をつげるものとされ、その発見された場所からそれらを「弥生土器」、新しい時代を「弥生時代」、それをになった人びとを「弥生人」と命名するようになったのである。

その時期の開始は最近では紀元前五世紀ごろとされ、紀元後の三世紀末ぐらいまで七〇〇年間ほどつづいた、とみられている。

自然のスーパーパワーをたべる

しかしこれを縄文社会の進歩、つまり「アジア大陸の東端で孤立していた採集狩猟社会がようやく先進農耕社会に追いついた」というふうに単純には解釈できないだろう。というのは、それまで日本列島にすんでいた人びとも、けっして大陸と没交渉ではなかったからだ。むしろ大陸の動きにたいしては鋭敏だった、とおもわれる節が多々ある。

たとえば、五五〇〇年前の福井県の鳥浜貝塚からはシソ、エゴマ、ゴボウ、アサ、ヒョウタンなどが発見されているが、それらはいずれもがんらい日本列島には自生しなかった。あきらかに大陸からもたらされたものである。縄文人は古くから大陸といろいろ交流していたのだ。

それなら、なぜそれまでに稲作がはいらなかったのか?

じつはコメにかぎらず、本格的な植物栽培、つまり農業というもの自体がそれまでにはいらなかった。いやはいらなかった、というより、はいることをこの国の人びとはこばんだ、といったほうがただしい。それは一口にいって文化の違いによるものだろう。

たとえば縄文人は食料用の動物を飼わなかった。山野に苦労してイノシシを追っかけても、そのほうがずっと楽であるはずのブタの飼育をおこなわなかったのである。またキジやカモなどの野鳥はつかまえてもニワトリをたべなかった。ニワトリの肉はおろか、卵でさえ日本人がたべるようになったのは江戸時代になってからのことである。なぜだろうか。

じつは縄文人が家畜飼育ということを知らなかったわけではない。そういう情報はそれまで大陸からはいってきたはずだ。ほかの情報はいろいろはいってきているのにそれだけがはいらないわけがないからである。

そうではなくて、縄文人は「イノシシ、クマ、キジ、カモなどの野生動物は山野を疾駆し、あるいは大海をわたるすばらしい生命力をもっているが、ヨタヨタあるくブタやニワトリにはそういう精力がない」とみたからではないか。つまり縄文人が食物をたべるのはたんに空腹をみたしたり栄養をとったりするだけでなく、野生動物のもっているすばらしい「生命力」や「精力」つまり「超能力」を身につけたい、とおもったからだろう。

その超能力を古来から日本人はタマといった。魂のタマである。したがって「タマ信仰」が原始の日本人の精神生活の要にあった。

ただ魂といってもそれは霊ではない。霊は「霊肉」の霊で肉体とどうようだれもがもっているものだが、タマは超能力を意味しだれでももっているものではない。したがってタマ信仰は「万物に霊がある」というアニミズムとは異なる。いわば自然のスーパーパワーを信ずるマナイズムである。アニミズムより古いとされる。いいかえるとそれはマナという「呪力信仰」である。マナという「超自然力」をもつものをたべる、ということは、さきのフレイザーのいう「感染呪術」にあたるのだ。

そのことは、かれらがイノシシやクマなどの土偶をたくさんつくっていることで証明される。土偶は「神さま」の姿を写しとったものだが、したがってイノシシやクマは「神さま」であり、土偶は「模倣呪術」である。その土偶を大地に埋めて森の木の実などの豊穣をいのる。イノシシやクマの精力を木の実に写しとるのだ。それが縄文人の世界観だった、とおもわれる。

どうようにそういう呪力信仰は、動物だけでなく植物にもおよんだ、とおもわれる。つまり野生の木の実や山菜はたべても、ヒエ、アワ、キビ、ムギ、コメといった手間暇かけなければ生育できないようなものはあまり栽培しなかったからだ。

さきの福井県の鳥浜貝塚からはシソ、エゴマなどの植物が発見されているが、それらは食用されたものの栽培された証拠は発見されていない。かりに栽培されたとしても、生殖力をもつとおもわれる「妊娠女性土偶」をわって地中に埋め、それら土偶から精力をえようとした、とおもわれる。「模倣呪術」だ。

今日、何十万という土偶、とりわけ妊娠女性土偶が多数発見されているが、それらははじめのうち竪穴住居内の土中に埋めて家の守護神としたが、縄文中期以後には山野に埋められることが多くなったのも、そういった事情をものがたっているのではないか。

火から水へ

そういう縄文人の「呪力信仰」をくつがえしたのが、じつは弥生文化だった。それは鉄と水稲によってもたらされた。大木を切りたおす鉄斧の鋭利さと水稲のもつ爆発的な収穫量に、縄文人は驚異の目をみはっただろう。じつは、それまでにも日本にイネがはいらなかったわけではなかった。ただ、イネだけではどうしようもなかった。だからいつも不発に終った。ところが弥生時代はイネと鉄とがセットではいってきた。

なぜ鉄が大切かというと、鉄の斧によってたくさんの木を切りだし、切りだした木を杭や矢板にして大地に打ちこみ、田んぼや水路、堰などを構築できたからだ。田んぼというういわば「プール」と、それに水を供給する「管渠」と、水流を調節する「バルブ」がなければ、あたりまえのことだが水生植物であるイネはそだたない。それまでいくらイネの種がはいってきても、せいぜい自然湿地に種を蒔《ま》くぐらいで、本格的稲作は実現しなかったわけである。

日本各地に溝咋《みぞくい》神社というのがある。溝杭《みぞくい》、つまり「用水路の杭」が「神さま」になったのだ。溝杭の威力にたいする古代人の信仰のなごりといっていい。

こうして鉄器の出現によって、ようやく水生植物であるイネの栽培ができるようになった。おかげでムギなどの一〇倍も二〇倍もの生産量をもつコメが収穫できた。

そこで人びとは「栽培植物である水稲にはすばらしいエネルギーがある」とおもった。「水稲にはタマ、つまり稲魂《いなだま》がある」とかんがえたのである。ためにいままで栽培植物に関心をもたなかった縄文人も、イネには関心をもつようになった。しだいにそれを栽培しよう、という気になっていったとおもわれる。

とはいっても、一万年もつづいた生産様式がそう簡単にかわるはずもない。ためにいろいろ問題が生じたことが「日本神話」にもうかがえる。

たとえば『記紀』によれば、伊邪那岐命《いざなぎ》と伊邪那美命《いざなみ》が国生みや神生みをしたあと、イザナミが火の神の迦具土神《かぐつち》を生んで黄泉《よみ》の国へいってしまうが、あとを追ったイザナギは、その竪穴住居もどきの黄泉《よみ》の国で雷神などのおそろしい世界をみてあわてて逃げかえる。そして千引《ちび》きの岩をはさんで二人は対峙し、イザナミは「イザナギの国の人民を毎日一〇〇〇人ずつ殺す」というのにたいし、イザナギは「毎日、一五〇〇人の産屋《うぶや》を建てる」とこたえる。

そこにはしなくも、縄文採集社会の生産力にたいする弥生農業社会の生産力の優位をみる。

さらにイザナミとイザナギの対立は新しい文化を「拒否する縄文人」と「受容する縄文人」がいたことを暗示するものではないか。じじつイザナギはイザナミを黄泉の国へひきもどした火の神を殺しただけでなく、そのあと川の水で禊《みそぎ》をして、弥生時代を推進する多くの子孫を生んでいく。ミソギにはもはや火ではなく水がえらばれたのだ。つまり「日本の神さま」が火から水に変わったのである。

ここに竪穴住居とその炉の聖性はゆらいでいった、といえるだろう。

稲倉は「イナダマのベッドルーム」

ところで、イネの生産にはじつは大きな問題があった。

というのは水田農耕は、種づけにはじまって、苗床づくり、田植え、水くばり、雑草刈り、悪水ぬき、病気おとし、ムシ退治、スズメ追いなどとたいへん手間のかかるしごとだからだ。それは西洋の麦作のように「土地を鋤《す》いて、種を蒔いて、あとは刈りとるだけ」というのとはぜんぜんちがう。日本の稲作をその手間のかかりようからみると、農業というよりもうほとんど工業にちかい。田んぼはもう「工場」なのだ。

そのなかでとりわけ大切なものに収穫したイネの保管がある。ふつう農民は、とれたイネを地上で乾燥させたり、稲架《はざ》がけしたりしたあと、稲積みにして保存する。しかしそれでは雨や湿気にあてられ、イノシシやネズミに荒され、スズメやカラスについばまれる。さらに飢えた人間にぬすまれることもある。そこで倉に収納することをかんがえるが、それはいままでの竪穴建物だと湿っけて困る。もっと風とおしのよい建物でなければならない。高床の稲倉が登場するわけである。

もちろん縄文時代の終りごろには、掘立柱の建物や高床とかんがえられる建物もあった。しかしそれらはたんなる物の倉庫にすぎなかった。およそ信仰の対象になるようなものではなかった。縄文人が信仰の対象としたイノシシやクマなどの肉は、竪穴住居の「聖なる炉」にかかる土器によって煮たきされていたのだ。

しかし弥生時代になって登場した稲倉は、たんなる物を収納する倉ではなかった。それはイナダマという超能力をもった「聖なるイネモミ」を保存する「ベッドルーム」だった。だから「イナダマのベッドルーム」は集落の枢要部に、家長のすまいにならんで併置されたのだ。

ミコがイエグミ＝広域農業共同体をつくる

イネの生産にともなう問題は人手がおおくかかることだけではない。イネは天候の影響を非常にうけやすい。その年の気温や日照、雨、風などの具合によっては、イネがみのらなかったり、病虫害が発生したり、根元からたおれたり、あるいはくさったりする。そしてそれら気象の変化は、人間の力をもってしてはどうにもならない。

そこで稲作は、他の作物とちがって「人間がつくるものではなく神さまがつくるものだ」とおもわれるようになった。すると、イネをよくみのらせるためには「神さま」に祈らなければならない。その「神さま」とは太陽であり、雷雨であり、あるいは山の水であり、川の水である。そこでそれらを家母である家長が率先してまつった。

しかし天候のような大自然の変化を予知することは、個々の大イエの家母では手にあまることも人びとは諒解したろう。そこで天候不順がつづくと、人びとは天候の変化を予知できる感受性の高い女性をもとめ、その女性の意見にしたがうようになる。女性はやがて巫女となり人びとはミコのお告げをきいて悪天候にそなえるのだ。女性土偶にしめされるように古来から女性は超能力をもつ、と信じられてきたのも女性のこういった感受性の高さに起因するのだろう。

それはたしかに神のことばをかたる東シベリアのツングース社会のシャマンに似ている。ミコもシャマンの一種であることにはちがいない。が、フランスの哲学者のアランもいうように、シュビラ（sibylle）すなわちヨーロッパのミコはパワフルな人間ではぜんぜんなかった。むしろ反対に環境にたいする感受性がつよく、受身一途で、たえずおどおどとおびえている女性である(1)。日本のミコもたぶんそうだったろう。そういう弱い女性だからこそ人一倍まわりの変化を気にし、だから天候の変化を予知する「霊感」をもったのではないか。

ただミコの存在の意味はその「霊感」にあっただけではない。「霊感」は端緒にすぎない。そういうミコのところへ人びとが集まってきて巫呪《ふじゅ》の祭などがおこなわれた結果、縄文時代以来一万年つづいた大イエの垣根がとりはらわれたろうことが大きいのだ。

たとえば祭のあとの直会《なおらい》などで、人びとはイネの生産などについて話しあったことだろう。いままで地域ごとに割拠し、域内食糧の採集にのみしがみついていた大イエが、広域的な水供給の共同化などをすすめていったことが想像される。つまりミコを核として共同水利などをおこなう「広域農業共同体」が成立するのだ。すると、大イエは連携してイエグミとなる。

そのことを暗示するものに銅鐸がある。コメにともなってはいってきた金属器のうち、青銅器は多く祭器にもちいられた。近畿地方とその周辺にひろく分布した銅鐸には中国民衆の道教的祭器の影響があるものの、どうじにそこに流水紋などがみられるところから、これらミコがもちいた雨乞いの呪具ではなかったか、とおもわれる。

さらに現在発見されている銅鐸は五～六〇〇個だが、おそらくは一〇〇〇以上も存在したとみられるから、これらイエグミの結束のシンボルになった、とみられるのである。

こうして稲作の繁栄した「銅鐸文化圏」つまり近畿地方とその周辺は、のち「葦原の中つ国」として、辺境に住む人びとから羨望の眼でみられるようになっていったのだ。

環濠集落からクニ＝巫政国家へ

問題はそのことにある。稲作農業の成績は同一地方でも立地や土質などの土地条件によって異なるが、地域が異なると地勢条件や気象条件も異なり、その結果、いろいろな格差がうまれてくる。縄文社会と弥生社会の大きな相違は、縄文社会では交通や流通が発達し情報の交流も積極的におこなわれたが、弥生社会では農業生産の地域格差から富の格差がうまれ、地域間にあらたな緊張と摩擦が生じたことだ。そのことは『記紀』などに須佐之男命《すさのおのみこと》の乱行としてえがかれている(2)。

そこで人びとは、集落内にあった墓地などを集落の外に共同墓地としてまとめ、集落のまわりを堀や土塁でかこむようになる。「環濠集落」だ。縄文集落にはけっしてみられなかったものである。

さらに軍事的緊張が高まると、集落の広域的な立地構造もかわってくる。弥生時代中期ごろの近畿地方では、中小の河川の流域ごとに、ひとつの拠点集落を核に複数の小集落があつまる連鎖的な共同体があらわれはじめるのだ。またそれらの分枝集落といっていいような「高地性集落」などもうまれる。とくにこれは生産拠点からはなれたところに集落が形成される例だが、かつてなかったことである。

ちょうどそれは古代ギリシア都市の成立の契機となったシュノイキスモスという集住に似ている。叛乱や戦争にそなえて大イエやイエグミがあつまり「大規模な同族集団社会」をつくるのだ。それにつれて社会構造も変わる。

イギリスの哲学者のデイビッド・ヒュームは「国家は軍事的要請からうまれる」といったが、人びとはミコのほかに防衛のリーダーを選抜して防衛にあたるようになったろう。祭祀と政治の要であるミコのほかに、血縁集団から「軍事的あるいは法的社会」への移行をしめすような「軍司令官」のヒコが登場するのだ。そして「ヒメ・ヒコ制社会」がつくられていく。クニといわれるものである。

ただしそのクニでは、あいかわらずミコによる「神さま」のまつりが最重要の行事である。それがマツリゴトつまり政治なのである。そういうミコまたはヒメによる祭祀を中心とする一種の「軍事的・法的社会」を「巫政《ふせい》国家」とわたしはよぶ。そういう巫政国家は天皇制が確立する七世紀末までおよそ七〜八〇〇年つづいたと、おもわれる。

「神さま」に敬意をあらわす

しかし、このような巫政国家においては、なお氏族制的な社会制度が維持されたであろう。それらの集落内部には、どこでも高床のイナグラや複数の竪穴住居のほかに一棟の大きな高床のすまいがみられるからだ。イナダマ祭祀のための「神のすまい」であり、どうじにそれをつかさどるイエグミの首長やクニのヒメ・ヒコのすまいだったろう。なおイエグミの首長はふつう村長《むらおさ》などとよばれるが、村という地縁的結合と誤解されやすいのでここではつかわない。

さて大イエの家長もそうだが、イエグミの首長も、クニのヒメ・ヒコも、このように「神さま」と共住する。「神さま」をまつることによってその地位が保証されたからだ。ただしそこにはまだ身分意識や階級意識はない。

ここに高床建築はイナダマをまつる倉だけでなく、それをまつる人のすまいになっていく。「高床住居」である。そしてそこに「祭住一致」が顕現する。

そのようなすまいのスタイルがじつは今日にもおよんでいる。日本人がすまいにはいるとき、意識するとしないとにかかわらず靴をぬいで「神さまに敬意をあらわす」のがそれだ。「祭住一致」というカルチュラル・ジーンつまり文化的遺伝子が、いまなお日本人の体内に宿っていることをしめすものだろう。

4 「心の御柱」がなぜあるか？——天つ神と巨木神殿

「イナダマのベッドルーム」で、今日、わたしたちの目にできるものに伊勢神宮がある。伊勢の皇大神宮《こうたい》正宮は「稲倉が原形」といわれる。

とはいっても、その正宮つまり「内宮」はもちろん、豊受大神宮正宮つまり「外宮」の三重の垣内にもはいることはできない。そこで「外宮」の裏にまわる。外幣《へい》殿や御饌《みけ》殿がある。それらは正宮よりひとまわり小さいが、基本的な形は共通している。原始人の手づくりのあとをとどめるような牧歌的な登呂《とろ》遺跡の稲倉などとちがい、総ヒノキづくりの幾何学的に洗練された建築物だからだ。

さらに建物の質のちがいだけではない。構造的にも異なっている。建物の両妻壁の外側に太い柱がやや内側に傾むいて立っているからだ。はじめてみた人は「なんだろう？」とおもう。「棟持柱《むなもち》だ」といわれると、なるほど、たしかにその柱のうえに棟がのっかっている。

だがよくみるとその棟は、妻壁の中央にある柱でもささえられないことはない。それなのになぜそのうえに棟持柱があるのか？　さらに床の下には「心《しん》の御柱」があり、その真上には神器がまつられているという。いったい棟持柱といい、心の御柱というものはなんだろうか？

日本は征服された——アマツカミの進出

最近の考古学の発掘から、弥生時代の後期に大和を中心とする近畿の環濠大集落がとつぜん姿を消すことがわかってきた。かわりに、一部地域に突如として新しい集落がうまれ、成長する。日本の中枢部でなにか変化がおきたのだ。

想像されるのは、このころ「倭国大いに乱れる」という中国側の資料にある戦争である。そこでかんがえられるのは、従来のイエグミやヒメ・ヒコを中心とする農業的なクニにかわって、あらたに人民を支配する専制的な国家が登場したことだ。というのも、それまでのリーダーたちはイエグミの首長にしても、クニのヒメ・ヒコたちにしてもみな集落のなかに住んでいたが、このころからリーダーは集落の外にとびだし、厳重な防護施設をかまえて住むようになったからだ。

共同墓地からはなれた独立の墳丘墓もうまれていくのだ。あきらかに一般人とは身分のちがう人間が出現している。それは墓制からみるともっとはっきりする。王の王、つまり「大王」の存在だ。では大王を出現させたとみられる「倭国動乱」とはいったいなんだったのか？

そのことをしめすとおもわれる神話が『古事記』や『日本書記』にある。「高天原」というところで「豊葦原の瑞穂の国を征服しよう」という物騒な話がおきたことだ。さきのイザナギの子である天照大神が稲種を田んぼに植えたら、秋にイネがたわわにみのったので「葦原の中つ国をわたしの子孫におさめさせたい」といいだしたのである。

『記紀』にアマテラスをはじめ「天《あま》つ神」といわれる人びとが住んでいたタカマガハラはふつう天上世界といわれ、観念的世界とかんがえられている。だが江戸の国学者の本居宣長は、タカマガハラの具体的描写からそれは空想の所産ではなく「政治思想的な構造のものとして理解すべき」といっている。つまりどこかにタカマガハラが実在したのだ。世界中の多くの神話が現実におきた事件の隠喩としてかたられ、じっさいに事件のおきた地が発見されていることをおもうと、十分かんがえられることだ。

そこでタカマガハラの候補地としていままでに朝鮮半島、中国大陸南部、東南アジア、九州、大和、東国などがあげられてきた。しかしわたしはそれらのいずれの場所でもない、とおもう。

従来、東洋史学者の江上波夫の「騎馬民族征服説」などの影響によって「タカマガハラ海外説」がおおくとなえられたが、しかし有力な候補地とされる朝鮮半島は『記紀』には「新羅」や「韓国《からくに》」などとしてタカマガハラとはべつにかたられている。そこで記紀神話をくわしくみると、タカマガハラとナカツクニとはどちらからも人が簡単にゆききしていることがわかる。たとえばタカマガハラでの天稚彦《あめのわかひこ》の葬儀のときにワカヒコの親兄弟たちは、ナカツクニからやってきた味耜高彦根《あじすきたかひこね》神をワカヒコとまちがえているから、タカマガハラとナカツクニとは自由に往来できただけでなく、両国の人びとの顔も似ていたのだろう。

とすると、タカマガハラは「国内のどこかにあったのだ」ということになる。

ではいったいどこか？　それは、日本の国土の地理的変遷や最近の考古学の発掘の成果、記紀神話、それに建築学の知見などを重ねあわせるとわかってくるのではないか。

巨木文化がさかえたタカマガハラ

まず記紀神話の検討からはじめよう。『記紀』の「神代篇」については五世紀の大和政権の「政治的創作」とする批判もあるが、わたしは古代日本をものがたる「日本神話」とかんがえて話をすすめる。

記紀神話で建築学的にみて注目されるのは、タカマガハラに「八百万《やおよろず》の神々」といわれるように多数の氏族がすんでいたことだ。そしてよくみると、そのなかに二系統の神がいる。アマテラスの系統と『古事記』の高御産巣日《たかみむすび》神またの名「高木の神」の系統である。この二柱の神が共同してナカツクニ遠征をくわだてる。そしてなんどか失敗を重ねたのち、最後にうまれたばかりの邇邇芸《ににぎ》命を遠征の総大将にあてて成功する。

なぜ赤ん坊が総大将になって成功するのか？　じつはニニギはアマテラスの息子の子で、かつ、タカギノカミの娘の子である。ニニギにとってはアマテラスは父方のおばあさんであり、タカギノカミは母方のおじいさんなのだ。二系統の神々の血統がニニギで「融合」している。成功の秘密はそこらにあったのではないか。

そしてアマテラスは「稲作の祖」である。ナカツクニにむかうニニギたちアマツカミの一行にたいして「斎庭《ゆにわ》の稲穂」をさずける。「聖なる稲種」だ。これがのち日本国家の建設の鍵となる。

いっぽうタカギノカミはなにをしたのか？　まずニニギ一行より前に先陣として二柱の神を出雲に派遣している。『古事記』では建御雷之男《たけみかづちのお》神と天鳥船《あまのとりぶね》神、『日本書紀』では経津主《ふつぬし》神と武甕槌《たけみかづち》神である。かれらはいずれもイザナギが火の神カグツチを斬ったときの「刀の神」の子孫だ。その出自からタケミカヅチは「剣の神」、フツヌシは石や木を切る「斧の神」とかんがえられる。アマノトリブネはその名のとおり「船の神」だろう。このことから、かれらは一大水軍であったことがわかる。

その一大水軍はたんに軍事集団だけではなかった。土地の神である建御名方《たけみなかた》神を降伏させ、土地の総大将大国主神を服従させたあと「権力はゆずるが権威はとどめてほしい」というオオクニヌシの要求にしたがってタカギノカミはオオクニヌシのために「アマツカミの宮殿」を建ててやっている。

そのアマツカミの宮殿を「天《あまの》日隅《ひすみ》宮」という。ヒは「霊」、スミは「住むこと」だから「天つ神の霊がすむすまい」だ。「底つ岩根に宮柱太しり、高天原に氷木《ひぎ》高しり」すなわち、この国にしっかり根を降ろした太い柱と、高天原にとどくような高い千木《ちぎ》をもった「巨大建築」とされる。

さらにタカギノカミはオオクニヌシのために橋や舟などもつくっている。

というところをみると、アマツカミ水軍はすぐれた軍事力をそなえていただけでなく、またユニワノイナホをもってきただけでなく、巨大な建築や橋、舟などの「巨木文化」をもってきたことに注目する必要がある。

するとタカマガハラとは「巨木文化がさかえた土地」ではなかったか。タカギノカミはその名のとおりそのシンボルではなかったか、とおもわれるのである。

のちのことになるが「アマツカミ水軍」の神武大王が、葦原のナカツクニを制覇し、橿原の宮で即位して「大地に宮柱を深くたて高天原に千木を高くたてた天皇」といわれたとき、そこにまつったのはアマテラスではなくタカギノカミだったのである。

北陸は日本の「造船地帯」

ではそのタカマガハラとは具体的にはどこをさすのか。

注目されることはここ二〇年あまり、関東から信州、東北、北陸にかけて縄文時代の巨木遺跡がつぎつぎと発見されていることだ。たとえば、長野県原村阿久遺跡からは五〇〇〇〜六〇〇〇年前の一辺四メートル前後の正方形状の直径一五〜三〇センチメートルの柱列群が、青森市の三内円山遺跡からは四〇〇〇〜五五〇〇年前の直径約一メートルの巨大なクリの木の「六本柱」が、新潟県青海町の寺地遺跡からは直径約六〇センチメートルのスギの「四本柱」が、富山県小矢部《おやべ》市桜町遺跡からは四〇〇〇〜五〇〇〇年前の貫穴などをもつ多数の木柱群が、石川県能都町真脇《まわき》遺跡からは二〇〇〇〜六〇〇〇年前の直径約一メートルのクリの半割一〇本の「環状列木」がそれぞれ発掘されている。

そのほか、群馬県月夜野町の矢瀬遺跡、富山県井口町の井口遺跡、金沢市の米泉遺跡などあげれば枚挙にいとまがない。

半割柱のウッドサークル
(チカモリ遺跡の復原から)

これらの巨木遺構の発見は、縄文時代の昔から、関東、信州、東北、それに北陸地方にかけて巨木文化がさかえたことをしめしている。

これらの地域、つまり東日本の日本海岸から内陸の山岳地帯に巨木がおおいのは、シベリア大陸の寒気団によってもたらされる豪雪のせいだ。何十メートルもの豪雪が、それにうちかつ直立巨木をうみだしたのである。

そういうなかにあってとくに注目されるのは金沢市新保本町チカモリ遺跡である。そこでは直径四〇センチメートルから九〇センチメートルの丸太が四五本、断面がカマボコ型の丸太が二五〇本、断面がU字型の丸太が五二本もみつかっている。じつに三五〇本もの直径六〇センチメートル前後の巨木が発見されたのだ。

そのハイライトは真脇遺跡とどうようのクリの「環状列木」である。その断面はいずれも丸太を半分にわったカマボコ型だ。さらに入口にあたるところには、おどろくべきことに断面がU字型にくりぬかれた木がむかいあってたっている。

これはだれがみても丸木舟である。カマボコ型の木もその製作途中のものにちがいない。とすると、このあたりは丸木舟の生産基地だったのではないか[1]。のちに大伴家持が『万葉集』で「鳥総《とぶさ》たて舟木きるという能登の島山」とうたったように、北陸は舟の一大生産地帯だったのである。

さきに、木造建築の柱の断面は直径三〜五寸、すなわち一〇〜一五センチもあれば十分だ、といった。ところが丸木舟は人をのせるために、どうしても六〇センチメートル以上の断面の木が必要になってくる。ということをかんがえあわせると、さきの正楽寺遺跡とどうよう、巨木は建築より丸木舟に必要だったのではないか、建築はせいぜい信仰の対象や目印となるモニュメントをたてるぐらいのものだったろう。

日本海をわたってきた大陸の寒気団がもたらした寒気と豪雪は、北陸地方に巨木を生育するとどうじに、古来からの日本の「重要な造船地帯」を形成したのである。

潟湖がつづく日本海

しかしいくら丸木舟がつくられても、その需要がなければどうしようもない。その需要をみたすためには、おだやかな海と港がなければならない。とすると、北陸海岸にそのような条件があったのか？

昔の日本海岸をかんがえるうえで見おとしてならないことは、氷河時代が終って北からリマン寒流が、南から黒潮がはいったため日本海にさまざまな「湾岸流」が発生したことだ。おかげで日本海に無数にあったいりくんだ海岸には、氷河時代以後、川が放出する土砂や岬をけずりとった「大地片」などでいたるところに天橋立のような砂州《さす》が形成された。すると、いままでの入江は蓋をされ、潟となり、湖となり「潟湖《せきこ》」いわゆるラグーンとなったのである。西日本の海岸をみても、宍道湖《しんじ》も、中海も、湖山池も、久美浜湾も、三方五湖もみなそうだ。

いうまでもなく潟湖は波しずかである。それに北陸沿岸では大量のサケがやってきた。サケは高カロリーで保存がきいたから、大量の余剰食糧をうることができる。丸木舟をあやつる縄文人にとってえがたい漁場だったろう。とどうじに潟湖は港であった。日本海に無数にあった潟湖をつたっていけば、日本海を楽々航海できたにちがいない。

もっとも「丸木舟では外洋航海は無理だ」といわれるかもしれない。だが『記紀』にはしばしば「天鳥船」という名がでてくる。それは鳥のように翼をもったもの、つまりアウトリガーとかんがえられる。転覆防止のために舟の軸と直交に木をはりつけたものだろう。冬の荒れる日本海をのぞけば、そういう「鳥舟」に乗って潟から潟へ航行する旅はさぞ快適だったろう、とおもわれるのだ。

今日ものこっている北陸の潟に、福井県の北潟、富山県の十二町潟、放生津《ほうしょうづ》潟、新潟県の鳥屋野潟、島潟、福島潟などがある。ただし新潟、巻潟、大潟、犀潟などはいまは地名しかのこっていない。さらに東北には秋田県の男潟、八郎潟、青森県の十三湖などがある。もっとも山形県の西沼・東沼は今日、名前しかのこっていない。

それらのなかでとりわけ注目すべきは石川県である。その北西岸には日本海の漂砂がはこぶ大砂丘地帯があり、いまも邑知潟《むらちがた》、河北潟《かほくがた》、木場潟、柴山潟などがのこっていて、それぞれに潟港の存在が確認されている。

さらに金沢市の北から小松市の南にかけてのおよそ四〇キロメートルの海岸地帯は、かつては一大入海だった。それが日本海の漂砂によって内灘砂丘にみられるように蓋をされ、一大潟湖が形成されたとみられる。北の古河北潟、南の古江沼潟のちの今江潟などが文献にその名をとどめている。

この潟湖をめがけて加賀の白山を源流とする手取川《てどりがわ》が流れこみ、潟湖の内部に一大扇状地帯がつくられた。そして手取川がはこぶ土砂によって潟湖一帯に多くの島が形成された。今日でも明島、桑島、森島、中島、矢頃島、漆島、向島、長島、源兵衛島、出合島、与九郎島、田子島、舟場島、水島、北島など島の地名が密集している。

雄大な潟湖を背景として、仙台湾の松島のような大小無数の島々の風景をおもいうかべると、かつて八百万の神々がゆききしたタカマガハラもこういうような場所ではなかったか、とおもわれてくる。

なお三五〇本もの縄文時代の巨木が発見されたさきのチカモリ遺跡は、その潟湖のほぼ中央、かつての古河北潟の一角にある。

「越の海人」の南進

かつての「高志《こし》」あるいは「越《こし》の国」は、北は秋田市から南は福井市までのおよそ五〇〇キロメートルにわたる海の国であった。そしてそこに形成された潟湖を「母なる海」として、北欧のフィヨルドよろしく多数の舟人たちがゆきかったことだろう。じっさいそれを象徴するように、縄文時代中期以後のこの地域には、それまでの土俗的な土器とはおよそちがった「火焔土器」や「装飾石棒」とよばれる絢爛たる土器や石器が多数つくられている。そしてそれらが各地にひろがっていっている。また糸魚川、姫川からは硬玉ヒスイがでて、北海道から長崎までもたらされている。さらに一二〇平方メートル、四〇坪近くある縄文時代の大型住居が二〇遺跡、四〇棟以上も発見されている。弥生時代後期には四隅突出型方墳というユニークな古墳がつくられている。じっさい潟湖の周辺にはおおくの古墳が集中しているそうである。(2)かれらの躍進ぶりがうかがえようというものだ。

紀元前一世紀に衛氏朝鮮をほろぼして朝鮮に進出した中国人が瞠目《どうもく》した「倭人」は、そのような人びとではなかったか、とおもわれる。

一般にこれらの倭人は、南中国の舟行人や、あるいは「北九州の海人《あま》ではなかったか」とかんがえられるが、しかし寒冷下にむかう時期に南の人間が北上したことはかんがえにくく、また六三〇〇年前に九州の南端五〇キロメートルの鬼界カルデラでおきた火山大爆発によって九州一帯はながらく無人地帯と化したため北九州から独自に強力な海人が発生したともおもえない。なおその大爆発によって瀬戸内や近畿も大被害をこうむり、ひとつの推計によると、とうじの日本の人口は東日本の二五万にたいして西日本は一万にまでおちこんだ、というから、倭人のルーツを九州から西日本にまでひろげても疑問がのこる。

むしろ、そのような被害をうけなかった北方の「越の海人」が北九州に進出して「宗像《むなかた》の海人」などになったのではないか。かれらの南下は、紀元前後、幾波にもわけておよそ数百年間、あるいは千数百年間もつづいたろう。

というのも、アマツカミ水軍に抵抗したのち諏訪に逃げた『古事記』ではタケミナカタ、『日本書記』では「天津甕星《あまつみかぼし》」は、ミナカタはムナカタに通じ、アマツミカボシのアマはアマツカミ一族とかんがえられるから、アマツカミすなわち「越の海人」は古くから出雲に進出していたものだろう。じじつタケミナカタの母も「越の沼河媛《ぬなかわ》」である。かつて潟湖だった「沼河郷」出身だ。タケミナカタがタカマガハラの神々から「天の悪しき神」とみなされたのも、アマツカミ一族でありながら先行して植民した「宗像の海人」に通じたからだろう。なお神道考古学者の大場磐雄によると、ヌノカワのヌは「瓊《ぬ》の川」すなわち「玉の川」の意味であり、具体的には硬玉ヒスイを産する姫川とされる。

またもうひとつつけくわえると、アマテラスに敵対したスサノオの子どもらも『古事記』本文では宗像三神とされる。

スクナヒコナと常世の国の不思議

さて問題は、二三〇〇〇年前から一八〇〇〇年前にかけて地球がふたたび氷河時代にもどるか、とおもわれるほど寒冷化したことだ。そこでかれらの南進がはじまった、とみられる。じじつこのころ、東日本の人口は六万五〇〇〇人ぐらいに激減している。

その決定的大南進は、稲作文化に接しておこった。かれらは寒冷気候に決別して大規模な「巣わかれ」をはじめたのだ。アマテラスの天の岩屋戸への雲がくれ事件は「太陽の照らないすずしい夏」を象徴するものであり、アマテラスの「葦原のナカツクニ支配宣言」はかれらの「宣戦布告」だったろう。弥生時代の中期ごろか、とおもわれる。

しかしかれらは南進するだけの力をもっていた。古くから日本海や東シナ海を股にかけて交易していたから金属器などの武器にはこと欠かなかったろう。また最後に大南進したアマツカミ一族はとりわけすぐれた国家の統治技術や国づくり技術をもっていた、とおもわれる。

というのは、たとえば石川県をみると現在でもスクナヒコナをまつる神社が一三六社もあって『記紀』がつたえる伝承発生地の島根県よりおおい。スクナヒコナは変った船にのってやってきた服装もちがいことばもつうじない「外国人」である。しかしいろいろの技術をもっていて日本の国づくりに貢献した。『日本書記』によるとさきのタカミムスビつまりタカギノカミの子、『古事記』ではタカマガハラ三神の一の神産巣《かみむす》日神《び》あるいはその母神の手から「もれおちた子」とされる。ということはタカギノカミもカミムスビも外国出自なのだろうか？

それはともかく、日本海をみわたすとアムール川流域にはたくさんの舟の絵がかかれた古い岸壁画がある、といわれ、古来から舟運の大いに発達したところだった。しかもその舟行人はどうじに「水上狩猟民」であって、日本近海にたびたびやってきて回転式離頭銛《りとうもり》といわれるすぐれた漁具で大型魚類を捕獲したことがわかっている。するととうぜん、かれらと越の国との交流もあったろう。能登半島の先端にあるさきの真脇遺跡の五〇〇〇年前の地層からは一〇〇〇頭ものイルカやクジラの骨が出土している。

したがってスクナヒコナを主神・配祀神としてまつる神社がかつての「越の国」である秋田県から福井県にかけていまも六四〇社もある、という事実も不思議ではない。シベリア舟行民が古くから日本に渡来してきたことをしめすものとおもわれるからだ。

しかし『記紀』あるいはその元となった伝承においては、この「外国出自」を消すためだろうか、スクナヒコナどころかアマツカミの出身地さえいっさいふせられている。イザナギとイザナミが「国生み」した『古事記』の「大八島」のなかにも佐渡の島はあっても「越の島」の名はない。そこでかわりに、タカマガハラという架空の地を創出したのではないか、とおもわれるのである。

なおスクナヒコナの神は、アマテラスなどとちがい『記紀』をはじめ『風土記』『万葉集』などに大己貴《おおなむち》神つまりオオクニヌシとともに登場する民衆にもっともポピュラーな「神さま」だ。にもかかわらずわが国の『皇統譜』からはいっさい排除されている。(3) 弘仁六年（八一五）につくられた畿内の豪族一一八二の姓氏の由来をしるす『新撰姓氏録』にも、おおくの神々が登場するのにそのなかからも外されている。

またスクナヒコナが去ったという常世《とこよ》の国についても、タカマガハラとの関係をふくめてその具体的な場所については『記紀』にはいっさいふれられていない。しかしおなじ『記紀』に伊勢神宮創建の理由としてしるされた「常世の波のよせる国」という表現からすれば、これは外国だろう。しかし朝鮮半島ではない。皇極三年（六四四）に民衆のあいだに「常世の神をまつる」という事件がおきたが、その「俗信」をしりぞけたのは朝鮮半島からの渡来人の秦河勝だったからだ。

「アマツカミ水軍」の畿内征服

そういう特異な出自をもつかれらが来寇したためか、北九州をはじめとする弥生のクニグニはパニックにおちいったようだ。すでにたびたび戦乱にまきこまれていたクニグニもあらためて武装したことだろう。この時期、九州から四国西部にかけて「銅矛《どうほこ》文化圏」がひろくみられる。しかし、かれらの抵抗を排してアマツカミ水軍は九州各地に定着した、とおもわれる。だがもともと畿内のナカツクニを目ざしていたから、二世紀の終りごろには瀬戸内海をとおって畿内に侵入し、艱難辛苦のすえ待望の大和を制覇したようだ。

ちょうどそれは、古くはアングロ・サクソン人、近くはスカンジナビア半島のフィヨルドで長年月、舟行技術を発達させたのち寒冷期をむかえて北海の南下を二〇〇年つづけたノルマン人に似ている。かれらヴァイキングはフランスのノルマンディーに割拠したのち、そこを起点として一〇六六年にブリテン島を制覇した。その「ノルマン・コンクェスト」によってイギリス社会はひっくりかえったのだった。イギリス王室は今日もヴァイキングの血をひいている。

記紀神話にこのような「和製ヴァイキング」の日本征服譚がしるされている、とかんがえるのは、少々うがちすぎだろうか。

「斎庭の稲穂」が日本をつくる

かれらのもっていたすぐれた技術は、しかし軍事だけではなかった。特異な文化をもちこんで経済面や政治面においても大いなる力を発揮したことをあげなくてはならない。

まずかれらは、従来の銅鐸祭祀を廃し、かわりに「斎庭の稲穂」の信仰をもちこんだ。銅鐸祭祀により農業生産にはげんできた従来のミコを廃して、あらたにユニワノイナホによって生産管理をすすめるミコを登場させたのだ。それは『日本書記』に、倭大国魂《やまとのおおくにたま》をまつる渟名城入姫命《ぬなきいりびめ》と、アマテラスをまつる第一〇代大王崇神《すじん》の娘の豊鍬入姫命《とよすきいりびめ》の対決としてえがかれている。ヌナキイリビメは病みおとろえ、トヨスキイリビメは大和にアマテラス信仰を植えつけた。のち垂仁《すいにん》大王の娘の倭姫命《やまとひめ》が伊勢にうつしてより確固なものにしている。垂仁は崇神の子である。

さてこの対決はなにを意味するか？　推測になるが、それは「イネの生産も大切だけれど、その元となるイナダネの管理はさらに大切だ」ということではないか。イネは多少問題があってもたべられるが、イナダネに問題が生ずると、翌年、イネは芽ぶいてくれない。

そこで大和にひらかれた新しい国家は、イナダネをアマテラスからさずけられたユニワノイナホをひきつぐ良田でそだったイネでなければならない、とした。さらにその秋に最初に実をつけた「初穂《はつほ》」をとくに生命力がある、いいかえると呪力があって来年の豊作を期待できるものとしたのである。「江戸の初鰹《はつがつお》」などにもみられるわが国古来からの「初物信仰」だ。縄文以来の伝統といっていい。マナイズムに裏づけられたものである。

そしてその新しい信仰の総本山に伊勢がえらばれ、アマテラスがまつられた。それを梃子《てこ》として、ユニワノイナホとハツホの独占保存、そして翌年春にはそのハツホの一般農民への貸しつけ、秋には「利息」をつけての返済という制度を確立したのだった。それは一般農民にとってイナダネを保存する手間がはぶけて好都合だったのだろう。制度は大きく前進した。

このようにかれらは、イナダネの保存の面倒さとイナダマのもつ呪術性とを逆手にとって、貨幣のない時代に、今日の資本主義を地でゆくような「利殖のシステム」のちの「出挙《すいこ》」とよばれる制をつくりだした。そうしてかれらの経済的・社会的基盤を安定させ、日本国家の基礎をかためていったのである。

屯倉の構造

そういうユニワノイナホやハッホをいれる建物が「巨木高床の稲倉」である。ふつう屯倉《みやけ》といわれる。ミヤケは、御《み》・屋《や》・禾《け》の音がしめすように、がんらい「イネをおさめる首長の倉」だったろう。のちアマツカミの首長である大王の倉を意味した。また田荘とも屯倉とも官家とも書かれたように「田と倉と家の三つからなる」ともみられた。御田と正倉と政庁である。大王が所有する神の田と、ハツホなどをいれる稲倉と、それらを管理する役所であったろう。

そのハツホなどをいれるイナグラの構造は、湿気や雨をさけるために床を高くあげ、イノシシなどに荒されないように太い柱をたて、ネズミの侵入を防ぐためにネズミ返しをもうけ、湿った空気を遮断するために厚い板をはり、雨風やトリの来襲にそなえて草を何重にもふいたものだった。

またその内部はムシがつかないように清潔にたもち、人の出入りは禁じられ、窓はなく、戸さえもなく、あっても閉じられ、ハツホなどはしばしばハシゴをもちいて妻壁の上部の穴からなげこまれた。

さらに精神的な清浄さももとめられた。ハツホなどのイナダマは赤ん坊のように無垢で若々しい生命力をもっている、とかんがえられたので、活力をうしなった「死」は忌みきらわれた。他の動物をよびこむ「血」は遠ざけられた。日本文化の「不浄をきらう観念」がここに成立した。

伊勢神宮

伊勢神宮の正宮は、この屯倉のイナグラの形を元にしている。

ただしイナダマの本尊であるアマテラスをまつる神殿であるから、さらにいろいろの配慮がくわえられた。アマテラスが伊勢にうつされたのは三世紀末か四世紀はじめのころとされるが、のち今日の伊勢神宮の原形をつくり二〇年おきの式年遷宮の制をさだめたのは天武大王で、最初に遷宮をおこなったのはつぎの持統天皇とされる。七世紀末のことだ。

そのころに確立したとおもわれる伊勢神宮の正宮の形は、まわりに「縁」をもった桁行三間、梁間二間、切妻平入の総ヒノキづくりの建築である。屋根には「千木」がそびえ、両妻壁には棟をささえる棟持柱がたち、床下には「心の御柱」が秘められた。

その棟と棟持柱で構成された「物干竿」のような構造は、収穫した稲束をかける稲架《はざ》に似ている。ハザからイナグラができたろうから、かんがえてみれば当然だ。

するとその上にのるX型の千木は、左右にわけてハザにかけられる稲束ではなかったか？　イネの象徴といっていい。そのイネの先端をタカマガハラにとどかせ、そのイネをつたってタカマガハラのアマテラスの霊力がイナグラにつたわってくることを祈願したものだろう。『記紀』にくりかえし「底つ岩根に宮柱太しり、高天原に氷木高しり」とかたられるのも、そのことをさしているのではないか。

このばあい「底つ岩根」はタカマガハラにたいするナカツクニを意味し、千木となまった氷木は「霊木《ひ》」だったろう、とおもわれる。

出雲大社

つぎに「心の御柱」についてみよう。これは神さまの降臨する依代《よりしろ》でヒモロギといわれる。伊勢の正殿では床下に独立して立っているが、アメノヒスミノミヤの後継建築である出雲大社では建物の中央にある。

その形態や機能からすれば出雲大社のほうがより古形だろう。出雲大社本殿は、出雲の国造《こくぞう》家文書によると霊亀二年（七一六）に建てられた、といい、それから不定期ではあるが遷宮がくりかえされている。現在の建物は延享元年（一七四四）のものである。

そこで紙上シミュレーションとして、出雲大社本殿にまいってみよう。南側の階段をのぼる。本殿はまわりを「縁」でかこんだ板壁の高床建築だ。切妻屋根がのっている。正面、側面とも二間の柱間で、伊勢神宮正殿とちがって妻入だ。妻面中央の柱の右に扉がある。扉のなかにはいる。内部平面は正方形だ。ほぼ「田の字」型の各交点に、つごう九本の柱が立っている。両妻壁のまんなかの柱は「珍柱《うづ》」とよばれ他の柱より太い。さらに太いのは中央の柱で「心の御柱」とよばれる。その心の御柱とその右の柱とのあいだに間仕切壁があるから、入口からはいると間仕切壁につきあたり、左におれ、右をむき、二、三歩すすんでさらに右をむく。するとそこに御内殿とよばれる神座がある。

さきの伊勢神宮の内・外宮の正殿内部は、このような中心柱も間仕切壁もないガランドウの建物だったが、それも稲倉に発した神殿だったからだろう。しかし出雲大社はヒスミノミヤといわれたオオクニヌシのすまいからスタートしたものだから空間内部もこのように分割された、とおもわれる。

その分割の中心にあるのが心の御柱だ。

巨木信仰の象徴

以上は現在の出雲大社であるが、伝承によると古代の出雲大社はいまよりははるかに大きかった、という。

その根拠とされるのが平安時代につくられた貴族の子弟のための教科書である『口遊《くちずさみ》』にでてくる「大屋を誦する……雲太《うんた》、和二《わに》、京三」という表現だ。「雲」は出雲大社神殿、「和」は大和の東大寺大仏殿、「京」は京都の大極殿をさす。つまりこれは巨大建築物の「背くらべ」である。すると、出雲大社神殿は、高さ一五丈の東大寺大仏殿より高かったことになる。

そこで昭和のはじめに建築史学者の福山敏男は、その高さを一六丈とし、出雲大社にのこされた「金輪造営図」などをもとに、過去の出雲大社の壮大な復原図を発表した。最近の出雲大社の発掘調査はそれを裏づけている。

それにしても一六丈、すなわち四八メートルというのは壮大な高さだ。その高楼を仰ぎみると、心の御柱は一本の巨木ではなかったか、とおもわれる。オオクニヌシのいう「宮柱」だ。出雲大社神殿はそのミヤバシラの「覆屋《おおいや》」ではなかったか。『記紀』にもでてくる「一柱騰宮《あしひとつあがりのみや》」である。でなければ、なぜ心の御柱が部屋の中心にあるのか？　またそんなに高い建物が必要なのか、がわからない。もしミヤバシラの高さが四〇メートルぐらいもあったとすれば、そういう高さの覆屋の必要性もかんがえられるではないか。

伊勢神宮では心の御柱が稲倉という用途のために床下にかくれ、かわりに棟持柱が強調されているが、ここ出雲大社では心の御柱が中心になっている。そのほうが巨木信仰の象徴としては似つかわしい。

つまり伊勢神宮はアマテラスをまつる「稲作文化」の神殿だが、出雲大社はタカギノカミがもたらした「巨木文化」の神殿といえるのではないか？

5 墓がなぜ巨大か？――大王と前方後円墳

この小さな島国の日本にも大きなものがある。それは古墳だ。とくにわが国独特の形をした「前方後円墳」は圧巻である。仁徳稜などにいたっては長さが五〇〇メートル近くもあって、その面積は世界最大といっていい。

古墳は一般的にいえば「古い墓」ということであるが、歴史学的には「古代の高塚式の墓」をいう。そのばあいの古代とは、三世紀末から七世紀ぐらいまでである。最近では三世紀中葉にまでさかのぼらせる見方もある。

その間につくられた古墳は、現在、ほとんどすべてが「緑の山」になっていてふつうの山と見まちがえるが、当初は人工の丘を葺石でおおった「和製ピラミッド」だった。とすると、山野河海にあって、それはきわめて目だったことだろう。ただ砂漠とモンスーン地帯という風土の違いのため、ピラミッドはいまなおその雄姿をとどめているにもかかわらず日本の古墳にはすっかり樹木がはえひろがり、あるいは畑などがおおい、いまではまったく自然のなかにとけこんでしまった。かつての幾何学的で鮮烈な面影はない。

それにしても土地のすくない日本で、なぜこんなにも大きな墓がつくられたのだろうか？　日本人はそんなにも墓にこだわる民族なのだろうか？

古墳時代は「国づくり」の時代――「大王国家」の開花

たしかに古来から日本人は死者を手あつく葬ってきた。だがその墓所はさきにものべたように、どうじに生者のコミュニケーションの場として利用されたケースがおおい。墓にはいろいろな意味がこめられたのだ。

すると古墳はどうか。

じつは古墳は、それまでの縄文時代や弥生時代の墳墓とはだいぶん異なる。たとえばその形はまるで小山のようにもりあがっていて、周辺にたいして強烈なランドマーク性を発揮するからだ。

ところがそれまでの墓は、そんなに強い自己主張性をもっていなかった。たとえば縄文人は死者をただ土のなかに埋めただけだ。「土壙墓《どこう》」という。土葬といっていい。のち甕にいれて葬った。「甕棺墓《かめかん》」である。ほかに「箱型石棺」などもある。それらはいずれのばあいにも墓標はたてなかった。

ただ弥生時代になるとすこしかわる。甕棺のほかに木棺などがもちいられたがその上に墓標を立てたのだ。それだけではない。北九州では大陸の影響をうけたとみられる大きな石を組みあげた「支石墓《しせき》」がつくられた。これは遠くからでもすぐそれとわかる。群をなして存在したところから地域社会の政治的リーダーとその家族たちの集合墓地だった、とみられる。

また近畿地方では血縁共同体内の有力家族をいれる墓地として、ゆるい丘のようにもりあがった「方形周溝墓《しゅうこう》」がつくられた。幅約二メートル、深さ約一メートルの溝を一辺約一〇メートルの方形に掘り、そのなかに数基の土壙墓や木棺墓をいれたものだ。これは支石墓のようなランドマーク性はないが、かわりに溝が登場して大地を区切っている。

そのほかにもいろいろの「低墳丘墓」がつくられた。なかには、血縁共同体をこえた地域農業共同体の首長とおもわれるような巨大なものもある。

古墳、とりわけ前方後円墳は、この方形周溝墓などの低墳丘墓のあとにあらわれる。といっても、これら低墳丘墓のなかには前方後円墳と見まがうりっぱなものもあった。だが低墳丘墓と前方後円墳とはちがう。

前方後円墳は、しばしば「作山《つくり》」「造山《つくり》」などと名づけられるように「それは山である」という建設者の強力な意思がみえることだ。つまり山を墓標とする思想が前方後円墳にはある。ところが低墳丘墓にはそのような意図は感じられない。

ただ山といっても前方後円墳は「人工的な山」である。古くから日本人が神聖視してきた「自然の山」ではない。にもかかわらず「その人工的な山をよし」としたのは、日本人はたんなる自然主義者ではなく、なんどもいうように心の奥には「力への信仰」があったからではないか？「スーパーパワーを身につけたい」とねがう信仰である。だから伝統を少々改変しても「大陸からの新文化」をとりいれたのではないか？

その大陸からの新文化というのは、秦始皇帝陵にみられるような巨大性のパワーだったろう。巨大性のパワーを、たとえ人工的であっても「山」にしようとした、とおもわれる。そしてその巨大性のパワーの結晶ともいうべき巨大古墳のなかに、つぎにのべる「大王国家」の開花が読みとれるのだ。

「神人共同の国づくり」

それにしても、いったいだれが最初にこのような巨大古墳をつくったのか？

巨大古墳づくりについては『日本書記』にひとつの説話がある。それは大和の三輪山の神につかえる巫女の倭《やまと》迹迹日百襲姫命《ととびももそひめ》が死んだとき、人民が悲しんで、今日の奈良・大阪の府県境にある大坂山の石をおよそ二〇キロメートルもある三輪山山麓まで一列にならんで手わたして箸墓《はしばか》をつくった、というものだ。

この説話には重要な意味がふくまれている。

まず第一に、これはときの王が人民に命令してつくらせたものではない。無名の人民たちが自主的につくったものだ。こういうことは世界の国づくりや古墳づくりではめずらしい。ふつうは王が人民に命令してやらせるものだからだ。あるいは「川を治める者は国を治める」というように、人民のなかからでた英雄が実行するものである。その昔、人民だけでこういう大事業をやる、というケースはきわめて稀だ。

第二に、ではどうして人民だけでそんな大事業ができるのか。その秘密はどうやら「神さま」にある。この説話にも「昼は人つくり、夜は神つくる」としるされている。その「夜は神つくる」については、わたしは縄文以来の日本の伝統がはたらいた、とみる。三輪山の神のまつられているところにみんなが集まってきて話しあうことだ。日本の伝統的な「寄合」である。寄合がいわば「神さま」なのである。

第三に「それは結構だが、そんな寄合で話がまとまるのか」という疑問がおきるだろう。じつはいまでも日本の村のおおくの集会がそうだが、寄合は話がまとまるまで幾晩でもつづけられる。会議には終了時間がないのだ。そして話がまとまらなければまとまるまでいくつも代案が用意される。するとおもいがけない案がでてくる。その結果、山あり、谷あり、川あり、田んぼありといった複雑な地形のなかを大量の石をはこぶという難問題も「人間が手わたしにはこぶ」という妙案で解決する。

わたしはこれを、権力がおこなう大地を改変する「剛構造の国づくり」にたいして、人びとの知恵をはたらかせて自然の流れにさからわずおこなう「柔構造の国づくり」とよんでいる。

そういう「柔構造の国づくり」は、またその実行面でも「神さま」がまもってくれる。神さまの前で全員がきめたことは「神託」になり、神託に違反することはゆるされないからだ。違反者はムラを去らねばならない。

モモソヒメの墓づくりは、そういう「神人共同の国づくり」というこの国の集団の意思決定と実行の姿を、みごとにしめしている(1)。

大和湖の「蹴裂き」

この箸墓が建造されたのは三世紀のなかごろとみられる。このごろでは箸墓が前方後円墳の最初ではないか、とさえかんがえられている。

それにしても、前方後円墳が権力の力でなくふつうの人びとの手でつくられた、というのは驚きだ。それは人びとのパワーをあらわすとどうじに、モモソヒメがいかに人びとにしたわれていたことをしめすものである。いったいどうしてモモソヒメはそんなに大きな人々の信頼をえたのだろうか？

それは、この説話全体を国づくりの一つの暗喩としてみるとわかる。

というのは、モモソヒメが死んだ原因は『記紀』によると毎夜通ってくる三輪山の神が「小さなヘビ」だったので驚いたことだ。ヘビは神話でしばしば川にたとえられるが、たしかに大和にそそぐ川はみな小さい。

いっぽうモモソヒメは、とうじ奈良盆地にあった「大和湖」とかんがえられる。考古学者の樋口清之も弥生時代には標高五〇メートルのところに湖岸線があり、八世紀のはじめごろまでは湖の形があった、とする。(2) 法制史学者の滝川政次郎もそれを肯定し『万葉集』にある舒明《じょめい》天皇が天の香具山にのぼったときの「海原はカモメ立ちたつ」という国見の歌を紹介する。

じっさいモモソヒメの名のトトビは「鳥飛び」で、それが「百十《ももそ》」ある、というのは、幾千、幾万という渡鳥が羽をやすめていた湖ではなかったか。シベリアから熱帯にかけて飛翔する渡鳥の一大休息地だったのだろう。そういう「母なる湖」にたいして、そこにそそぐ河川はいかにも小さくみすぼらしい。しかし、その大きな湖も川の出口を破られるとなくなってしまう。じっさいモモソヒメは「急所」を箸で突いて死ぬ。具体的にいうと、大坂山付近の峡谷の石をとりのぞいて湖の水を流し、そのあとに沃野をつくったことだろう。そういう国づくり事業を「蹴裂《けさ》き」といい、日本には古くからあったのだ。

このばあい、「三輪山の神の神託」をつたえるモモソヒメによって、人び

箸墓はいまもおおくの謎を秘めている

とは結束して大坂山の石を削った。すると湖がなくなりあとに沃野ができた。ところがそのモモソヒメが死んだので人びとはその死をいたんで墓をつくった、とかんがえると、無名の人びとが墓づくりにたちあがったわけがわかる。(3) 一見、荒唐無稽な話のようだが、奈良盆地の湖、人びとの居住地の変遷、峡谷の構造、それに日本人の蹴裂技術の伝統などをかんがえあわせると不思議ではない。

「蹴裂伝説」は各地に存在する

日本各地には古くから「蹴裂伝説」といわれるものがある。それは「動物・鬼・巨人・神・渡来人・貴人・女性などが峡谷の土砂を蹴り裂いて湖の水を流し、そのあとに沃野をひらいた」とする説話だ。わたしが調べただけでも、北は北海道から南は九州まで二〇以上もある。(4)

その名の由来は、神宮皇后が儺《な》の国の博多付近の水路を掘ったとき大きな岩がでてきて難渋したのを「雷神が蹴り裂いた」という『日本書記』の故事によっている。

また伝説だけでなく、じっさいに蹴裂事業がおこなわれた史実がある。仁徳天皇が上町台地を削って「堀江」をつくり河内の悪水をぬいた話だ。いまも大阪の町を流れる大川は、その難波の堀江の跡である。上町台地はそこのところだけ確実に掘削されている。

これはたしかな「蹴裂事業」であることから「蹴裂伝説」を荒唐無稽な話といってしりぞけるわけにはいかず、箸墓のばあいも「蹴裂事業」だった可能性が高いのだ。

前方後円墳は「国づくりのシンボル」

そうかんがえると、この巨大な国づくりの結果、奈良盆地の生産力が急速に向上したこともわかる。ここに強力な大和国家が形成されたことも納得できる。以後二〇〇年、奈良盆地には巨大前方後円墳が二〇ぐらいもつくられたが、それらのおおくもその後の「蹴裂事業」だったろう。

また古くからとなえられ、いまもそうかんがえる歴史学者や考古学者がすくなくないものに「ヒミコ＝モモソヒメ説」がある。「ヒミコが死んで大きな墓がつくられた」という中国側の記録と「モモソヒメの墓づくり説話」とが符合するからだ。とすると「邪馬台国は奈良盆地にあった」ということになる。

なおこういう蹴裂事業は共通して古墳時代におこなわれた。じっさい古墳時代の国づくりでおおかったのは池の造成、用水路の開削、河川堤防の設置などであるが、なかに蹴裂事業も「悪水路の開削」として位置づけられよう。古墳時代はいわば国土の大開発時代だったのだ。

そういう蹴裂事業などによって国土開発に成功し、新しい沃野をうみだした首長が、新しい土地に人びとを入植させるとどうじに、みずからは優良農地を確保して「斎庭《ゆにわ》の田」などとした。そうして古代国家の経済的基盤をかため、みずからの地位を高めていったとおもわれる。

いっぽう人民たちもまたモモソヒメ説話にみられるように、沃野づくりに成功したミコや王たちのための巨大な前方後円墳づくりに協力をおしまなかったのである。それは「国づくりのシンボル」だったのだ。

墳墓と祭壇

古墳時代の最大の建築はこの前方後円墳にある。

じっさい、墳丘の縦の長さが二〇〇メートルをこえる巨大前方後円墳だけでも四〇基をかぞえる。小規模な古墳までふくめると、じつに一〇万基をこえる。日本はものすごい「古墳の国」なのである。

さて、この前方後円墳の形は特異である。世界をみわたしても方墳や円墳はどこの国にもあるが、方墳と円墳を組みあわせたとされる「前方後円墳」というものはめずらしい。そういう変わった形はいったいなにからうまれたのだろうか？

これは一般に方と円の複合とみなされている。だがよくみると、かならずしも方にはなっていない。梯形や三角形などいろいろある。かならずしも人間の体形からきたといわれる方ではないのだ。じっさい前方後円墳では円の下に木棺や石室が発見されている。円が墓なのだ。つまり墓は方から円にかわり、新しい意味をもって「方」が、登場したのだ。ではその「方」の意味とはなにか？

考古学的証拠はないけれど、前方後円墳が礼拝の対象となっている、という事実から、それは中国の礼制にならった宗廟つまり「霊をまつる祭壇ではなかったか」とおもわれる。しかも各地での祭礼方法の相違を反映して祭壇は「前方」にかぎらず「後方」もあり、前方後円のくびれのところが突出した「造出《つくりだし》」もある。中国では原則として墳墓と祭壇はべつべつにつくられるが、日本では一緒になり、しかも地域性を反映していろいろな形につくられた、とかんがえることができる。

大王の登場と日本国家の形成

ではなぜ墳墓と祭壇が一緒になったのか？　そこで古代における政治的リーダーの変遷をみよう。

まず日本には墓は縄文の昔からあったが祭壇といえるほどのものはなかった。というのも霊をまつる祭壇は、死者のためというより死者の霊から権威や権力をうけつぐ生者に必要なものだからだ。それまでの居住組織である大イエやイエグミの首長は、たとえば家母は「家をとりしきる実力」により、ミコは「神さまのことばをかたる霊感」によってなったから、死者の権威や権力にしたがう必要性はなかった。

そういう「霊感」によってなったミコを「呪王《マジカル・キング》」という。

ところが軍事的要請からクニが形成されるようになると「有力なミコ」はしばしば争奪の対象になった。有力なミコに人民がついてくるからだ。そこでミコが奪われないようにミコは人びとの目の前から姿を消す。あるいは厳重にかこわれてしまう。かわって男性のリーダーの「軍司令官」などが登場しミコのことばを人びとにつたえるようになる。ヒコである。

そうなると、もはやミコは一種の政治的機関となる。ヒメという。中国の史書などがつたえる「ヒミコと男弟」という政治形態がそうだったろう。「ヒメ・ヒコ制」だ。さきにのべた「巫政国家」である。マツリゴトがそのまま政治となる巫政国家を確立して、古代日本は安定する。

だが問題はある。それはヒメであるミコの承継問題だ。このように政治的リーダーとなったミコを「巫王《シャマン・キング》」あるいはたんに「女王」とよぶが、シャマン・キングあるいは女王は神につかえるから独身で、したがって子はない。そこでこれらシャマン・キングが死んだときには、あらたに霊力をもったシャマンをさがすか、あるいはシャマンの妹などがなる。「霊力の血をついでいる」とみなされるからだ。

ところが、しだいにマツリゴトより戦争や防衛のほうが重要な国事となってきてヒコが力をもちここに「覇王」が出現する。そして覇王がミコと結婚して祭祀をもとりおこなう。人類学では「祭祀王《プリースト・キング》」という。日本では大王である。呪力と軍事力を兼ねそなえた王だ。

このようにミコにかわって大王が力をもってきたことを証拠だてるように、前方後円墳の石室内部からは、鏡、装身具、農工具などのほかに大量の武器、武具類が発掘される。

さて問題はその大王の承継である。それは血のつながりのこい弟か、あるいはミコと結婚してうまれた子がなる。ミコの数がふえると子の数もふえる。ここに世襲という問題がおきるために、おおくの有資格者のなかから世襲された王は、先王の霊をまつることが大切な仕事になってくる。そこで墓のそばにあらたに祭壇がしつらえられ前方後円墳がうまれた、とかんがえられる。

しかしそういう承継も、大和各地に割拠する多くのクニグニのリーダーたちにみとめられなければならない。「八百万の神」の伝統があるからだ。みとめられないときには、しばしば王朝の変更がおきる。

じっさい大和の東南部にはじまって、山城、摂津、大和北部、大和西南部、河内、和泉、さらには周辺諸国から東国にいたるまでつぎつぎと大きな前方後円墳があらわれるが、それらは、それぞれの地域に有力な王、ときに王朝のリーダーがあらわれたことを意味するのではないか。そうしてすぐれた大王にひきいられた大和王朝によって各地の平定がすすめられ、やがて統一国家が実現する。

それが古墳時代だったろう、とおもわれるのである。

白鳥のようなシルエット

この時代には軍事だけでなく、さきにのべた大きな国土開発の仕事が各地でおこなわれた。

じっさい前方後円墳にみられる周溝の水は、現在もおおく灌漑用水にもちいられている。古墳がつくられた当初にはそれらの水は地域の灌漑用水のネットワークを形づくっていたろう。つまり前方後円墳はたんに墓や祭壇を意味するだけでなく農業開発の一環に組みいれられ、そのシンボル的意味あいをもっていたとおもわれる。そうして農業開発に成功し、おおくの人民を入植させ、人口をふやした大王が軍事力をも増大させていったのだ。

なお前方後円墳はそれぞれの大王の出身地につくられたが、興味深いのはその立地である。それはさきにのべたように大和の東南部の磯城《しき》地方にはじまって、畿内のほか岡山、香川、大分、福岡など、瀬戸内海沿岸とその河川の流域におおくつくられてゆく。ここに畿内を中心に「瀬戸内海政権」といってもいいような政治的連合体が想像される。和製ヴァイキングによる「ナカツクニ支配の完成形」だろう。

そういう姿を具体的にイメージさせるものの一つに神戸市の五色塚古墳がある。それは海岸の丘の上に明石海峡を見おろすようにたっている。全面葺石におおわれたその幾何学的造形はわたしたちの目を驚かせる。

しかし海ゆく船からは白鳥のような美しいシルエットとしていまも遠望されているのである。

6 神社はなぜ建てかえられるか？——民と社

神社は、昔ヤシロといわれた。屋《や》の代《しろ》つまり「建物の敷地」のことだ。ふだんは敷地だけしかないが、祭のときに神さまがおいでになるので社殿がつくられたからその名がある。

そういう伝統をひいているためだろう。伊勢神宮は二〇年おきに建てかえられる。遷宮だ。その他の神社もかつてはたいてい建てかえ、ないし遷宮をしていた。つまり建てかえられることが「神社」のほんらいの姿だった。いまは財政的余力がなくなったので建てかえられるところは稀になったが……。

いっぽう、西洋の教会などは何百年という歳月をへて古い建物であることを誇っている。じっさい教会の建物をパウロは「キリストの身体」といっている。また仏教の塔も「仏陀の墓」だ。金堂は「仏たちの偶像安置所」である。イスラム教のモスクは日々の「メッカの遥拝所」である。つまりこれらの宗教建築物をみると、なんらかの形で「神さま」はそこにいらっしゃるか、または見通せるところにおられる。だからこれらはみな永久建造物である。

これにたいしてわが国の神社は、いまのべたように永久建築物をつくらず、そのつど建てかえるから、いわば「仮設建築」である。そうなったのも、神さまはときどきしかおいでにならないからだろう。じっさい、ヤシロには鏡はあるものの「神さま」がやってこられるときの依代《よりしろ》すなわち目印にすぎず、偶像ではない。

それを彼我《ひが》の「神さま」の違い、といってしまえばそれまでであるが、そこで、わが国の「神さま」の在りようをみていこう。日本の神さまとはいったいなんだろうか？

オオミタカラの神々の復活——日本安定

まず一般庶民をかんがえる。なぜなら日本の神さまを今日までまつってきたのは一般庶民だからだ。権力者たちは、その庶民の信仰の上にのっかってきたにすぎない。すると一般庶民とはなにか？

『記紀』では、民あるいは百姓のことを、人民、あるいはオオミタカラとよんでいる。「大御田《おおみた》の柄《から》」だろう。大御田は「大王の田」、柄はヤカラ、ハラカラなどのカラで、オオミタカラは「大王の田の一族」ということになる。オオミタカラとは農民のことなのだ。もちろん一般庶民は農民だけではないが、そのことばのなかに日本の古代権力機構の性格がうかがえる。

さてこのオオミタカラは『記紀』の「神代篇」にもでてくるが、主役として登場するのはさきの崇神大王のときである。そのとき国中に疫病がはやってたくさんのオオミタカラが死に、さらに流浪するもの、反逆するものがあとをたたなかった。

この『記紀』にみる人民の災厄は、中世ヨーロッパにおけるペストに匹敵する惨事だったろう。ペストは一四世紀のなかごろ、イタリア半島の商人たちの地中海貿易に便乗して、かつてのソ連、今日のウクライナのクリミア半島から黒海、エーゲ海、イオニア海をへてイタリア半島に上陸、さらに北上してヨーロッパ全土にひろがった。ヨーロッパの三分の一の人びとが亡くなった、といわれる。

崇神の時代にも、朝鮮半島、とりわけ任那《みまな》の国との物資交流がさかんになりはじめた。崇神の贈り名、つまり死後の尊称の「御間城入彦《みまきいりひこ》」のミマも任那と関係がある、とみられるから、そういう外国との交流が疫病の原因だったかもしれない。「人民の半分が死んだ」といわれるから異常なことだったろう。

その惨事の中身はともかく、古代日本においてこの事態をすくったのはオオミタカラが信仰する神々だった。

さきにものべたように、崇神の宮中には大和にやってきた天つ神一族の祖神である天照大神と、アマツカミにやぶれた大和の旧支配者の祖神の倭大国魂《やまとのおおくにたま》の二柱の神がまつられていた。しかしなにかにつけてうまくいかなかったので、二柱の神を宮中の外にまつったが事態は改善されない。

そこで神占いや夢占いなどの結果、そのどちらの神でもなく「オオミタカラが信仰する大和の野にある大《おお》物主神《ものぬし》をまつればいい」ということになった。そこで崇神が宮中でオオモノヌシをまつってみたが、これもうまくいかない。するとまた夢のお告げがあって、大王がまつるのではなく「オオモノヌシの子孫にまつらせたらいい」という。そこでオオモノヌシの子孫の太田田根子《たねこ》にオオモノヌシをまつらせ、また大和の旧王の子孫である長尾《ながお》市《ち》にオオクニタマをまつらせたら疫病もしずまり、世の中が平和になった、という。あらたな支配者の神ではなく、また在来の支配者の神でもなく「オオミタカラの神さま」をまつったら日本は安定した、というのだ。

この事件の意味するところは重大である。わたしは日本文化の原点のひとつがここにある、とかんがえている。

現在の日本は「長期の疫病下」にある！

では、オオモノヌシという神さまはいったい何者か？

オオモノヌシはさきにのべたように三輪山の神である。その妻は『古事記』では活玉依毘売《いくたまよりびめ》とされるが『日本書紀』ではさきのモモソヒメだ。彼女の徳をしたってオオミタカラが彼女の墓をつくったことはすでにのべた。では三輪山の神とはいったい何者なのか。

注目すべきことは、アマテラスはアマツカミ一族の祖であり、オオクニタマは大和の豪族の祖である、といったように、それぞれの神はそれぞれの氏族の「祖先神」であり、かつ「人格神」であるのにたいし、オオモノヌシは三輪山の神、つまり「山の神」で、かつ「自然神」であることだ。そしてこの国のオオミタカラはそういう「自然神」を信仰している、という。それが「日本の古くからの神さま」だったからだろう。

そこで「日本の神さま」というものをかんがえよう。

まず「日本の神さま」とか「神の国」、あるいは「神道」などというと「神がかり的」とか「天皇制をささえる宗教だった」などと批判されるかもしれない。

しかしよくかんがえてみると、第二次世界大戦前の日本の学者の「神道観」は明治の歴史学者の久米邦武が「神道は祭天の古俗」といったことでほぼ一致していた。ところがこれにたいして、皇国史観を奉ずる国家主義者たちがはげしい攻撃をくわえたため、一般人にはそういうことがおしえられなくなってしまい、軍国主義の台頭とともに、「現人神《あらひとがみ》の天皇」を中心とする「国家神道」のみが押しつけられていったのである。そこに近代日本の不幸があった、といえる。

しかし、戦後はそういう言論抑圧がなくなったのでふたたび元にもどるか、とおもわれたが、おおくの日本人とくにインテリたちは、戦前、国家主義者によってつくられた国家神道観をそのまま「日本人の神さま観」と解して、いまなお「日本の神さま」を全否定している。あるいはまったくふれないようにしている。

戦前「日本の神さま」を国家神道にしたのも悪いが、戦後「日本の神さま」を国家神道と一緒に全否定しているのも問題である。明治以降のたった七〇年の「国家神道」のほかに、一万年以上にもわたってこの国に存在してきた「民衆の神さま」のことを無視しているからだ。それでは日本文化のことなどなにひとつわからないだろう。そして日本文化がわからないと、この国はいつまでたってもよくなるまい。

日本は、崇神の時代におきた疫病とどうよう、いまなお「長期の疫病下にある」とおもわれる。

「天の神さま」と「山の神さま」

そこで「日本の神さま」をかんがえよう。

古くからいわれてきたことだが、がんらい日本には二系統の神さまがいらっしゃる。「天つ神」と「国つ神」だ。アマツカミはタカマガハラからこの国にやってきた「アマツカミ一族」が奉ずる神々をさし、クニツカミはもともとこの国の民衆がまつっていた「神さま」をいう。そのほか、さきにものべたように「アマツカミ一族」に抵抗した旧ナカツクニの支配者一族が奉じた神々もあったが、その神々はのち、おおくがアマツカミ一族の神々に転向している。あるいはクニツカミのなかに埋没してしまっている。

では「その二系統の神々はどういう神か、どこに住んでいるのか」というと、平安時代の法典である『延喜式』の祝詞《のりと》に「アマツカミは天の門にたって雲をちぎりながら民の声をお聞きになり、クニツカミは高山や低い山にあがって霧をかきわけながら民の声をお聞きになる」とある。するとアマツカミは天に、クニツカミは山に住んでいらっしゃることがわかる。つまり日本の神さまは「天の神さま」と「山の神さま」の二つなのだ。このことが日本の神さまを知る大切な視点である。

ところが以上のことは、さきにのべたように一般人はともかく、この国のインテリたちにはほとんど認識されていない。インテリたちはたいてい無神論者で、日本の神さまをみな「国家神道神」と一緒にしている。

山を見つめてきた歴史

さてこの国のオオミタカラが信仰する神さまは、いうまでもなくクニツカミである。そのクニツカミは山に住んでいらっしゃる。つまり「山の神さま」だ。ではなぜ山なのか。それはこの国の古い昔から、人びとが山を見つめてきたながい歴史があるからである。

たとえば縄文時代の環状列石で有名な秋田県鹿角市の大湯遺跡では、ストーンサークルの東のほうに形のいい三角形の黒又山がある。

また長野県諏訪郡の阿久遺跡のストーンサークルからは美しい蓼科《たてしな》山の姿がのぞまれ、夏至には八ヶ岳の最北端の天狗岳山頂から日の出を見ることができる。春分・秋分には日の出は最南端の編笠山にうつる。

さらに山形県長井市長者屋敷遺跡の四本柱は、冬至、春分、秋分のそれぞれのときに、白鷹山や西黒森山などの頂上にあらわれる日の出、日の入りにあわせられている。

そのほかこういうこともある。弘前市大森勝山遺跡の環状列石では、冬至の前後一〇日間ほどのあいだ岩木山にしずむ入日が「ダイアモンド岩木」つまり山の頂上に太陽がかかる宝石のような姿を現出するのだ。おおくのカメラマンの撮影名所になっているところである。

このように日本人は古くから、人びとがあつまる場所、すなわち集会場や広場から秀麗な山をのぞんだり、おがんだりしてきたのだが、その理由は、山が人びとの生活の暦だったからだろう。しかもそれは昔のことだけではない。たとえばいまも津軽平野の人びとは岩木山の残雪の形をみて農事をおこなっている。津軽の人びとはそれをマナゴヨミという。「眼の暦」である。

また岩木山は「気象台」でもある。岩木山にかかる雲の姿や形をみて、漁師は凪や時化を解読している。

さらに日本の漁師にとっての山の意味はそれだけではない。葛飾北斎《かつしかほくさい》に「波裏の富士」という絵がある。さかまく波の上に漁師の舟が、一瞬、のっかっている。その波の裏に富士山がみえる。荒波に翻弄されるその舟を富士山がささえているかのようである。

この絵が象徴するように、漁民や航海者にとって海岸のおおくの山々や特徴ある岩、森などは航海のときの目標なのだ。

そこでかれらはそれらの山々や地形地物を「山」とよび、それらの位置や姿をたえずたしかめながら舟をすすめる。それをヤマアテという。星の位置をはかりながら航海する天文航法にたいして、ヤマの位置をはかりながら航海する「地文航法」である。それをやらないと目標地に到達できないばかりでなく、魚場の位置も暗礁の箇所もわからない。下手をすると太平洋に流され、死がまっている。

山が漁民や航海業者にとっての「命綱」であるわけだ。

クニツカミのヤシロはヤマをおがむ

そこで、人びとが住んでいるところからみえる山にたいして漁民がいだく感情は、もうほとんど「神さま」にちかい。大漁のとき、漁民がまっさきにとれた魚を「山のヤシロ」にもっていくわけである。

そのほか古代の人びとの神山での歌垣、中世の人びとの山岳修行、現代人のご来光登山などをみると、日本人の山への関心と信仰の高さを知ることができる。山は日本人の自然の威力にたいする信仰、つまりマナイズムのシンボルであり、それはしばしば「神さま」なのだ。そこで山がいちばん美しくみえるところに人びとがあつまってきて遥拝する。そこがヤシロとなる。そういう例は各地にみえる。

であるからヤシロにはほんらい本殿はなかった。本殿は山である。いまでもオオモノヌシをまつる大神《おおみわ》神社には本殿はない。本殿は三輪山である。そういう例はほかにもいっぱいある。

またさきにのべたように祭のときだけ「神さま」がやってこられるので本殿が建てられるケースがある。そして祭がおわるととりこわされる。だからヤシロとは「屋の代」つまり「拝殿や本殿がたつ敷地のこと」を意味したのだ。

かんがえてみると、アマツカミ系の神社のいくつかははじめから本殿をもっていた。アマツカミ系の神社がまつる神はアマテラスなどの人格神だったからだろう。神のすまいや神のヨリシロを安置する場所が本殿になったとおもわれる。平安時代のはじめにつくられた『延喜式』神名帳（九六七年）にも、宮、つまり恒久的社殿をもっているものとして、伊勢神宮の七宮以外に香取神宮、鹿島神宮、筥崎宮、宇佐宮があげられている。これらはみなアマツカミ系の神社である。

いっぽう自然の威力などを「神さま」とするクニツカミ系の神社は、拝殿をもったとしても本殿は必要のないものだった。本殿はなんどもいうように山である。あるいは岡であり、川であり、湖であり、滝である、岬であり、岩であり、森であり、樹である、といった自然である。そういう明確な自然が存在していればそれで十分だった。神を擬人化する必要などさらさらなかった。それらはさきにもいったように海ゆく漁民の注視点つまり「命綱」だからだ。あるいは農民の「暦」だからである。

それらをヤマとはよくいったものである。

諏訪大社の御柱祭

一般に日本の神社が今日のように恒久的な社殿をもつようになったのは、平安時代に建てられた伊勢や出雲のアマツカミ系の神社の社殿の壮麗さに刺激されたことが大きいとおもわれる。また鎌倉時代に各地につくられた仏教寺院への対抗心もあったろう。

だがそのほかに、国家や地方権力からさまざまな財政的援助をうけるために社殿を整備していった、ということもみのがせない。

それにたいしてそういう国家からの援助をあてにせず、従来のスタイルをつらぬきとおしているヤシロもおおい。そういうヤシロでも、本殿は必要ないが神さまが降臨される場所をしめすことは必要である。祭のときに神さまがおいでになるからだ。「神さま」がおいでになる祭は絶対に欠かせない。

なぜ祭が欠かせないか、というと、祭が地域の人びとを結束させるからである。祭というイヴェントを立ちあげるために地域の人びとは老いも若きもたちはたらく。そういう仕事をつうじて人びとははなしあい、はげましあい、たすけあう。つまり地域の人びとが結束するために祭があるのだ。そしてその祭のために神さまが必要なのである。それが、日本の神さまの成立の契機である。

さて神さまが降臨されるとき、その場所をしめすもののひとつに柱がある。その柱をたてる有名な祭に諏訪大社の「御柱《おんばしら》」がある。

諏訪大社は古い社である。その祭神のタケミナカタはアマツカミとたたかって負けた神だ。そこでアマツカミの神社の例にしたがうのをいさぎよしとせず、よく日本古来の方式をまもっている。社殿の建てかえは昔から寅《とら》と申《さる》の年におこなっている。ほんらいは祭のたびごとに社殿を建てかえたのだが、財政的理由もあって六年おきになったようだ。そのたびに社殿の四隅にあらたに四本の柱が立てられる。四つの宮があるからつごう一六本である。いずれもモミの大木だ。その四本の柱の内側が「神さま」の降臨される場である。

御柱祭は、そのモミの大木を奥山で見たて、曳綱《ひきづな》打ちし、斧に火入れし、伐採し、木落し、川越しなどの山出《やまだし》祭をおこない、二〇キロメートルほどの道の曳行と柱立てなどの里曳《さとびき》祭をおこなう。二年ぐらいかかる大行事だ。その最後のクライマックスの二日間は、四〇万人とも五〇万人ともいわれる人びとが見物におとずれる。「諏訪の人祭」といわれるゆえんである。そうして立てられた一六本の柱は、六年間立ちつづける。

このような祭は諏訪大社だけではない。近くにある諏訪大社系の神社もみなおなじような柱立てをおこなっている。つまりクニツカミ系の神社では、祭のたびにヤシロが建てかえられるのが常態だったことをしめしているのである。

諏訪大社上社前宮の御柱

「モリヤサンに雲がでたら雨が降る」

がんらい諏訪大社には本殿がない。

かわりに、上社は南にひろがる広大な森を神体山とし、その背後にある守屋山を神実《かんざね》すなわち「神さま」としている。また前宮は自然石を、下社の春宮はスギの神木を、秋宮はイチイの神木をそれぞれ「神さま」としている。

しかし、昔から諏訪盆地の人びとにとっての第一の「神さま」は諏訪湖だったろう。たとえば冬季の諏訪湖の氷上に約五キロメートルにわたって一直線に氷の爆裂現象がおこるが、人びとはそれを諏訪神の「お神《み》渡《わた》り」と称してあつく信仰してきている。

つづいて諏訪湖をかこむ山々の信仰がある。東南にある高峰八ヶ岳には「岩長姫《いわながひめ》」がまつられ、古くから神山として崇拝されてきた。その山麓でおこなわれる御射山祭《みさやままつり》は、毎年、縄文時代にまでさかのぼる豪快な狩猟の姿を再現する。また湖の東にそびえる蓼科山も霊山として諏訪の人びとから「諏訪富士」とたたえられ、「女《め》の神山」と愛され、あるいは「諏訪の神の子神」と親しまれてきた。

しかし諏訪湖の人びとにとってもっとも大切な山は、本宮の南の神体山の奥にある、さして高くもない、さきの守屋山だ。それは湖のどこからでもよくみえる。そして「モリヤサンに雲がでたら雨が降る」などといわれるように、人びとの生活と密着してきたのだ。

諏訪の人びとがモリヤサンを「神さま」とするわけだろう。

第二章

承の巻

7 五重塔はなぜ倒れないか？——聖徳太子と寺

五重塔という建築がある。その名のとおり建物が五つ積み重なったような仏塔だ。釈迦の骨を埋葬した「墓」といわれる。

もともとインドではお椀をふせたような土饅頭の塚だったが、仏教が中国にわたると高楼の木造建物を模したものになり、半球状のドマンジュウは小さくなってその高楼の屋根のてっぺんにのっかってしまった。伏鉢といわれる。そういう形が朝鮮半島をへて日本に輸入された。

ところが現在、本場の中国にもそのような木造仏塔はもうほとんどのこっていない。おおかたレンガの塔になってしまった。朝鮮もどうようでたいてい石塔にかわった。ところが日本には三重塔や多宝塔などをふくめていまなお四〇〇ちかい木造仏塔が存在しているのだ。

その残ってきた理由のひとつに、地震や台風の多い日本にありながら「五重塔は倒れなかった」という事実があることに注目したい。じっさい何百年という歳月をへたこの「木造高層建築」は関東大震災や阪神淡路大震災などの大規模な自然災害にも倒れなかった。

いったい、五重塔はなぜ倒れないのだろうか？

日本の文化革命はじまる——仏教の伝来

そこでまず、日本人と仏教について考察する。

かんがえてみると仏教以前の日本人の精神生活にはいろいろなものがあった。すでにみてきたように縄文人のあいだではおよそ一万年間、「偉大な力を発揮するものには魂がある」とする「タマ信仰」すなわちマナイズムが支配してきた。

つづいて、アジア大陸から金属器と稲作をうけいれた弥生人は、秩序を重んじる儒教的な銅鏡崇拝や、雨をよびこむ道教的な銅鐸祭祀などをうけいれたが、民衆のあいだではなおひきつづき呪術的な「タマ信仰」がさかんだった。

さらに、日本列島の「海賊」ともいうべきアマツカミ軍団がやってきて銅鐸祭祀などを弾圧し、この国のタマ信仰を「アマテラスの稲魂信仰」に昇華させたが、民衆のあいだではなおタマの源泉ともいうべき各地の山岳崇拝が力をもっていて、国家はアマツカミとクニツカミの両信仰をみとめざるをえなかった。

つまりいろいろな宗教が外部からはいってきたけれども、この国の精神生活の奥底にはいぜんとして一万年余の「タマ信仰」が息づいてきたのである。

そういうところへ六世紀の中葉、飛鳥時代がはじまるころ、朝鮮半島からとつぜん新しい宗教である仏教がはいってきた。それはいままでにない高級な宗教だった。たんなる宗教であるにとどまらず高度の文化をもってきたからだ。わが国に稲作をもたらした大陸の「産業革命」、つづいて国家の成立をうながしたアマツカミの「政治革命」にもまして、はなやかな学問・芸術をもたらす「文化革命」をひらいたのである。

仏教は日本になかなか根づかなかった

ところがよくかんがえると、仏教はかならずしもとつぜんにはいってきたのではない。

ふつう仏教の流入は、西暦五三八年、あるいは五五二年といわれる年に、朝鮮の百済《くだら》の聖明王が欽明《きんめい》大王に仏像や経典をおくったことをもって最初とするが、じつはそれ以前に、すでに民間に仏教ははいっていた。しかし国家は「知らぬ顔の半兵衛」をきめこんでいた。また欽明大王のときより三〇〇年ほど前に、邪馬台国の女王ヒミコが魏の国に使節を派遣したころ（二三九、二四三）魏の国では仏教がさかんだった。だからそのとき仏教が日本にはいってきてもおかしくなかったはずだが、じっさいにははいってこなかったのだろう、なんの記録ものこされていない。

それ以後、朝鮮半島の国々とのあいだにはさまざまな交流があったが、日本政府は一貫して仏教をうけいれなかった。ようやくさきの欽明大王のときに百済の王から正式に仏像などがおくられたが、大王はその措置に困ってひとりの臣下である蘇我稲目《いなめ》にわたし、蘇我一族のみに崇仏をゆるした。それから五〇年ほどたった推古二年（五九四）に廃仏派の物部の失脚にともなってやっと「三宝興隆」の詔をだし、一般にも仏教の信仰をゆるした。「三宝」とは「仏法僧《ぶっぽうそう》」をいう。しかし推古三二年（六二四）になっても民間の寺の数はやっと五〇をかぞえるにすぎず、そのほとんどが豪族の私宅に仏像をおいたていどのものだった。

その後、歴代の大王で個人的に仏教に帰依する人もあらわれたが、正式に国家が仏教寺院をつくるのは天武大王（?～六八八）のときまでまたなければならない。大官大寺がそれである（六七七）。ヒミコのときからかぞえて四三〇年のちのことだ。朝鮮の高句麗や百済がはやくに仏教をうけいれて国家の寺を建てている（三七二、三八四）のに、日本はそれらより三〇〇年もおくれている。すると、どうして日本では仏教はなかなかうけいれられなかったのか？

それは、日本には昔から強力な信仰があったからとしかいいようがない。さきのクニツカミであり、その根本にある「タマ信仰」つまりマナ信仰なのである。アマツカミ信仰もそれに習合したにすぎない。だからタマ信仰との適応をかんがえないかぎり、仏教はこの国では生きていけなかったのだ。

じっさい、仏教がはいってからも、それが社会にみとめられるまでの歴史は容易ではなかった。仏教に帰依した蘇我稲目・馬子は、たびたび大和の豪族たちから攻撃をうけ、家をやかれ、仏像を川になげすてられるなどした。そして最後には物部一族との戦争になった。仏教導入の可否をめぐって「宗教戦争」をしたのは、世界でも日本ぐらいではないか。新羅でも仏教をめぐって争いがおきたが、近臣の一人が殺されたぐらいですんでいる。

さて馬子は宗教戦争に勝利したが、かといってすぐに仏教がさかんになったわけでもなかった。それどころか仏教尊崇派の蘇我一族はほろぼされてしまった。そして蘇我一族をほろぼした天智、天武らの皇統派によって、ようやくわが国にも仏教興隆時代がもたらされたのである。歴史の皮肉というほかない。

ただしのちにみるように、それは一貫して天皇家の「僕《しもべ》」としてであるが……。

聖徳太子が「日本仏教」をつくる

じっさい、日本にはいった仏教は変質せざるをえなかった。そのことを聖徳太子（五七四〜六二二）と、かれのつくった法隆寺を中心にみていこう。

聖徳太子については謎がおおく、その実像をえがくのはなかなか困難だ。ふつうには推古大王の皇太子として政治の実務をとり「十七条憲法」などをつくって国家の基礎をかため、遣隋使を派遣して大陸の文物を輸入し、馬子とともに『天皇記』『国記』を編み、しかし馬子と対立して政治をはなれ、最後は仏教にうちこんで一生を終えた、というように解されている。

大筋においてはそのとおりだろう。そのなかで仏教との関連でいうと、こういうことになる。

それまで仏教のすべてをにぎり、どうじに飛鳥宮廷の官司《かんし》制、すなわち官僚制をおさえていたのは蘇我氏だった。蘇我氏の飛鳥仏教は稲目・馬子を中心に、そのまわりを渡来僧や渡来氏族出身の僧たちでかためていた。そこには純然たる日本人の僧はほとんどいない。寺院の建築などもすべて百済から派遣された工人が建てた。渡来氏族がそれをバックアップした。のち中大兄《なかのおおえ》皇子らが蘇我入鹿を斬って大化の改新をおこしたのも、イルカらがにぎっていた官司制の実権と仏教の司祭権を奪取することにあった、といっていい。

ことは仏教というより政治の問題である。

どうように、その前の聖徳太子もまた政治と宗教をおさえていた馬子に対立感情をもっていた、とおもわれる。けれど聖徳太子が問題にしたのは、政治もあったろうが、おもに仏教の教義についてのようである。

というのは蘇我氏が推進した仏教はほとんど百済仏教の直輸入だった。寺院の形も釈迦の骨をおさめる塔が中心で、まわりに諸仏の像をいれる金堂を配した。最初の本格的寺院で飛鳥寺の名でしたしまれる法興寺《ほうこう》も、仏舎利をおさめる塔をとりまいて金堂が三つもある。それらの本尊は、のちの法隆寺の例からみて釈迦、薬師、阿弥陀の三如来か、とおもわれるが、なぜ三如来か不思議である。またその後に造営された通称川原寺の弘福寺《ぐふく》は一塔二金堂であった。釈迦と薬師如来だろうがこれもどうようだ。

ともあれこれがとうじの寺の基本形式だった。塔を中心にそのまわりに金堂が配され、僧が経典を説法する講堂などは回廊の外にあった。

しかし聖徳太子も創設にかかわったとみられる四天王寺、そして聖徳太子が建ててのち火災にあった斑鳩《いかるが》寺ののちの法隆寺で「若草伽藍」とよばれるものは、金堂が伽藍全体の中心になり、講堂は中門とどうように回廊の一部に昇格し、中門、塔、金堂、講堂が一直線にならぶ形式のものだった。この伽藍配置にあきらかなように、聖徳太子は塔より金堂を重視し、かつ、講堂の造立にエネルギーをそそいでいる。

ではその金堂になにがまつられているのか？　四天王寺の金堂の中心には弥勒《みろく》菩薩の半跏《はんか》像がある。最初の法隆寺もどうようだったろう。しかし焼失してしまったので確認できない。ただ聖徳太子の建立とつたえられる斑鳩の中宮寺には半跏思惟《はんかしい》像の如意輪観音がまつられている。ここで半跏像、あるいは半跏思惟像がまつられる、ということに注目したい。それらは、北魏の時代につくられた敦煌《とんこう》の莫高窟《ばっこうくつ》にある「シッダールタ太子の思索の姿を模した像」とされるからだ。修行中の釈迦の姿である。それが釈迦入滅《にゅうめつ》後、庶民をすくうという弥勒信仰とダブっていく。

つまり完成された釈迦の像より、修行中の俗人の釈迦の姿に魅せられる、という新羅仏教が影響したのだ。半跏思惟像は百済や高句麗でもつくられたが、伽藍にまつられるような大型のものは新羅でしかつくられなかった。ここに聖徳太子の在家主義、そしてその後の日本仏教の方向といってもいい「修行主義」が姿をあらわした、といえる。そのことをしめすのが半跏像であり、それをいれる金堂なのだ。

戒律より修行へ

そういう「日本仏教」の方向をより明確にするのは、聖徳太子が書いた仏教経典の注釈書である『三経義疏《さんぎょうぎしょ》』だ。著述者は聖徳太子でないとする説もあるが、聖徳太子はその経典の講義を大王におこなっているから、経典の注釈に精通していたことだろう。そのなかに「維摩経義疏《ゆいまぎょうぎしょ》」というのがある。これは釈迦の高弟の文殊《もんじゅ》とインドの大金持ちで俗人の維摩居士《こじ》との論争であるが、結果は維摩居士が勝つ。その維摩居士は厩戸《うまやど》皇子自身といわれる。ここにも聖徳太子の在家主義をみる。つまり「僧となって苦しい戒律をまもるより、俗人のままでもいいから修行にはげめ」というのだ。

じっさい、聖徳太子は僧にはならなかった。一生を在家主義でとおした。そこにのちの日本仏教のあり方、戒律より修行を重視する姿をみる。

もっとも『十七条憲法』では「あつく三宝をうやまえ、三宝とは仏法僧なり」といっている。が、この『憲法』は聖徳太子の実作かどうか疑問がのこる。たとえばほかに「君をば天とす。臣をば地とす」とか「国に二人の君あらず」などというが、そのような「天皇絶対主義」はずっとのちの天武大王のときに確立したもので、それ以前にはありえなかった、とおもわれるからだ。

また聖徳太子の死後、太子は僧のような苦行者ではなく、釈迦のイメージにもダブるような救済者として人びとの崇敬をうけている。いわゆる「太子信仰」だ。そういう点からも聖徳太子は「日本仏教の創始者」

という見方がでてくるのである。

じっさいその後の日本仏教は、聖徳太子がしめした「戒律より修行という方向」にむかって、最澄、空海、空也、源信、法然、栄西、親鸞、道元、日蓮、一遍などの名僧が輩出する。

したがってわが国の寺院の伽藍配置の歴史も、最初は塔が中心だったが、やがて塔は金堂とならび、つぎには金堂の露払いとなり、とうとう回廊の外にでてしまい、最後には塔そのものがなくなってしまうのだ。

それには聖徳太子の影響のみならず、日本人一般の「タマ信仰」がかかわっていたろう。つまり修行を通じてみずからのエネルギーを高揚させたい、という庶民の願望が反映されたのである。

日本の仏塔はなぜ内部をみせないか？

では、塔はなくなってしまったのか？

じつはそうではない。たしかに平城京までの塔のウエイトはさがっていくいっぽうだった。平城京の寺院のおおくでは、塔はいまのべたように回廊の外にでてしまったからである。ところがおなじ奈良時代でも地方では国分寺の七重塔がつぎつぎと建設されている。また平安京になると造塔ラッシュがおきて、法勝寺のように八角九重塔のような巨大なものまであらわれるようになった。その後も造塔は欠かすことなくつづき、江戸時代はもちろん、明治、大正、昭和そして平成の現在も、数多くの仏塔が建てられている。

そうして歴史上、おそらく三〇〇〇以上の塔が建てられた、とおもわれるが、うち四〇〇ちかい塔が現存する。もちろん寺の総数にくらべれば塔ははるかに小数だが、しかし韓国や中国の仏塔などとくらべると非常に高い存在比率をしめしている。

するといっぽうでは塔はなくなった、といい、もういっぽうではなお造塔がつづいている、という。この矛盾をいったいどうみるのか？　そこで塔とはなにかをかんがえよう。

仏塔はインドのストゥーパからおきたもので、釈迦の骨をその心礎に埋葬するいわば墓である。しかし釈迦の骨がそんなにたくさんあるはずもないので、中国の塔などはたいてい仏像をまつっている。だから中国の五重塔には階段があって、内部はもちろん最高重まで人をあげる。仏像をいれるための金堂とかわらないものになっている。

ところが日本の仏塔には仏像は非常にすくない。ないことはないが、そのすくない理由は、仏像をおくべき場所にたいてい心柱がドーンとたっているからだ。これでは仏像をおくことはむずかしい。人を塔の内部にいれないわけである。

では、中国の塔には心柱がないのか？　ないのである。中国に現存するほとんど唯一の木塔といわれる塔齢九〇〇年の山西省応県の仏宮《ぶつぐう》寺釈迦塔をみても、相輪の下部は「残木刹《ざんもくさつ》」として五重目の天井内部にのこっているだけだ。相輪のふれ止めのためである。それにその直径は五センチメートルほどのきわめて細いものだ。

韓国はどうか？　三七〇年前に建てられた大田の山奥にある俗離《ぞくり》山法住寺の木塔も、韓国に現存する唯一の五重塔だがここには太い心柱がある。ただし壁でかこわれてかくされている。その前に仏像が多数まつられているが、側柱《がわばしら》が二列もあって一重目、二重目の室内はかなりひろく、また三重目までの吹抜空間になっているので多数の仏像がゆうゆうと安置されている(1)。

では日本の塔は、なぜせまくるしい空間のなかに分不相応に太い心柱がおかれているのか？　そうして一般の人びとに内部を見せないのだろうか？

五重塔はだれが発明したか？

そこで五重塔の構造をかんがえてみよう。

五重塔はたいてい何百年も、ときには千何百年も前に建てられた高さが三〇メートルから五〇メートルもある木造の高層建築物である。この木造の高層建築物が地震のおおい日本でほとんど倒壊したケースがない、といわれる。その秘密をわたしもながいあいだかんがえつづけてきたが、結論は、建物が地震にたいして抵抗するのではなく地震と一緒にゆれて、ゆれるからこそ倒れない「柔構造建築」になっていることだ。

具体的にいうと、まず第一に、木という材料の「しなやかさ」がある。木には外から力がくわわったとき変形し、力をぬけばまた元にもどる性質があるが、五重塔はそれを一〇〇パーセント利用している。

第二に、部材の接合に釘や金物をいっさいつかわないことがある。すべてが凸凹の「さしこみ接合」になっている。ために地震力は「さしこみ接合」のところでガタガタさわぐが、そこで大部分の地震エネルギーを消費してしまう。

第三に、五重塔は五階建ての建物ではないことだ。それは五つの建物を重箱のように積み重ねたものである。その積み重ね方も「さしこみ式」になっているので、そこでも地震力が抜けていく。

第四に、地震のときに五重塔は、五つの建物である各重がてんでばらばらにゆれるが、しかしヤジロベエの原理によって元にもどり上下の重がたがいちがいに傾くような「スネークダンス」をすることだ。これで地震力はおおかたなくなる。すぐれた柔構造技術といっていい。

第五に、それでもどれかの重が大きくかたむいて飛びだしたりしないように、五重塔の中心に直径一メートルちかい心柱をとおし、それによってどれかの重が飛びだそうとしてもあとの四つの重が心柱を「閂の芯張り棒」のように羽がいじめにしてしまうのだ。

こういう構造をもっているから、五重塔は大きな地震にあってもなかなか倒れない、とわたしはかんがえている。(2)

そこで最近では現代日本の超高層建築もこの五重塔の構造をみなおし、その原理を一〇〇パーセント応用して建てられるようになった。すると、いまから一三〇〇年以上も前にすごいことをかんがえだしたものだ。いったいだれがこんな構造を発明したのだろう。

いまのべた構造のなかでとりわけ大切なのは心柱である。ところが今日、中国はもちろん朝鮮半島にもそういう心柱構造をもった仏塔がない以上、これは日本での発明といわざるをえない。もちろん朝鮮半島からきた技術者がかかわった公算が大きいが、しかし心柱に巨木をもってくるということ自体、日本の「巨木建築」からきた発想としかかんがえられないだろう。となると、これは「日本文化が創造した建築」ということになる。

五重塔はそのシルエットの美しさだけでなく、そこに秘められた「柔構造」の科学技術の発想がすばらしいのだ。

人びとは「巨木」をおがむ

とすると、ここでさきの五重塔の「存不存の謎」も氷解する。まず問題は、一〇〇〇年も二〇〇〇年も前に死んだ釈迦の骨がそんなにいくつもあるはずがないことだ。

となると、釈迦の骨を埋葬する五重塔の意味はなくなってくる。じっさい、わが国の本格的な仏教伽藍の最初である法興寺では、百済から仏舎利の献上をうけて塔は建てられた（五九六）が、その後の寺の塔にはそういう記録がない。聖徳太子もその矛盾になやんだことだろう。

ところが推古七年（五九九）に大地震がおきてとうじの建物はみな崩壊した、と『日本書記』はつたえる。できたばか

端正な姿を1300年後の
いまもたもつ法隆寺五重塔

りの法興寺の五重塔も災厄にあったことだろう。

そこで聖徳太子の建立にかかるとみられる四天王寺や斑鳩寺では、積極的な地震対策が講じられたのではないか。一三〇〇年前に建てられた法隆寺の五重塔にはすでに太い心柱がつかわれているのがそれをものがたっている。

こうして地震国日本にとって、五重塔に太い心柱は欠かせないものになった。しかもその心柱の配置も変遷を重ねた。というのは、飛鳥・奈良時代には地中の心礎の上に心柱がたてられたが、心柱の根元がくさるというので、平安時代には地上にすえられるようになった。鎌倉時代になると初重の空間を開放するために心柱が初重の天井の上にのり、さらに江戸時代には木造建築の宿命である高さ方向の建物の縮みにあわせるために心柱は鎖でひっぱりあげられ、とうとう空中に浮いてしまったのである。

もちろん、こうなったのも建物の機能上や構造上の理由によるが、どうじに、こういう心柱の形の変遷のせいで、五重塔の形が初期の山型からしだいに柱型にかわっていったことをみのがせない。日光東照宮五重塔のシルエットにいたっては、もうほとんど「巨大な一本の柱」である。五重塔は、しだいに「巨木」になっていったのだ。

そうして人びとは五重塔を外からおがむ。あるいは遠くから「遥拝」する。もちろん庶民にはそういう意識はないだろうが、それはかつて巨木をおがんだのとおなじスタイルではないか。五重塔そのものがいわば「巨木」なのである。

明治の文豪幸田露伴は、ある台風の日に谷中の天王寺の五重塔を見た。塔は大きく右に左にゆれ、千余の部材はきしんで大声を発した。しかし塔は倒れなかった。それはどんな嵐にあってもゆるぎない一本の「巨木」だったのだ。露伴はそのさまを畏敬をこめて小説『五重塔』のなかに書いている。

ここにも日本の「巨木信仰」をみるのである。

8 都市になぜ城壁がないか？——天皇と都

わたしは子どものころ、中国大陸でそだった。

わたしの住んでいたところは「青島ビール」で有名な都市から、汽車で三時間ほど奥地にはいった小さな町である。わたしの住んでいた小さな町にもしっかりと城壁があった。朝夕、鐘がなるたびに城壁の門があいたり、とじたりした。しかしその小さな町にもしっかりと城壁があった。そしてたいていの市民はその城壁のなかに住んでいた。その城壁から一歩外へでると、新しくできた鉄道駅とその周辺をのぞいてはみな一望千里の高粱畑だった。あたりには家も村もみかけなかった。おもだった農民たちはほとんど城内に住んでいた。それはその町だけではなかった。近辺の町もみなそうだった。

敗戦で日本にひきあげたとき、日本の町にはどこにも城壁がなく、町と郊外や田園地帯がだらだらとつながっているのが不思議だった。

その後、建築や都市計画を勉強するようになってヨーロッパの町をおとずれたが、そこでも古い町にはたいてい城壁があった。

そこではじめてわかった。町や都市に城壁がないのは「世界で日本だけだ」ということを。

「日本の都市には城壁がない」——天皇の都の成立

そのことを歴史的にみる。

中国の隋という時代（五八一～六一八）は創業者の文帝が空前の仏教保護をおこなったことで知られる。そういう仏教がとりもったせいか、日本からも聖徳太子が遣隋使を派遣しておたがいの友好を深めている。

そのみかえりに文帝も日本に使者を派遣した。その使者が中国に帰って文帝に報告したなかに「日本には城郭がない」という一節がある。よほどめずらしかったのだろう。

だが「なぜめずらしかったのか」とわたしたちはおもう。というのは、現在、世界の都市には城壁がないのがあたりまえだからだ。日本はもちろん、中国やヨーロッパの都市でも城壁のある都市はすくなくなってきている。しかしついこのあいだまで、厳密にいうとヨーロッパでは一〇〇年ないし一五〇年前まで、中国では四〇年前まで、都市という都市にはほとんど城壁があった。ところが日本では、歴史上、城壁のある都市は、ほんの一、二の例外をのぞいてない、といっていい。これは彼我の都市のみかけ上の、また構造上の大きな違いといえないか。

だいたい、都市をしめす古いことばは、英語のタウンにせよ、ドイツ語のブルクにせよ、みな城壁につながる「垣」や「柵」を意味している。おなじくラテン語のキウィタスも、ウルブスも「城壁を有する大都市」のことだった。それがフランス語のシテやウルビ、英語のシティやアーバンになっている。また中国には、都市ということばそのものがない。あるのは「都城」である。それが日本でいう都市である。というよりも中国の都城を日本でかってに「都市」と訳したのだ。

明治に文明開化をむかえて、新しいことばをつくらなければならなくなったとき、シティの訳語をどうするかで関係者は困った。日本の都市には城壁がなかったからだ。そこでやむをえず「都」と「市」とを合成して「都市」ということばをつくったのである。

とすると日本の「城壁のない都市」というのは非常にユニークである。魏の使者が見たであろう小墾田《おはりだの》宮《みや》にしても、日本最初の都市である藤原京にしても、つづく平城京や平安京にしても、みな「天皇の都」であるにもかかわらず城壁がなかったのだ。

ではなぜ「天皇の都」に城壁がなかったのか?

宗廟と社稷がなぜないか?

日本の都市には城壁がないだけではない。もうひとつないものがある。それは「宗廟《そうびょう》と社稷《しゃしょく》」だ。中国の都城を真似たにもかかわらず、また「天皇の都」であるにもかかわらず、都城にとって大切な「宗廟と社稷」がないのである。

中国の都城の中心は、いうまでもなく皇帝の宮殿である。だが中心は宮殿だけではない。宮殿の右に「宗廟」がある。皇帝の祖先をまつる宮だ。また左には「社稷」がある。「社」すなわち土地の神と「稷」すなわち五穀の神とをまつる宮である。それらが宮殿とセットになって都城の核を構成している。それらがなければ都城とはいえないのだ。

ところが日本の都市には藤原京をはじめどの都にも、天皇の宮居である内裏《だいり》はあっても宗廟と社稷はなかった。では天皇の祖先をまつった宮や、土地の神・五穀の神などをまつった宮はないのか、というとそうではない。それらのものは都のなかになかっただけである。ではどこにあったのか。

宗廟つまり天皇の祖先をまつった宮は伊勢内宮の皇大神宮《こうたいじんぐう》である。藤原京や平城京からみるとはるかに遠方だ。

伊勢に天照大神がまつられたのは、さきにのべた垂仁大王のときである。アマテラスははじめ大和にまつられたがのち伊勢にうつったわけは「垂仁紀」によると「倭大国魂神《やまとのおおくにたま》は大和の地主の神を治め、代々の天皇は日本の神々を治め、アマテラスは国土のすべての神々を治める」という「職務分担」によっている。「日本」とは大和国家の支配圏をさし「国土」は支配圏外をもふくむものだろう。結果、東国の蝦夷《えみし》をにらむ港の伊勢がえらばれた。この伊勢を、天皇家の「宗廟」に位置づけたのは大海人《おおあま》皇子である。垂仁から二九代あとの天武大王だ。天智の息子の弘文大王にたいして叛乱をおこし東国にむかったとき、伊勢の鈴鹿で伊勢神宮を遥拝している。そして天下をとると、すぐに娘の大来《おほく》皇女を伊勢に斎宮として派遣している。

そのほかにも宗廟とかんがえられるものがある。住吉神社や紀伊神社だ。持統天皇（六四五～七〇二）は、伊勢とならんで住吉や紀伊に幣帛《へいはく》をささげている。そのわけは、三社ともとうじの大和の外港的位置にあったからだろう。紀伊は、現在、日前《ひのくま》・国懸《くにかかす》神宮とされる。

いっぽう土地の神はオオクニタマだったろう。はじめ「大和の穴師《あなし》村にまつられた」とされるが、のち大和の「民衆の神さま」であるオオモノヌシと同一視され、いまではオオモノヌシと一緒になっている。したがって三輪山山麓の大神神社が「社稷」である。おなじく持統が幣帛をささげている。

さらに奈良時代にはいると、山城の上下賀茂社、近江の日吉《ひえ》大社、常陸の鹿島神宮、下総の鹿取神宮なども社稷にくわえられる。

五穀の神としては、天武がまつった奈良盆地の竜田の「風の神」と広瀬の「大忌《おおいみ》の神」がある。竜田神社と広瀬神社である。「風の神」とは「風水の害をさける神」で「竜」を雨とする伝承が地元にある。「大忌の神」は山からおりてきて五穀をみのらせる「水の神」とされる。

また持統は、吉野に水分《みくまり》神社をまつって再々おとずれている。なお天皇家の五穀の神としては、伊勢神宮外宮に豊受《とようけ》大神がまつられている。そのほか持統が信濃の諏訪大社・水内《みぬち》社に、天つ神に敵対した建御《たけみ》名方《なかた》神をまつったことは、天武が生前、信濃に都をつくろうとしたこととともにかんがえさせられる。天武が信濃をあきらめたのは、浅間山の爆発で草木が枯れたためのようだが、このあたりに古代史の謎がのこる。

というようにみていくと「八百万の神々」といわれるように、日本にはまつられるべき神々はおおい。ただそれらは、ほとんど都のなかになかっただけである。なぜかというと、さきにのべたようにもろもろの神々ははじめ宮中に一緒にまつられていたが、いろいろと問題がおきたため各地に分散せざるをえなかった事情があるからだ。アマツカミとクニツカミといった対立のみならず、わが国には古来から政治権力の地方分散・割拠の伝統があったからだろう。そこに、唯一の祖先神をまつる中国の都と、八百万の神々をまつらなければならなかった日本の都との違いがある。

「太陽がのぼるとしごとをやめて弟にまかす」

宗廟と社稷は都の外にあるとしても、ではなぜ都に城壁がないのか。

さきの文帝は聖徳太子が派遣した日本の使者に、仏教の信仰あつい倭王のようすをたずねた話がある。使者は「倭の大王は天をもって兄とし太陽をもって弟とする。夜がまだ明けないうちはすわって政をきき、太陽がのぼるとしごとをやめて〈あとは弟にまかそう〉という」とこたえたそうである。天はヒメであり、太陽すなわち弟はヒコであろう。それは文帝にとってまったく意外な答だったとみえて「それは理屈にあわない。やめたほうがいい」と中止させようとしている。

ここに中国の皇帝と日本の大王との決定的な違いがある。というのは、中国の皇帝は天下の政治を一身にひきうけて朝から晩まで臣下に接し、いそがしくたちはたらいている。「人民をまもるのが天子のしごと」だからだ。しかし「日本の大王は夜明けだけはたらいて、あとは太陽の弟にまかせる」という。「弟がうまくやるだろう」というのだ。

この「日本の大王のしごと」つまり「日中は太陽である弟にまかせ、節目にあたる夜明けや天候不順のときだけ大王が出馬する」というのは、中国の皇帝からみると「日本の大王は屁理屈をつけてサボっている」とおもわれたのではないか。

日本の漁師は経験とカンで出漁をきめる

ただ「夜明け」というのは一日のうちの大事な時間である。万物が動きはじめて生命のドラマが演ぜられるときだ。その「夜明けのドラマ」を体験すると、人はしばしば一種いいがたい自然のオーラを感じる。

それだけではない。日本の漁民は前の晩にどれだけ酒を飲んでも、夜明けにはかならずおきて浜辺に立つ。そして一時間ぐらい波と風と雲を見る。自然の気配を感じる。それによって、今日、漁にでるかどうかをきめる。漁民にとってそれは「命のかかった毎日のしごと」である。海にでて嵐にあったら、しばしばそれで人生は終りだからだ。そのばあい漁師は、仲間の漁師のいうことも、親・先輩のいうことも聞かない。天気予報もあてにしない。まして都人がうつつをぬかす易や陰陽道などにはいっさい関心がない。じっさい嵐がくるとわかっているのに「大安吉日」に船をだす漁師などひとりもいない。他人のいうことを聞いて死んだら、まったくうかばれないからだ。そこで漁師は、ただひたすら自分の経験とカンによって漁にでるかどうかをきめる。あとは神仏の加護を祈るだけだ。

それはかんがえてみると、一万年間、危険な海と相対してきた縄文人の姿である。じっさい『後漢書東夷伝』に倭のことを「国には女子おおく、大人はみな四・五妻あり」といっているのも、男はおおく海で死んでいるからだろう。

ここにわたしは日本の庶民の行動の原点をみる。それは肝心なときには政治も、社会も、科学も、宗教も、他人はおろか親兄弟のいうことさえも信じない。「信じられるのは自分だけだ」という生死をかけていきる姿である。だからこそ日本人は、みずからにパワーをつける「タマ信仰」にあこがれるのだ。自分自身をきたえる修行に熱中する原点がここにあるのではないか？　とかんがえるのである。

天皇は素顔をみせない

そういう伝統が、日本の大王にも生きていたのではないか。「夜明けのオーラに一日の予兆を見、一日の無事を祈る」のが大王のしごとだったのだろう。じっさいその後の天皇も、元日早朝の「四方拝」など夜明けのしごとをずっとおこなっている。北斗七星などの星々、太陽、まわりをとりかこむ山々などを遥拝するのだ。のち遥拝の対象に伊勢神宮や諸大社もくわわったが、あくまで天地自然が主だった。

また日照りになると、天皇は諸国の長に命じて名のある山や川に祈祷をさせる。さらに天皇自身が川の上流にたって天地自然に祈る。有名なのは皇極大王（五九四〜六六一）が飛鳥の坂田の南淵山の上流でおこなった四方拝である。そのすこし前に、蘇我入鹿が百済大寺の南の広場でたくさんの僧に「大雲経」という請《せい》雨《う》経を読ませたが効果がなかった。ところが皇極が南淵山で祈ったら、五日間も雨が降って百姓が大いによろこんだ、という。

しかし、なぜ大王が祈ったら雨が降るのか。大王はいままでみてきたように日本の巫女の伝統をうけついでいる。そしてミコは受身で、感受性の強い女性だ、とのべた。そういう「弱い女性」だからこそ天地自然のわずかな変化をも感じとったのだろう。雨の予兆をも感得し、感得したら祈雨の祈りをおこなう。

じっさい、さきの大王は二人とも女性だった。文帝が文句をつけた推古大王（五五四〜六二八）は炊屋《かしきや》姫だし、四方拝の皇極大王は重《いかし》日《ひ》足《たらし》姫だ。ともにミコといっていい。そのミコの大王は、持統のときから天皇にかわったが、そのばあいも日ごろ天皇が起居する清涼《せいりょう》殿は東面して建てられた。夜明けの太陽を見るためだ。

なお中国の制がはいってきて、天皇は南面する紫宸殿や大極殿で臣下を謁見するようになったが、しかしいつも几帳にかくれて人民に素顔をみせることはなかった。人民とは直接相対しないのである。うっかり人民と顔をあわせると天皇をとられてしまう、とおそれたからだろう。

東方をむいて建つ
京都御所清涼殿の内部

戦争のかげにミコあり

古代の日本の戦争は、中国やヨーロッパの皇帝や王たちの戦争とは根本的にちがう。それは国土や人民のとりあいではなく、大王や天皇のとりあいだったからだ。さらに古い昔の日本の王たちの争いは「自然の変化の予知能力をもった女性の争奪戦だった」といえる。

というのも、この国の天候はさきにのべたようにまことに不順で、人民は昔から天地自然に祈って慈雨や陽光をもたらしてくれるミコに自分たちの収穫物をもっていったからだ。(1) ために為政者も武力によって国を治めるより、ミコの呪力によって国を治めるほうをえらんだ。天候不順で争いがおきたときも、武力で解決するより天候の変化を予知できるミコをさがしだしてともに擁立した。そして「弱いミコ」を野心家に簒奪《さんだつ》されないように、宮の奥深くにかくしたのである。

そうすると、人びとの前でじっさいの政治をとりしきる人物が必要になってくる。そこでミコと人民とのあいだをとりもつヒコが登場し「ヒメ・ヒコ制」がスタートする。そしてクニの形がととのえられる。さきの「巫政国家」だ。さらに金属器が発達し、武力が向上し、アマツカミのような海賊が横行するようになると、ヒコは「軍司令官」となり、強力な権利を掌握し、とうとうミコをうばい、ミコを后にして軍事と祭祀をにぎった大王となる。するとその世襲をめぐって争いがおきる。

神話でも、初代の神武大王は事代主《ことしろぬし》神と三島溝咋耳《みしまのみぞくいみみ》神の娘の子であるミコの媛蹈韛《ひめたたら》五十《い》鈴媛《すずひめ》命を后としている。そして神武が死んだとき腹ちがいの兄の当芸志美美《たぎしみみ》命が弟たちを殺そうとしたので、タギシミミの后となった前皇后のイスズヒメまたの名伊須気余理比売《いすけよりひめ》が子どもたちにそれとなくおしえてタギシミミを殺させている。タギシミミを誅殺した神沼河耳《かむぬなかわみみ》命は第二代綏靖《すいぜい》大王となり、イスズヒメつまり母の妹の五十《い》鈴依姫《すずよりひめ》命を后としている。

第一〇代大王の崇神《すじん》はミコである姑《おば》のモモソヒメをいつもかたわらにおき、彼女のカンによって叔父の武《たけ》埴安彦《はにやすひこ》の謀反を知り、タケハニヤスヒコを殺している。

つぎの大王の垂仁《すいにん》は后である狭穂《さほ》姫の兄の狭穂彦《さほひこ》とサホヒメをとりあい、サホヒコを誅殺したのはいいが、サホヒメも兄に殉じて死ぬ、という悲劇をまねいている。

第三六代の孝徳大王（五九六〜六五四）は中大兄（六二六〜六七一）のちの天智大王と意見が対立し、ナカノオオエは自分の妹で、かつ、孝徳の后である間人《はしひと》皇女をつれてさっさと大和に帰ってしまう。のこされた孝徳は悲観して難波で憤死している。

大海人《おおあま》皇子はナカノオオエの娘の鸕野讃良《うののさらら》皇女を后とし、ナカノオオエの死後、その息子の大友皇子を滅して天下の覇権をえている。

このように古代の日本の戦争はつねに「戦争のかげにミコあり」だった。いわば戦争は「ミコのとりあい合戦」だったといえる。じっさいそのミコの託宣がいかにおそろしかったかは、韓国征討をめぐって后でミコの息長帯日売命《おきながのたらしひめ》の意見を聞かなかった第一四代仲哀《ちゅうあい》大王は急死している。

天皇をまもる城壁

こういう歴史的背景のなかで、オオアマ皇子は「弱いミコ」に「強い大王」をプラスして「天皇」という「神さま」をつくりだし、みずから天皇になろうとした。「ヒメ・ヒコ制」から「天皇制」への移行である。しかし雄図なかばで死んだオオアマ皇子はついに天皇になれなかったが、后の鸕野讃良が持統天皇になり、天皇制は今日まで一三〇〇年間つづいている。

そしてその間、しばしば二人で天皇のうばいあいがはじまった。といっても、奈良・平安の有力貴族たちは天皇を簒奪するのではなく、娘を宮中に入内《じゅだい》させて后にし、みずからは舅となって、事実上、天皇家をのっとるべく画策した。「摂関政治」である。

鎌倉時代末には天皇家の内紛がたえず、とうとう天皇家が二派にわかれて争うことになってしまった。そういうことは古代や中世だけではない。明治維新のときにも幕府と長州と薩摩が天皇をとりあい、最後は薩摩が天皇をにぎって勝利している。

というふうにみてくると、藤原京などの都に人民とその財産をかこうような城壁は必要なかったことがわかる。人民はそういう権力者どうしの争いには無関係なのだ。それは日本の全歴史をつうじていえることである。そこで必要なのは「天皇をかこう城壁」だけなのだ。

じっさいかつてヒミコが住んだ宮殿も「宮室、楼観、城柵、おごそかにもうけ、つねに人あり、兵を持して守衛す」といわれた。藤原京も城壁をもたなかったが天皇の居住する内裏や大内裏は厳重にかこわれた。すると「藤原〈京〉には城壁はないが藤原〈宮〉には城壁があった」ということができる。だからそこへは一般の人びとはたちいれなかった。そして平城京、平安京になると、大内、禁裏《きんり》、九重《ここのえ》などとよばれて、ますます神秘の帳《とばり》につつまれるようになったのである。現在、天皇が住んでおられる皇居もりっぱな城壁をもっているが、その伝統にしたがっているといえるだろう。

かんがえてみると、中国の都城に宗廟と社稷があるのは皇帝の皇位の正当性を証明する「神」が必要だったからである。しかし日本のばあいにはミコもしくは天皇が「皇帝」であるとどうじに「神」なのである。証明する必要などなかったのだ。ただその「神」をとられないようにまもる必要だけがあった。つまり天皇をまもる城壁だけが必要だったのだ。

彼我の都市の相違は彼我の皇帝観と天皇観の相違にある、とおもわれるのである。

9 門前になぜ市か？——南都仏僧と町

全国どこでも、明治・大正時代の鉄道の駅は社寺の門前におおくつくられた。鉄道経営者たちが「社寺の参詣客をつかまえないと鉄道は成立しない」とかんがえたからだろう。いまでも古い路線の駅名をみると、社寺の名がおおい。サラリーマンが鉄道を利用するようになったのはずっとあとのことである。

すると「日本人はそんなに信心深かったのか」とおもわれるだろう。が、若干、疑問がある。というのも「日本人はなんのために社寺に参るか」というと、もちろん信仰もあるが、どうじにそこは「一大消費センター」だった、ということをみのがせないからだ。物の交換の場である。社寺の門前には市が立つのだ。

そういうことは世界中どこでも共通するのか、というと、じつはそうではない。

たとえばヨーロッパの教会のまわりに市が立つ、ということはまずない。そういう聖なる場所に俗なる市が立つことをゆるさない風潮があるからだ。イエス・キリストはエルサレムの神殿の前で商売をしていた商人たちを追いだしている。アラブのモスクの前にもどうように商店はない。

ただ古代ギリシアでは、アクロポリスの下にアゴラつまりマーケットがあったが、アクロポリスもアゴラもそれぞれ独立した存在で、二つあわせて都市の核だったからこれは門前というようなものではない。

すると、日本の社寺の門前にはなぜ市が立つのだろうか？　これはかなり特殊な日本的現象のようだ。

兄と妹が結婚する——マナイズムの脱線

これには、さきにのべた縄文時代以来の死者の埋葬地における「祭」にはじまって、その後の「神さま」

とみられた自然の山や森などでの歌垣や市などの伝統がかんがえられる。社寺の門前もその系譜につながる、ということだ。

それはそのとおりだろう。しかし、では都市はどうか？　中国やヨーロッパの大集落が「都＋城」で「都城」なら、日本の大集落は「都＋市」で「都市」である。すると日本では都市こそ市ではなかったのか？

そこで、日本の都市についてかんがえてみよう。

都市のもととなる都は「宮《みや》＋処《こ》」で「宮のあるところ」である。その宮は「霊《み》＋屋《や》」で「尊い人のすまい」だ。その「尊い人」というのは「神さま」である。あるいは「神さまのことばをしゃべる人」である。巫女だ。つまり日本の都市はミコのすまいからおきた、とかんがえていい。

何度ものべるように原始の昔から日本ではミコは「神のことばを告げる」いいかえると「自然を予知する」とみられた。それが発展してミコは雨を降らせたりする「超自然力をもつ」とかんがえられた。

そういう超自然力のことを人類学ではマナという。もとはオセアニアつまり南太平洋の島々に住む人びとのことばで非人格的なパワーをさし、ものからものへと伝染もする。その結果、マナをあたえられた槍は敵をよくたおし、マナをもった舟ははやくはしる。そういうマナを尊重する社会の風潮をマナイズムという。これはさきにのべたように「万物が霊をもつ」というアニミズムとは異なる。起源的にはアニミズムより古いとかんがえられ、日本にかぎらず世界にひろく存在するが、日本のばあいには変化のはげしい環境に人びとが生きていくため、古くから「タマ信仰」としてあがめられた。あがめられるばかりでなく、今日の社会にも「初物尊重」などとしてなお影響力をもっている。

そこでさきにのべたように自然にたいする感受性の強い女性が社会のリーダーになってミコといわれ、政治的リーダーになってヒメといわれた。もとは「日《ひ》＋女《め》」である。日は太陽であり太陽はマナの根源だ。ただヒメの呪力はきわめて個人的なもので、また「神さま」につかえるため独身だったから、ヒメが死んだら、おおくのミコのなかからつぎのヒメをさがさなければならなかった。

ところがさきにのべたように現実の必要性から男性リーダーもくわわり「ヒメ・ヒコ制」社会になると事態が複雑になる。ヒコも「日十子」で呪性をもつとみられ、そのヒコが死ぬとヒコの弟が「おなじ血をもつ」とかんがえられて後継者に擬せられたからだ。いっぽう野心的なヒコはヒメを后としてその子を後継者にしようとする。呪性をもたないふつうの女性と結婚してうまれた子どもなら「血が半分にうすまる」とみられ後継順位はさがるが、呪性をもつ者どうしなら「血はこい」と判断され後継順位はあがるからだ。

こうしてヒコが死ぬと、ヒコの弟とヒコの子どもとの争いがはじまった。

ここで古代エジプト王朝もそうだったが、日本歴史においても刮目すべき事態が招来された。そういう争いのなかでヒコの子を有利にするために「姉と弟」や「妹と兄」がヒメとヒコになったからである。つまりヒコが姉や妹をヒメとし結婚しはじめたのだ。おたがい呪性をもつものどうしだから「マナの血がこくなる」というわけだ。

たとえば聖徳太子の父と母はともに第二九代欽明大王の子でいわば兄と妹である。ただし兄妹といっても母はちがう。ちがうといっても母どうしは蘇我稲目の子で「姉妹」だった。

第三〇代敏達《びだつ》大王とその后の豊御食炊屋比売命《とよみけかしきやひめ》のちの推古大王も、母は異なるが父はともに欽明でいわば「兄妹どうし」だ。

推古のつぎの第三四代舒明《じょめい》大王と后の宝《たから》皇女のちの皇極大王でかつ斉明《さいめい》大王は、敏達の長男の押坂彦《おしざかひこ》人大兄《ひとのおおえ》皇子の子と孫にあたる。敏達の「孫と曾孫」が結婚したのだ。

また、天智大王と天武大王はともに斉明の子で、天智の娘の鸕野讃良皇女を天武は后としているから「叔父と姪」の結婚である。

といったようなわけで、ここに日本の権力者のあいだでは縄文時代一万年間を発展させたあのインセスト・タブーの伝統はふっとんでしまった。あるいはアマツカミ一族がもたらした「習俗」または「発明」だったかもしれない。

いずれにしても権力者のあいだだけの「システム」だったが、しかしこれは「マナイズムの脱線」といわなければならないだろう。

「天皇霊」を親から子へ

天武つまり大海人皇子は、しかしそういう「脱線システム」をいっそう制度化しようとした。「天皇霊」というマナの「承継システム」をつくりだそうとしたのである。

その理由は、天智の日本水軍が朝鮮の白村江で唐・新羅連合軍に完膚なきまでに負かされたことだろう。オオアマはそれを日本の政治におけるリーダーシップの欠陥とみ「旧体制」を刷新すべく東国の王や首長たちを味方にして反乱をおこし、近江王朝と畿内の有力豪族たちをぶっつぶしたのである。

この壬申の乱の勝利の勢いや、東国の王の軍事力、畿内の豪族の官司制にかわる新しい官僚制などをバックに、それまでの畿内の王の合議による国事運営をやめ、大王親政を目ざした。「文帝にわらわれた〈巫政国家〉をあらため中国式の〈皇帝国家〉を目ざそう」とかんがえたのである。律令国家だ。そこで豪族が所有する部曲《かきべ》つまり私有部民を廃し、山林原野の返還を命じるなど「公地公民制」をすすめていった。

しかしその変革の中心は、大王の権力にミコの呪力をあわせた「天皇制」の構築にあった。ためにオオアマ自身も権力のみならず呪力をもあわせもつ存在であることをさかんにPRしている。壬申の乱のさなかに豪雨にあったとき「オオアマが〈天つ神、国つ神、朕をたすけたまわば、雷雨降ることをやめよ〉と祈念したら豪雨がやんだ」と『日本書記』にはしるされている。

そういう大王だったから「天皇霊」というマナをつくり、一定の手続きをへて親の天皇から子の天皇へとひきつがれる「天皇制」というシステムを確立するのに奔走した。
ただその承継においてマナを「血のこさ」と解した問題点はかかえたままであった。

藤原京はなぜ短命だったか？

しかしそういう「天皇制」が確立すると、畿内の豪族の地位は低下し、また大王が死ぬたびに宮居をかえる遷宮の必要もなくなった。大王の宮居と人民のすまいとをあわせた「永遠の都」づくりができるようになったのだ。

オオアマつまり天武大王はとりあえず「飛鳥浄御原宮《あすかきよみがはら》」に居をかまえたが、その心は、大和郡山から難波、さらには遠く信濃にまでおよんだ。そして天武一三年（六八四）に飛鳥の地を視察して首都建設を心にきめる。のちの藤原京の地だ。

しかしその翌年に天武が死んだため、妃のウノノサララが史上はじめて天皇になった。持統天皇である。『記紀』には神武から「天皇」の名称がつかわれているが、じっさいは天皇制はこうして持統からはじまった。

そして持統八年（六九四）に藤原京遷都が実行された。

ところがその「永遠の都」だったはずの藤原京は、たった一六年で和銅三年（七一〇）には平城京へうつってしまう。いったいどうしたことか。

その原因とかんがえられるものにとうじ世のなかにおきた不祥事があった。天武天皇が藤原京への遷都を心にきめて以来、不吉なことが頻発したからだ。空ではたびたびおこる日蝕、雨のように降る隕石、どうじに走った七つの流星、長さ一丈余もある箒星。地上では地震、津波、噴火、降灰、各所の大火、とうとう難波宮までが全焼する。あげくのはてには肝心かなめの天武の崩御である。そして三年後には長男の草壁《くさかべ》皇子も二七歳の若さで死ぬ。

やむをえず草壁の母のウノノサララが天皇になったが日蝕、地震、台風、落雷、日照り、飢饉、疫病などはおさまらない。たまりかねた持統は孫の軽《かる》が一五歳になるとまちかねたように位をゆずって上皇となる。

あわれなのは若くして皇位をついだ文武《もんむ》天皇だ。ひきもきらぬ天災や人災のはてに頼みにしていた祖母の持統にも五年後には亡くなられ「朕は徳のうすい身でありながら王公のうえに位している。天を感動させるほどの徳もなく、人民にゆきわたらせるほどの仁もない。ために陰陽の調和がくずれ、降雨と日照がととのわず、穀物のみのりがわるく、人民は飢えにくるしんでいる……」と「超能力」をもつ天皇としては、信じられないような弱音をはいて二五歳で早世してしまう。

やむをえず、天智の第四皇女で文武の母の阿閉《あえ》が元明《げんめい》天皇となり、二年後にはこの「呪われた藤原京」を去って「平城の地は青竜・朱雀・白虎・玄武の四つが陰陽の吉相に配され、三つの山が鎮護し、亀甲《きっこう》や筮竹《ぜいちく》の占いにもかなう。ここに都邑を建てるべきだ」とさっさと遷都してしまう。

たしかに、藤原京は中国式の「四禽《しきん》相応の図」には欠けていた。第一、都の中心の飛鳥川は南から北へ流れ、ために大水になると田んぼの水が宮域に流れこんでくる始末だった。これでは律令体制によってたつ国家の首都としてははなはだぐあいがわるい。

平城京はなぜ遷都したか？

そうしてうつった平城京だったが、ここもけっして「永遠の都」ではなかった。その七四年後には平安京へ遷都するからだ。

それだけではない。平城京が模した中国の長安の都は、今日、首都でなくなってても西安市としてたくさんの観光客をあつめているが、平城京は都が京都にうつったとたん廃墟となり、歴史の舞台から消えさるだけでなく、つい最近までその存在した場所すらわからなくなってしまった。

ではなぜ平安京に遷都したのだろうか。

かんがえられるのは、藤原京につづいて平城京も災厄があいついだことだ。あいかわらず天候異変と飢饉がつづき、また長屋王の変などという大事件までおきる。くわえて疫病だ。その疫病がいかにすごかったかは、天平九年（七三七）に天然痘が大流行したとき、権力中枢にあった藤原四兄弟の四人が、四ヶ月のあいだに四人とも死んでしまったことをみてもわかる。

その結果、元明天皇の息子の聖武《しょうむ》天皇とその妻・光明《こうみょう》皇后をささえていた藤原鎌足以来の藤原体制は壊滅してしまった。そのあと藤原広嗣《ひろつぐ》の乱、橘奈良麻呂の変、恵美押勝《えみのおしかつ》の乱、弓削道鏡《ゆげのどうきょう》の皇位簒奪事件などがつぎつぎにおきて、世は異常な緊張状態となる。そういうなかで聖武の「遷都ぐるい」がはじまる。聖武は、山城の国の恭仁《くに》京、難波京、甕原《みかのはら》離宮、紫香楽《しがらき》宮、保良《ほら》宮などに遷都や行幸をくりかえし、社会は騒然となった。

ほんらい、こういう大災厄を除去するのが天皇のしごとである。が、おおくの天皇や皇太子は病弱なだけでなくはやばやと世を去ってしまった。

その原因としてかんがえられるのはたびかさなる血族結婚だろう。たとえば天武と持統、つまり叔父と姪のあいだにうまれた草壁は若死にし、草壁と元明、つまり甥と叔母の文武も早死にし、はじめて天皇家外からむかえた藤原宮子と文武とのあいだにうまれた聖武はよかったが、その聖武と、母・宮子の腹違いの妹である叔母の光明子とのあいだにうまれた長男の基《もとい》は一歳にもならず病死している。天皇の嫡出長男子で天皇制をかためようとした天武の意図は、聖武をのぞいてほとんど実現できなかったのだ。

男性の血統がたえて、やむをえず聖武の娘で天武の曾々孫の安倍《あへ》が二度にわたって天皇になったが、独身女性天皇という異常事態は、とうとう最後に「恋人」道鏡を天皇にしよう、という事件をひきおこし、天武のえがいた「天皇霊の承継」はメチャメチャになってしまった。そして天武の血統は絶える。

あらたに天智の孫の白壁王が光仁《こうにん》天皇になり、つづいてその子の山部皇子が桓武天皇になると、桓武は平城京をみかぎって、さっさと京都にいってしまったのである。

平城京になぜタンコブがあるか?

もっとも、いま「平城京はほろびた」といったが、じつは全部はほろんでいない。

そこで平城京の構造をよくみよう。平城京は、さきにのべたように城壁がなかったり、宗廟・社稷も存在しなかったりするが、形のうえではおおくの点で長安城を模している。

まず道路はすべて碁盤目状にとおっていて、その中央の北に「平城宮」つまり大内裏《だいだいり》がある。大内裏から南にさがる幅二八丈の朱雀大路《すざくおおじ》を境界として市街は左京と右京にわかれ、その両京には幅員八丈の大路が縦横一八〇丈ごとにとおっている。この縦の大路には「条」という名が冠され、横の大路には「坊」という名が付され、それぞれにナンバーがつけられるが、この条と坊でかこまれた範囲をまた「坊」という。両京には、坊がおおむね三四ずつある。そしてひとつの坊がさらに幅員四丈の小路によって縦横四つずつに区分され合計一六の「坪」にわけられる。そして身分におうじて数坪の土地が、あるいは坪内の小分割された土地がわけあたえられる。

大筋は以上だが、その構造はほとんど長安城とかわらない。道路を中心につくられた「条坊制」といわれるものだ。ところがここにひとつ大きな違いがある。それは平城京には長安城にないものがあるのだ。

それはこの方形の市街地から東にとびだした「タンコブのような市街地」である。左京のとなりの「外京」といわれるものだ。もっとも右京の北にも「北辺坊」があるがこれは小さい。ところが左京の東にあるこの「外京」は一二坊もあって非常に大きいのである。こんな「タンコブの市街地」などというものは、シンメトリーをとうとぶ中国の都城ではあまりかんがえられないことだろう。その理由については平城京の土地条件などからいろいろのことがいわれるが、決定的なものはみいだせない。

問題は左京に大安寺、右京に薬師寺がおかれたが、この「タンコブの市街地」にも元興《がんごう》寺や興福寺が配されたことだ。いずれも奈良仏教をささえた大寺なのに、どうしてこういう配置の違いがあるのか。さらに「タンコブの市街地」の東には東大寺、春日大社の二大社寺がひかえている。

そこでよくかんがえてみると、春日大社は神社だし、東大寺は平城京ができてからのちつくられた新しいものである。またこの外京にある元興寺は飛鳥からやってきた蘇我氏の氏寺の法興寺の流れをくむ飛鳥寺であり、興福寺もおなじく藤原氏の氏寺の厩坂《うまやざか》寺だったが藤原京ではともに京外にあった。だから平城京において「外京のなかにくみいれられた」ことはいわば昇格であり、むしろ藤原一族の政治的配慮を感じさせるものがある。興福寺が藤原氏の氏寺であるばかりでなく、春日大社も藤原氏の氏神だからだ。しかし、結果としてここに大社寺群が形成された意味は大きい。

桓武が京都に去り、南都の諸大寺は平安京移転を拒否され、平城京の左京・右京はほろび、国家の寺の大安寺などは跡形もなくなってしまったが、ここ外京だけは生きのこったからだ。生きのこるどころか大いに繁栄した。興福寺などは、平安時代に天皇政治をコントロールする摂関家の拠点にのしあがり、鎌倉時代には大和の国の守護職に任じられている。そして今日この外京は、そのままそっくり奈良の街となってのこっている。つまり平城京はほろびたのではなく、すくなくともタンコブだけは生きのこったのだ。

ここに、日本建築史における都市の謎がある。

寺社は荘園族のリーダーになった

ではどうして外京は生きのこったのか。

奈良時代には、律令体制によって世の秩序がととのえられたために人口は大いにふえた。初期には約四五〇万だった人口が七、八〇年後には五五〇万になっている。一〇〇万人の増だ。

すると食糧もだんだん不足していったことだろう。そこで律令制による「公地公民制」の建前で「開発行為はすべて政府がやる」ことになっていても、食糧が不足してくれば背に腹はかえられず、人びとはあちこちで土地を開発するようになった。政府もやがてそれを黙認せざるをえなくなった。こうして律令制の原則は少しずつくずれていった。そしてとうとう「新しく土地を開発したばあいにはその土地の私有をゆるす」という「墾田永年私財法」(七四三)が発令されるようになったのである。

そうなるとこれら大社寺に活躍の場があたえられる。かれらは地方からの神仏への奉納品をうけとるために、地方の交通の要衝に「荘」という別宅ないし倉庫をもっていたからだ。そこで独自の交易をおこなっていたので地方の動きには敏感だった。墾田永年私財法が発せられると、大社寺は荘を中心に地方の首長、豪族、富裕階層らとくんで、さっそく田畑の開発をはじめる。つまり「荘園制」がはじまったのだ。新しい「荘園族」がつぎつぎにうまれ、これら大社寺はそのリーダーとなっていったのである。

タンコブが世をすくった

いっぽう平安京にうつった桓武天皇らはなお「公地公民制」にこだわったが、それが消滅するのはもはや時間の問題だった。平安中期には律令体制は完全に崩壊してしまう。天皇家も有力な一荘園領主としてしか生きのこる道がなくなってしまったのである。

それを象徴するのは平安京における天皇の居所である皇居の推移だろう。摂関政治のはじまる九世紀末ごろから皇居はかならずしも内裏にはなく、里内裏《さとだいり》や後院《ごいん》つまり「天皇の別宅」などにめまぐるしくうつりかわったが、院政がはじまる一一世紀末になると、天皇家の権力中枢は平安京の外の白河や鳥羽にうつってしまう。

結局、大内裏は平安時代後期から、内裏は鎌倉時代はじめからほぼ完全になくなる。内裏も大内裏もない都、つまり主権者も政治中枢もない都市はもはや首都とはいえないだろう。

さらに応仁の乱後になると、平安京は、貴族や武士などの荘園領主のいる上京と僧侶や商人など庶民のおおい下京という二つの集落だけになり、その間ほとんどなにもない。平安京の崩壊といっていい。それを現在の京都の形にしたのは豊臣秀吉の都市計画であるが、秀吉にそれをさせたのは都市のなかに「都市」をつくった庶民たちであった。いずれもあとの時代のことである。

そういう平安京の衰退のなかで、いったん桓武にみすてられた平城京の「タンコブの市街地」は、東大寺や興福寺などが全国の荘園開発や物資流通のネットワークをにぎったために、社寺の門前に各地の生産物がならぶ巨大な市と化したのだった。こうして「タンコブ」は、経済的にはとうじの日本の「首都」になり、とうとう「南都」とまでよばれるまでに発展する。

しかしその構造は、東大寺や興福寺、春日大社などのいわば「門前町」にすぎなかったのである。

善男善女が大仏へ

もちろん、奈良時代の寺は平城京だけではない。

難波、大宰府だけでなく地方にもたくさんの寺がつくられた。畿内にも唐招提寺、薬師寺などの大寺が出現した。だが、それらの大寺をはるかに凌駕する大伽藍が南都にあらわれた。東大寺大仏殿である。それは東大寺の

鎌倉初期に重源によって
再建された東大寺大仏殿

みならず、この「タンコブ」の市街地の象徴となったのである。

というのも、政争と血族結婚をくりかえして天皇の「超能力」がうしなわれたあと、社会の救済者への関心は仏教へとうつったからだ。人びとは無病息災や家内安全などの願いをこめて仏教にたよるようになった。

それは庶民だけでなかった。聖武天皇まで仏教に深く帰依してしまった。全国に国分寺・国分尼寺を建て、中央に東大寺を建立した。そしてその金堂のなかに巨大な大仏を鋳造したのである。

大仏鋳造はまさに「一大工業イヴェント」だった。それをいれる大仏殿はとうじの「超モダン高層建築」だった。その結果、東大寺周辺はまさに一大飯場であり、一大工場であり、一大コンビナートとなった。全国からこの「タンコブ」の市街地にますます物資が集中するようになった。

そうしてつくられた巨大な大仏は、社会救済のみならず経済成長のシンボルであった。「大仏さま」を一目みんものと、全国から善男善女がおしかけ、巨大な富が集中したからだ。門前町奈良はとどめようもなくにぎわった。

結局、日本でさかえたのは「都」より「門前」だった。そこにはまた、国家により都市計画された「街」は発展せず、国家によりみすてられた「町」は発展した、という皮肉な事実もあった。

そしてここに、日本の古代以来の権力構造にみる精神文化の盛衰がはっきりとしめされた。

つまり、太古以来のマナイズムの主であるミコは時代の権力闘争にまきこまれて呪力をうしない、ミコの最後の姿である天皇はたび重なる近親結婚で衰退し、中国からもたらされた律令体制はこの国に定着せず、いったん天皇にみすてられた仏教は荘園制でよみがえった、という話だからだ。

10 山になぜ寺か？——最澄と草庵

平城京外京の寺々がさかえたころ、地方にも国分寺・国分尼寺がつくられた。さらに有力な地方の豪族らもそれぞれの氏寺を建てた。またこれら官寺、私寺のほかに「神さまは山にいます」という日本古来の「神奈備《かんなび》」信仰から、山林に沈潜する「私度僧《しどそう》」つまり民間僧もおおくあらわれた。

「民間僧」ということばは不思議なようだが、日本では僧となるにはすべて「国家試験」をうけなければならなかった。つまり「官僧」だけが僧だったのである。宗教はいわば国家の統制下におかれていたのだ。したがって「国家試験」をうけない私度僧は、今日の医師免許をもたない「医者」のようなもので、おおやけには禁じられ、あるいは排斥された。こういうことは諸外国にはあまりみられない現象である。宗教は、たいてい政治とはなれた存在だったからだ。

その私度僧で有名な人に「葛城山で鬼神を使役した」といわれる「役の行者《えんのぎょうじゃ》」すなわち役の小角《おづぬ》や、山岳修行者で各地に橋や池をつくり、のち東大寺大仏殿の建設にもかかわった行基《ぎょうき》などがいる。そのほか私度僧などが庵をつくって、のち寺に発展したケースもおおい。奈良時代、あるいはそれ以前の創建とみられる吉野比蘇《ひそ》山寺、壺坂山寺、長谷《はせ》山寺、室生《むろう》山寺、清水山寺などは、今日「山岳寺院」とよばれるが、いまもそのおおくがのこっている。日本の仏教建築の大きな特色といえる。

ところが、これらの山岳寺院は国家の統制外にあったが、あるとき、おなじ山岳寺院でも「日本の神観念」ではなく仏教の教義による修行の必要性から、新しく、組織的に、かつ、合法的に山に寺院がつくられるようになった。そして以後の仏教界に大きな影響をあたえた。

その「新しい合法的な山岳寺院」とはいったいなにか？

仏教とはなにか？——「修行主義」の確立

そこでまず「仏教とはなにか？」をかんがえる。

それは釈迦牟尼すなわち「シャーキャ族」の王であり聖者であるシッダールタがはじめたものだ。その教えを一口にいうと「欲望を去れ。そうすれば心は平和をたもつ」ということではないか？　したがって「欲を去る」ことが仏教の根本精神とおもわれる。「無欲」の境地にいたれば人はさとることができるのだ。

釈迦のそういう教えを社会的にみると、古代インドのマガダ帝国に土地も文化も席巻された少数部族シャーキャ族の超俗的な「不服従運動」のひとつだった、とみることができる。つまり、ひとりの人間の生き方にとどまらずシャーキャ族全体の生き方を問うもの、それによってまわりの世界を変革しようとするものであった。というのも釈迦もいうように、シャーキャ族のなかには釈迦牟尼という仏陀以前に何人もの仏陀がいたことだ。釈迦の行動はたんに釈迦ひとりの行動ではなく、シャーキャ族の仏陀のひとりとして歴史的な積み重ねのなかでの行動だったのだ。

その仏陀のひとりである釈迦は「生老病死《しょうろうびょうし》」という人間の苦、あるいは人間にとってのがれられないものから自由であるために、一切をすてて釈迦の教団《さんが》にはいることを人びとにすすめた。そういうサンガはとうじたくさんあったろうが、釈迦のサンガが、たんなる「世捨人の集団」にとどまらずにたいへん有名になり、有名になるだけでなく一大世界宗教にまで発展したのだ。いったいなぜだろうか？

かんがえられることは、まず第一に、釈迦が弟子たちとかわしたおおくの問答、また釈迦がなやめる人びとにさずけたおおくの行動指針にみる思想の深さということがあったろう。

だがそれだけではない。じつは釈迦が、その場その場で相手をみてことばをえらんで説教した当意即妙さが大きかった、とわたしはかんがえる。医学ではあたりまえの「応病施薬《おうびょうせやく》」すなわち病気におうじて薬をあたえる、ということだ。つまり仏教は医術でいうと、それまでの呪術が医学にかわったようなものなのである。

そういうように、人によって、あるいはTPOによって表現をかえる自在さを仏教では「方便」という。いいかえれば「応病施薬」だ。釈迦の数々のことばは、まさに「人をみて法をとく」応病施薬の真骨頂であった。だから、それらの問答や行動指針にみる釈迦のことばをそのままならべると、じつは相互に矛盾がいっぱいある。たとえばお腹が痛い人に「食をひかえよ」といい、栄養失調の人には「食をあたえよ」というからだ。食だけをかんがえると両方の説教は矛盾している。しかしそれぞれのTPOとしてみるとそれらの問答や指針が特定の相手にたいしていかに適格だったか、がわかるのである。

釈迦最晩年のことば

しかし釈迦亡きあと、弟子たちが釈迦のことばを整理していくうちに、しだいにそのTPOがわすれられてしまい、それらのことばのもつ含蓄性や多義性、あるいは相互矛盾などから、何十という解釈がおこなわれるようになった。その結果何百という経がうまれて世界にひろがった。今日、仏教には八万四〇〇〇の法門、つまり教えがある、といわれている。

そのひとつに「法華経《ほけきょう》」正確には「妙法蓮華経《みょうほうれんげきょう》」がある。釈迦最晩年のことばをあつめたものとされる。釈迦の最後の思想だけあって方便の結果の「相互矛盾」といったことを斟酌しているところに大きな特色がある。

その要諦を一口にいうと「すべてのものには真実がある」ということだ。「現象がそのまま真理の実相」なのである。いわば八万四〇〇〇の法門もすべてみとめられるのだ。さらに「人によっていろいろの方便で教えをとくが、最終的にはすべての人はすくわれる」とする。釈迦はそれを「泥水に咲く蓮華」にたとえる。「どんなにきたない泥水でも美しい蓮華はかならず咲く」というのだ。

その法華経が日本に「もうひとつの山岳寺院」ともいうべき「蓮華の花」を咲かせたのである。

智顗と最澄

法華経の思想を完成させたのは、いまから一四〇〇年ほど前の中国の僧の智顗《ちぎ》（五三八〜五九七）である。かれは天台山にこもって「禅数の学」といわれる諸宗をとりこんだ禅の修行をおこない、その悟りから「天台宗」をつくりあげた。禅といえば「教義によらず以心伝心につたえる」という菩提達磨《ぼだいだるま》がはじめた禅があるが、かれの禅はそうではなく、法華経という教義と禅という修行をむすびつけた「新しい禅」であった。それを智顗より二三〇年あとにうまれた最澄《さいちょう》（七六七〜八二二）が目をつけた。

最澄は幼名を三津首《みつのおびと》広野という。渡来人系の家系といわれ、琵琶湖の西南端にそだった。うまれつき聡明だったのだろう、一二歳で近江の国分寺にはいり、沙弥《しゃみ》となる。僧の候補生だ。そして平城京の大安寺、唐招提寺《とうしょうだいじ》などで勉強したとおもわれるが、東大寺戒壇院《かいだんいん》で具足戒《ぐそくかい》つまり「国家試験」をうけ、はれて僧になっている。

とうじ、平城京の諸寺では「あらゆるものは空である」という三論宗や「一切は認識の変化である」とく唯識宗《ゆいしきしゅう》あるいは法相宗《ほっそうしゅう》、「宇宙は現象群が一体化しながらもとけあわない構造だ」とする華厳宗《けごんしゅう》などの哲学的教学が主流だった。

ところが最澄はこれらを学んだうえで、さらに鑑真《がんじん》が日本にもたらしたがだれもかえりみなかった法華経や智顗の天台宗の諸典籍《てんせき》に注目しこれに没入したようだ。そうして故郷へ帰ろうとした矢先だったろう、近江国分寺が焼けしてしまった。その焼失が動機だったかどうかはわからないが、最澄は故郷に帰ると、官寺を一切はなれて、智顗にならい山林修行をこころざす。そして故郷の山である比叡山にこもる。延暦《えんりゃく》四年（七八五）、ときに最澄一九歳のときだった。

比叡山での最澄はのちに延暦寺となる一庵をもうけ、座禅に似た「止観《しかん》」という修行にはいる。欲望を「止《とど》め」真理を「観《み》る」修行だ。通常の修行が断食するなど苦しみにたえるものだが、これはさきに仏教の本質といった「欲望をおさえること」にかける修行である。そこで世間との交流をたって、山の上でひたすら智顗のつくった『法華文句』『法華玄義』『摩訶止観』の「天台三大部」などの研鑽についやす。師の智顗の修行を追体験する。その間、一二年である。

それは奇しくもゾロアスターや、釈迦や、イエスや、マホメットらが人跡を絶った山、砂漠、洞窟などで一〇年前後修行し悟りをひらいたのに似ている。智顗もそれに目をつけたのだろう。一〇年こもっている。

「戒律で欲望を去ることはできない」

さてそのころ南都仏教は経済力を背景に天下をほしいままに動かし「堕落した仏教」と非難されていたが、それに反発して桓武天皇は平城京をみかぎり、新しい都づくりをはじめた。しかしやることなすことが失敗の連続だった。建設中の長岡京はたびたび水害をうけ、総責任者の藤原種継《たねつぐ》は暗殺され、その疑いをかけられた弟の早良《さわら》親王は憤死し、その怨霊とさわがれる異変で都の人びとの動揺はただならぬものがあった。また国運をかけた蝦夷討伐には負けてばかりいた。

そういうとき、おなじ京都で修行にはげむ若い僧の清心な生き方に桓武は心うたれたのだろう。最澄が山林修行をおえたあとに『法華経』や「天台三大部」などの講義をおこなったときに、さっそく天皇の喜びをつたえている。以後、最澄は桓武から経済的支援をうけ、内供奉《くぶ》という天皇近侍の役をあたえられ、入唐《にっとう》還学生《げんがくしょう》として天台山にのぼり、帰ってからは大いに法華経をひろめている。

しかし桓武の死によって最澄は苦難の道をあゆまなければならなくなった。それは南都仏教に対抗して新仏教をつくること、あらたな「天台宗の僧づくり」をすることだった。

とうじ僧になるためには、最澄もじっさい体験したように東大寺の戒壇院において煩瑣《はんさ》で形式的な受戒《じゅかい》を必要とした。戒の数は二五〇とも三五〇ともいわれる。その戒のことばと、内容と、出典とをすべて暗記しなければならない。最澄は自分も経験してみて、おそらく「戒をうけることに意味がない」とおもったのだろう。戒の数がおおいだけでなく、万巻の書を読んでおおくの経文や戒律を暗記したところで「戒律で欲望を去ることはできない」とかんがえたのではないか。

「一紀籠山」

ではどうしたら欲望を去ることができるのか。

最澄は、自分のことを「愚がなかの極愚《ごくぐ》、狂《おう》がなかの極狂」といっている。もちろん謙遜もふくまれるが、いいたいことは「凡人でもできることは何か」ということだろう。

それは最澄も経験したように、一〇代後半から二〇代という青春の欲望の沸騰期にあえて俗界からはなれ山林でひたすら偉大な思想にふれることである。そうして三〇代になって世間にでてきたときには、もはや一〇代、二〇代のときのようにわが身の欲望になやんだり、ふりまわされたりすることもない。「それが僧になるための修行の最初だ」と最澄はかんがえたのではないか。頭で欲望を去るのではなく、身体で欲望と決別する道をかんがえだしたのである。なるほど、これなら凡人にもできないことはない。

最澄はその著『山家学生式《がくしょう》』で、それを「一紀籠山《いっきろうざん》」とよんでいる。一紀とは一二年間のことである。「若いときに一二年間籠山すれば、それによっておおかた人間の欲望はそぎおとされる。その間、法華経を勉強すればすごい見識をもった僧になるにちがいない。そういう人間でなければ人をすくったり世の中をよくしたりすることはできない」と最澄はおもったのだろう。

なるほど、最澄はきわめて現実的で、かつ、たしかな修行法をあみだしたものだ。かつてゾロアスターや、釈迦や、イエスや、マホメットや、智顗らがやったことをいわばシステム化したのだ。となると、ここから新しいゾロアスターや、釈迦や、イエスや、マホメットや、智顗らがうまれてくる可能性があるではないか？「修験《しゅげん》」といわれた私度僧なども古くから山で修行をしたが、その期間は各人自由で、嫌ならいつでもやめられた。また西洋には修道院という制度があるが、そこはいちどはいったらでることのできない終生の修行場所である。

ところが「一紀籠山」つまり「一二年間山にこもる」という修行は、今日の学校制度にも似てまったくシステム的「修行法」だ。一二年間で卒業できるのである。そういう「一紀籠山」を経験してきた若者にとっては、もはや戒律をどれだけたくさん知っているかなどという東大寺戒壇院での受戒などに意味のあろうはずがない。最澄は戒律をまもるより、人びとを救済する方向に日本仏教の未来をみたのである。かつて聖徳太子が、戒律をきびしくまもる小乗仏教より、修行を重ねて人びとをすくう大乗仏教を目ざしたように、最澄もふたたび聖徳太子にならって日本仏教の方向をきりかえたのだった。

しかしながら新しい戒壇づくりは、南都仏教の反対にあってなかなか実現しなかった。最澄はそれを叫びつづけながら死ぬ。「わがために仏をつくるなかれ。わが志をのべよ」といって後事を託しながら……。

しかしその想いは最澄の死後七日目に受戒勅許という形でむくわれた。あらたな戒壇「一向大乗戒」が比叡山に設立されたのである。こうしてわが国に東大寺、下野薬師寺、大宰府観世音寺の三つの戒壇につぐ四番目の僧侶認定機関がつくられた。南都の寺々の旧仏教にたいして新仏教の天台宗が世にみとめられたのだ。

「白骨を散じ魂魄を宿す」

その後、さきにものべたように南都仏教は経済的、社会的に大いに発展した。いっぽう天台宗からは、平安、鎌倉時代にかけて釈迦やイエスにも匹敵するような綺羅星のごとき日本宗教界の人材をつぎつぎに輩出した。めくるめくほどに華麗な日本仏教を展開していったのである。そうして庶民もおおく仏教に帰依するようになり、仏教はここに日本社会にしっかり根づいた。そういう路線を敷いたのが最澄だったのだ。

するとその揺籃の地となった比叡山延暦寺の寺々とは、いったいどういう建築だったのだろう？

最澄は「籠山行《ろうざんぎょう》」をおこなうにあたって「願文《がんもん》」をしるしている。そのなかで「自分は、眼、耳、鼻、舌、身、意の六根が清浄の境地にたっするまで世間にでない」といいきっている。「六根」は「五官」に「意＝心」をくわえたものの機能をいうから「六つの心身機能が清浄の境地にたっすること、いわば煩悩をなくすことができるまで世にでない」ということだ。そのきびしさは「論湿寒貧《ろんしつかんぴん》」といわれる。勉学のきびしさ、琵琶湖の霧のつめたさ、冬の山のさむさ、衣食の乏しさである。であるから最澄は叡山で粗衣粗食をとおしたろう。その庵もさぞ粗末なものだったにちがいない。南都仏教の光輝く仏像などを安置した豪華な伽藍とはうってかわって、修行場所としての「寺」は簡素なものだったろう。

じっさい最澄は「憒閙《かいどう》のところを出離し、寂静《じゃくせい》の地をたずねもとめ、ただちに叡岳にのぼり、草庵を卜《ぼく》居《きょ》す」と書いている。そしてそこは「草堂たのしみなしといえども、しかも老少、白骨を散じさらす。土室《どしつ》くらくせましといえども、しかも貴賎、魂魄《こんぱく》を争いやどす」と「粗住」をとおりこしてまさに「修行の戦場」である。壮絶な生き方だ。しかし、そういうところにあってさえ最澄は意気軒昂だった。

入山三年目に「阿耨多羅三藐三菩提《あのうたらさまくさぼじ》の仏たち　わがたつ杣《そま》に冥加《めか》らせたまえ」という歌を詠んでいる。

止観のための草堂

そのころ最澄はひとつの草堂を建てた。『叡岳要記』によれば中央に薬師堂、北に文殊堂、南に経蔵をおいたもので「一乗止観院」という。そしてみずから薬師如来像をほって本尊にしている。この一乗止観院が現在の根本中堂となる。つまり延暦寺の「金堂」だ。なお「延暦寺」という寺額は最澄の死後にあたえられた。

さて最澄は、その後も二、三の建物を建てているが、なお叡山は簡素な状態だったようである。

ところが弘仁九年（八一八）に、最澄は叡山の全体構想を書きしるす。それによると、聖地叡山を一六町周辺の山とし、四方各六里に結界をさだめ、三塔をおく。「東塔」「西塔」それに「横川《よこわ》」のちの「根本如《にょ》法《ほう》塔」である。そして九方院その他一六の建築を構想している。

それにしたがって一乗止観院のほか、のちに法華三昧《ざんまい》院・一行三昧院・般若《はんにゃ》三昧院・覚意《かくい》三昧院の四つの三昧院その他の建物が建てられた。それらの伽藍配置は、従来までのものとは異なり、自然の地形にあわせて配置された。そこには幾何学的整合性も、方位の意味性もなく、塔・金堂・講堂・僧坊といった建物の機能や、聖俗といった階層区分も存在しない。

たしかに山林という地形条件にあってみれば、幾何学的整合性や方位の意味性を形にするのはむずかしいだろう。だが最澄はそういうことはおよそかんがえず、これらの建物を基本的にみな「止観のための草堂」とした。法華経典などを写したり、読んだり、かんがえたり、念じたりする空間なのだ。ためにそれらは、たいてい五間四方の正方形の平面と宝形屋根をもつ建築で、中央一間四方に仏像を安置し、まわりで修行僧が修行する形になっている。金堂と講堂が一緒になったのだ。

なおいまのべた四つの三昧院は「常坐《じょうざ》・常行《じょうぎょう》・半坐半行・非行非坐」の修行のためのもので、すわって行をしたり、あるいて行をしたりするのだが、そういうなかにあって三昧、つまり心を動かさないことが肝要とされる。そのための建物が「天台宗の建築」であった。

五間四方の正方形の平面はそういう修行空間である。

それまでの金堂が本尊を中心に浄土世界をえがきだしたのに

叡山焼打ちのあとに再建された
延暦寺東塔の根本中堂

たいし、最澄は、最後の極楽ではなくそれにいたる修行空間を寺にしたのだった。そこにも「悟りをひらいた釈迦牟尼より修行中のシッダールタをよし」とする聖徳太子の思想がうけつがれている。

じっさい中世の記録である『山門堂舎記《どうしゃ》』によれば、大乗戒壇院は檜皮葺《ひわだぶき》方五間で、堂上に金銅の覆鉢《ふせばち》をおき、その上に宝形《ほうぎょう》をのせ、その内部の中心には修行中の釈迦や文殊・弥勒像などが安置された。修行僧はそれらをまわって修行した。なお建物のうしろには、檜皮葺方五間の着衣堂や東西三間の昇廊、回廊をめぐらした中門などがあった、という。

日本の寺がつくられた

さらにこれらの建物は、建築構造的にみてもユニークなものがある。

山地のせいで「懸《かけ》づくり」がおおいことだ。つまり斜面に建てられた建物の前半分が高床式で、うしろ半分が基壇式になっている。それを「和様《わよう》」と「唐様《からよう》」つまり日本的高床建築と中国式基壇建築の折衷様式とみることができる。のちその高床が石垣による土留《どどめ》形式にかわり、城壁のような姿となり、その仕事に従事した技術者が近くの穴太《あのう》村出身者だったので「穴太の石工」とよばれた。その穴太の石工が全国にちらばって、石垣を高く積みあげた日本独特の城郭建築がうまれていくのである。

こうして叡山に、それまで平城京などにあった「金堂・講堂からなる伽藍配置」とも「基壇をもった中国式寺院」ともまったく異なった日本の寺がつくられていった。そしてそこから鎌倉仏教をきずいた多くのすぐれたリーダーたちがそだっていったのだ。

ただ残念なことに、延暦寺は元亀二年（一五七一）に織田信長に焼きうちされ、今日のこる建物は根本中堂もふくめてすべて江戸時代以降に再建されたものである。

11 寺になぜ道場か？——空海と大塔

平安時代初期に、最澄とならぶ宗教家に空海がいる。

空海はわが国の密教の創始者として知られる。それだけでなく弘法大師として、あるいは「お大師さん」として、四国八十八ヶ所の「お遍路さんの同行者」として、いまも民衆にしたしまれている。最澄の比叡山をおとずれる人は今日すくなくなったが、空海のひらいた高野山はいまも人影や線香の絶えることがない。現在の堂舎も一二三あり、かつて一八〇〇あった、といわれる数にはおよばないが、それでも僧俗あわせて五〇〇〇の人が住んでいる。

その高野山にいくと、真言宗の総本山の高野山金剛峰寺がでんとすわっている。ほかに「壇上伽藍」といわれるものがある。かつての金剛峰寺の伽藍である。「壇上」というのは「道場」のことだそうだ。

高野山の中心は、いまの金剛峰寺ではなくその道場になっている。

ではなぜ寺が道場なのか？

密教が注目される——禅から密教へ

最澄が死をとして設立をねがった大乗戒壇院は、天台僧だけをつくるものではなかった。毎年ゆるされた二名の受戒僧のうちの一名は「止観業」として天台僧にわりあてられたが、もう一名は「遮那《しゃな》業」でそれは密教僧だった。密教とだきあわせでやっと天台宗がみとめられたのである。最澄は桓武天皇にいろいろ援助をうけたが、そのあとの平城《へいぜい》天皇はもとより、嵯峨天皇にもじつはあまり相手にされなかった。というのも、法華経や天台の教えは、それまでの仏教の教えを総合する包容力をもったすばらしい体系ではあるが、所詮、顕教《けんきょう》だったからだ。

顕教というのはことばでもって教えを説明する仏教をいう。その顕教は、とうじの宮廷にあってはいいかげん飽きられていた。南都仏教という顕教の専横ぶりのせいだ。南都仏教の各教派はそれぞれ高邁な哲学をかたり、かつ、戒律の遵守をせまるが、いっぽうではその盛行にかくれて顕教界の有象無象が堕落のかぎりをつくしたからだ。

こういう顕教にたいするものとして、そもそもはわが国古来の呪術や中国大陸からやってきた陰陽道《おんみょうどう》があったが、それらはおとろえ、あるいは制度疲労化し、かわりに、呪験力《じゅごん》をもった仏教への入れこみが聖武天皇や光明皇后らによってはじまった。ひとり娘の称徳天皇にいたっては道鏡にうちこみ、後継の天皇にしようとしたほどである。道鏡は葛城山中で禅の苦行をし、どうじに呪験力を身につけ、それによって称徳の病気をなおして大きな信頼をえたのだった。

また道鏡にかぎらず、あらたな呪験力をもとめて一旗あげんものと、野心的な官僧、私度僧、沙弥、在家のままで仏道にはげむ優婆塞《うばそく》、優婆夷《うばい》らが山林を彷徨した。かれらは「山に神さまがいる」というこの国の信仰にしたがって山林修行にはげんだのだった。

そういうなかで、組織的な修行をすすめる最澄の教えは注目された。

ところがおなじ仏教のなかに、呪力そのものをうったえる新しい宗派があらわれたのである。密教だ。朝野の注目はいっせいに密教にあつまった。

世は密教にあこがれる時代となった。

密教は四～七世紀のインドにおいて、災難よけにバラモンの聖木を焚く「護摩《ごま》儀礼」が仏教のなかにはいってできたものだ。だから仏教というより「インド呪術」といったほうがわかりやすい。七世紀はじめに

「大日経」と「金剛頂経」が成立して、ようやく宗門としての形をととのえる。

それは文字やことばではなく、香料、絵画、音楽、空間をはじめとする感覚的なもろもろの事物、さらには「真言《しんごん》」つまりことばではなく呪文で人間の五感にうったえる。うったえるだけでなくその呪力によって災難をのぞいたり、病気をなおしたりする。であるから、血族結婚のくりかえしによって生命力のおとろえたとうじの天皇や貴族にとって、密教僧はあらたな呪力をもつ輝かしい存在にうつったのである。ほんらいなら呪力を発揮するはずの天皇が、密教僧に助力をもとめる始末になったのだ。

そのとき颯爽として登場したのが、唐から最新の密教をもち帰った空海である。

儒教も、道教も、仏教も

空海は幼名を佐伯真魚《さえぎのまお》といった。讃岐の人である。最澄より七年あとにうまれる（七七四〜八三五）。一五歳のとき長岡京に遊学し、一八歳のとき大学入試にパスしている。しかし在学中、ある山岳修行者から修験者たちの暗記法として活用されていた密教の「虚空蔵求聞持法《こくぞうぐもんじほう》」をきき、その「呪験力」のすばらしさにおどろいてしまう。そこで意をけっして大学を中退し、山岳修行者の仲間に身を投じる。そして阿波の大滝岳や土佐の室戸崎などで修行にはげんだ。

山岳修行というと「肉体をくるしめることによって罪障《ざいしょう》をほろぼす」という古くからある日本の原始信仰である。空海はそういう山岳修行もおこなったろうが、じつはそれだけでなく、最澄とどうよう俗界と縁をきって知的研鑽にはげんだようだ。きっかけが「虚空蔵求聞持法」だったからだろう。五年後に山岳修行を終えて世間にでてきたとき、膨大な文献を駆使して「儒教や道教より仏教がまさる」という『三教指帰《さんごうしいき》』を書いて世をおどろかせた。たんに肉体をくるしめる修行ではなかったのである。

その『三教指帰』はひとつの「戯曲」である。ある儒者が忠孝の倫理をとく。それにたいしてひとりの道士は「そういうあなたは長命か？」とあざわらい、不死の神仙をとき、仙術の威力をみせつける。それには神丹・煉丹などの仙薬がもちいられたようだ。三番目に仏僧があらわれ宇宙の「空」なることをといて「忠孝も神仙もはかないものだ」とさとす。そして仏教の修行によって苦界を脱出する道をしめす、といった筋だてである。

ここで空海は仏教の優位をうたうが、儒者の倫理も、道士の呪験力も否定していない。三教はひとつに帰するからである。そこに空海の生涯のテーマがあったようにおもわれる。

密教をこころざす

こうして諸教の得失を論じた空海は、その中核となる仏教、なかんずく密教におもいをいたし、密教教典をもとめてあるき、翌年、大和の久米寺で「大日経」を発見する。それを読んで唐への遊学の心やみがたく、入唐僧のことをきくや、あわただしく得度して官僧となり、遣唐使の一行にもぐりこんで長安城の土を踏むのである。

長安での空海は、密教の正当をつたえる恵果《けいか》にあい、その奥義を知り、おおくの法と文献を日本にもち帰る。もっとも、二〇年の滞在命令をかってに二年にきりあげて帰国した空海だったが、そういう心配も杞憂だった。密教をまちうけていた嵯峨天皇をはじめとする宮廷から、熱いまなざしでむかえられたからである。

そこで空海はもちまえの才覚を発揮して、京の高雄山寺に灌頂壇《かんじょうだん》をもうけ、先輩の最澄にも灌頂をほどこす。灌頂は僧などが仏の位に達することをみとめる儀式である。つづいて東大寺の別当となり、紀伊の高野山に堂塔を建てて真言密教の根本道場とし、また京の東寺もあたえられておなじく真言宗の根本道場にしている。さらに大安寺の別当になるとそこも密教寺院化し、宮中の勘解由使庁《かげゆ》をもらって真言院とし、宮中に曼荼羅《まんだら》の壇をもうける、などといった大奮闘をする。

そのほか日本一の溜池である讃岐の満濃池《まんのう》の修築に貢献し、東寺のとなりに日本最初の庶民の学校である綜芸種智院《そうげいしゅち》を開設するなど、まさに大車輪の活躍だった。

その間、唐にあった二つの密教教典、大日経と金剛頂経を師の恵果にならって一本化し、体系化し、行動指針化し、さらに密教の悟りの頂点として「即身成仏《そくしんじょうぶつ》」行を確立し、日本における仏教の大衆化に大きく貢献したのである。

室戸岬できたえた空海の呪験力

それだけではない。空海が嵯峨天皇をはじめとする朝廷の貴顕のふかい信任をえたのは、空海のもつ呪験力にあった。『太平記』に「ある日照りの年、神泉苑で西寺の守敏《しゅびん》が雨ごいの修法をおこなったが効果がなく、空海が〈請雨経法《せいうぎょうほう》〉をおこなったら雨が降った」としるされている。ために以後西寺はほろび、東寺はさかえたのだそうだ。たしかに、今日、京都の東寺は隆盛をほこるが、西寺はあとかたもない。

またこういう「祈雨の法」のほかにも「国家鎮護の修法」や「病魔退散の法」をはじめ数々の加持祈祷《かじきとう》をおこなってみずからの呪験力をしめし、人びとの信頼をえている。

ではそういう呪験力のような「超能力」を、空海はどこでどうやって身につけたのだろうか？

こういうことがかんがえられる。

たとえば天候予測は、さきにのべたように、昔から日本の漁民の必須の生活術だった。漁民は海にでて雨にあったら方向をみうしない、ふたたび陸地にもどれないいからだ。そこで漁師たちは、毎朝はやくに浜にでてその日の雲や風や波のぐあいを見る。かれらには中国大陸で発達した陰陽道などの「観念論哲学」はおよそ意味がない。永年はぐくんできた経験とカンだけがたよりだ。

空海は土佐の室戸崎の洞窟で、毎日々々、西風や南風をうけて天候の変化をいやというほど体験したはずだ。それだけではない。おおくの山岳修行者とどうよう、夜には洞窟で護摩を焚いている。ところがそれが漁師の舟にとって灯台の役割をはたす。そこで漁師たちに感謝され、漁師たちとまじわり、その天候予測の経験やカンを学んだことだろう。(1)であるからこそ、知りあいのひとりもいない僻地の岬の先端で、金のあるはずもない若い僧が五年間も生きていけたのである。

空海にそういうフィールド・サーヴェイの体験のあったことが、都にいてひたすら外来の書だけを読んでいた書斎学者の守敏との大きな違いだったろう。「祈雨」その他の呪験力を発揮するとき、そのイロハは「いつおこなうか」という出所進退にある。空海はその時期をよくこころえていたにすぎない。

また空海がおこなった「病魔退散」には祈祷のほかにおおく薬草をもちいたことだろう。それはいまでもチベット密教僧が加持祈祷するときには常識的なことだ。空海はそういうことにもくわしかったにちがいない。『三教指帰』のなかの仙薬の記述などをみると、道教の薬草資料である『抱朴子《ほうぼくし》』などをはやくに読んでいたことがわかる。そのあとも唐からたくさんの薬草をもち帰ったことだろう。

じっさい空海は長安では景教《けいきょう》、つまりキリスト教にも接し「イエスの奇跡も研究したろう」といわれている。

ともあれ、こうして空海の密教は朝野の絶賛をあびたのだった。

「即身成仏」の空間

その空海はどういう建築をつくったのか?

高野山にあがってみよう。そこにはさきにのべた高野山真言宗の総本山の金剛峰寺《こんごうぶじ》がある。その奥には巨大な墓所である奥の院がある。しかし人びとがもっぱらお参りするのはこれらのものではない。それはさきの「壇上伽藍」だ。かつての金剛峰寺の伽藍である。壇上とは「道場」をさすことばだが、ではなぜ道場か？

たとえば、そこにある金堂をみよう。最澄は民衆を指導するリーダーのための修行の場として常行三昧堂をかんがえたが、空海もどうよう、僧たちにたいして修行にあわせた如法堂や護摩堂、三昧堂などをつくった。寺は仏像を安置して仏教をひろめるセンターだけでなく、修行のための道場であることをはっきりさせたのである。

ところが特筆すべきは、空海はそのうえで、民衆が直接、礼拝するための空間をつくったことである。

たしかにそれまでにも、金堂や中堂の前に民衆の礼拝する空間はあった。たとえば独立の礼拝建築である「礼堂《らいどう》」や、金堂の正面の庇を延長して礼拝空間とする「孫庇《まごびさし》」などである。だが空海は金堂の内部そのものを内陣と外陣《げじん》にわけ、その内陣に本尊をおき、外陣を一般の礼拝のために開放する、という今日にみる「本堂」形式を確立したのである。いわば民衆を金堂内部にひきいれたのだ。画期的なことではないか。ではなんのためにそういうことをおこなったのか？

その金堂での礼拝の模様をみるとわかる。まず内陣の本尊の前で護摩が焚かれる。そこで外陣に群集する善男善女たちは、大きな伽藍のほのぐらい明かりのなかに、はなやかな僧の袈裟がゆれうごいて、荘厳な音楽と呪文のような読経がなりひびくなかで、護摩壇ではぜる護摩木の音をきき、馥郁《ふくいく》とした煙の匂いをかぐ。するとすべての罪障がはらわれていくような気分におちいる。そこで合掌する。没我の状態になる。それはもはや仏を礼拝する行為ではなく、みずからが仏になる行為である。「即身成仏」だ。

それが民衆の修行である。金堂が道場であるわけだ。

「大塔はあなた自身である」

寺がそういう道場である、ということをいっそう明確にしめしたのが、そこにある根本大塔である。

それは従来の五重塔のような層塔でも、また形のよく似た宝塔や多宝塔でもない。多宝塔は『法華経』の「見宝塔品《けんほうとうほん》」に由来する高さ五〇〇由旬《ゆじゅん》・三五〇〇キロメートルあるとかんがえられた「七宝の宝塔」であり、釈迦の叡知のかぎりない高さと豊かさとを象徴する。そこには釈迦の舎利がおさめられ、層塔とどうよう、いわばそれは「釈迦自身」である。

ところが大塔のなかには仏舎利はない。つまりそれは釈迦ではない。

ではなにか。

まず根本大塔は大日如来そのものである。その大日如来は宇宙の光であり、そして宇宙の光はすべての人びとである。「あなたも宇宙に躍動する生命であり、光であり、そして大日如来である」と空海はいいきる（『弘仁遺戒』）。

そういう大日如来の信仰は、もはや釈迦をこえている。しばしば「密教は仏教か」といわれるゆえんである。そこには、バラモン教やキリスト教、さらにさかのぼってペルシアのゾロアスター教の影響さえみられる。

しかし「大塔はあなた自身である」といったような建築は、この世界のどこにも存在しない。

大塔のイメージをつたえる根来寺多宝塔

最澄から空海へ、空海から浄土教へ

このように一世を風靡した真言密教ではあるが、空海が死んだあと（八三五）は、しだいにその勢いがおとろえていく。逆に、空海の真言密教に大きく水をあけられた比叡山天台宗が、必死で密教化をはかる始末だった。一山の期待をになって民間船で唐におもむいた円仁《えんにん》（七九四〜八六四）や円珍（八一四〜八九一）らがそうである。

ところがその天密すなわち天台密教も長つづきはしなかった。

ここで、最澄と空海という二人の偉大な宗教者の違いをかんがえておきたい。

わたしは真言密教の発展は空海のもつ個人的資質によるところが大きかった、とおもう。空海は頭脳明晰のうえにゆたかな経験を幅ひろくもった「鬼に金棒の天才」だった。だから混沌たる世に密教という華麗な世界を現出してみせた。だがその空海が死んだらもう後継者はいなかった。いやじつは後継者の必要はなかった。というのも空海の教えはひろくこの国の民衆にひろまって、いまも人びとの胸に生きているからだ。

それにたいして最澄は、信じたことをかたくなにおしとおす「愚の人」だった。そして何度もいうように天台法華経という宗派の重要性をみぬき「一紀籠山」という「悟りの制度」をつくったことが大きい。つまり自分が「天才」にならず「天才」をつくる制度をつくったのである。

その最澄の「愚の結晶」とでもいうべき「一紀籠山」できたえられた連中が、法華宗どころか、密教どころか、最澄がおもいもおよばなかった新しい宗教宗派をつぎつぎとつくっていって、めくるめく日本の精神世界をつくりあげた。最澄のしかけた「地雷」はつぎつぎに、しかし、あらぬ方向に爆発していったのだ。

それにたいして空海の真言宗からは有力な後継者はほとんどそだたなかった。その理由について「空海は真言密教を完成させて死んだが、最澄は天台法華経を完成できずに死んだからだ」などといわれる。

しかし、天台法華宗のあとにつづいたものはかならずしも法華宗ではなかった。ではなにか？　浄土教である。それについてはあとにのべよう。

12 正殿がなぜ寝殿か？——貴族と寝殿づくり

「寝殿づくり」という建築がある。源氏物語の舞台となった世界だ。平安京において一〇世紀の中ごろに成立し、一一世紀初頭ごろまでさかんに建てられた天皇のすまい、さらに公卿《くぎょう》つまり高級貴族たちのすまいをいう。

それは東西に門をもち、築地《ついじ》塀でかこまれた方一町か、またはそれ以上の敷地のなかに開放的で洗練された高床建築群が展開するものだ。

まず、敷地の中央には南をむいた寝殿とよばれる正殿がある。その母《も》屋《や》には、日常、天皇や高級貴族がすむ。そこにときおり上級貴族や、十二単《ひとえ》の姫君たちなどがおとずれ、屏風、衝立《ついたて》、几帳《きちょう》、御簾《みす》などでひろい内部空間を区わけしながらいろいろな儀式がおこなわれる。ベッドとなる帳台《ちょうだい》、厨子《ずし》、棚、文机《ふづくえ》などの家具調度もそのつどもちこまれる。その外側の庇には出仕した部下の貴族などがはべり、さらに一段低くなった孫庇、簀子《すのこ》などには、女官たちが待機する。ときに家族的な生活もかいまみられる。

その建築は、平屋建、入母屋づくり、檜皮葺《ひはだぶき》屋根、軒裏《のきうら》化粧天井、板張り高床。柱は素木で丸柱を原則とする。壁は一部塗込《ぬりご》めをのぞいてほとんどない。開口部には蔀戸《しとみど》をもちいる。

戦乱をくぐりぬけて生きのこった平等院鳳凰堂

その寝殿を正殿として、左右、あるいは後方に吹通しの透渡殿《すきわたどの》、渡殿《わたどの》などの廊下があり、それとつながる対屋《たいのや》という副屋《そえのや》がひかえて日ごろ家族たちが住んでいる。対屋の構造も寝殿とどうようだが、軸はしばしば方角をかえて寝殿をむく。さらにそれらをおおくの付属屋がとりかこんでいる。全体としてきわめて開放的なすまいである。

ただその最大の特徴は、建物の華麗さもさることながら、じつは南に大きな庭のあることだ。なかに池があり、池の東西に北の本屋からのびた釣殿がある。つまり「大きな庭とひろい池をもつなかにひろがった建物」それが寝殿づくりなのだ。現存する建築からイメージできるものに宇治の平等院鳳凰堂がある。ただし、それは寝殿づくりの全体のすまいのイメージのほんの一部をしめすものにすぎない。

この天皇および高級貴族の住居の正殿をなぜ「寝殿」とよぶのか？　そこは天皇や高級貴族の公的な行事の場ではなかったのか？　それとも天皇や高級貴族の「寝室」なのだろうか？

「君政国家」——官僚としての貴族

ここで貴族とはなにか、をかんがえよう。日本の国の政治形態を歴史的にみるといろいろの見方ができるが、いちおう大宝元年（七〇一）の大宝律令の成立をもってそれまでの氏族制社会とはことなる律令制社会にはいった、とみることができる。しかし、その律令制がよく機能したのは平家滅亡の文治元年（一一八五）または鎌倉幕府の成立とみられる建久三年（一一九二）まで、とかんがえられる。

もっとも律令制社会とはいうものの、その政治形態をわたしは「官政国家」ではなく「君政国家」とみる。それにたいして、それまでの政治形態はさきにのべた「巫政国家」であり、それ以後の政治形態、つまり武士が天下をとるようになった政治形態は「兵政国家」とよんではどうか、とわたしはかんがえている。

ここで律令制社会を「君政国家」というのは、たしかに律令制という法令にしたがって神祇官・太政官を頂点とする官僚機構が存在したが、しかし、あくまで絶対的な権威と権力をもっていたのは「君」つまり天皇だったからだ。

すると「当初は天皇親政だったが、のち摂関政治になり、最後は院政になって天皇は権力をうしなった」といわれるかもしれない。だが摂政・関白といってもあくまで「天皇の代理」にすぎず、また院政の上皇は「権力をもった実質上の天皇」である。つまりなんらかの形で天皇が支配していたことにはかわりはない。

また「律令制という制度が天皇を制約する」ともかんがえられる。しかし律令制の本家である中国においても皇帝は絶対で、律令制の規定は皇帝におよぶものではなかった。日本でも天皇はほぼ律令制の外にあったようである。

すると、律令制はあくまでもタテマエにすぎず、中身は中国の皇帝支配とどうよう「君主制」以外のなにものでもない。大幅に譲歩しても「君主制＋官僚制」でしかない。そして貴族というものは、その官僚の一部なのである。

科挙の制がなぜはいらなかったか？

ただ「中国と似ている」といっても違いはある。それはいまいった官僚制だ。

中国の官僚は、たとえ科挙の試験の合格者のような優秀な人材でも、実質的には皇帝の「使用人」にすぎない。宰相といえども皇帝に気にいられなければ、即座に皇帝自身の手によって殺される。

これにたいして日本の官僚つまり公家《くげ》のうち公卿といわれた高級官僚たちは、そもそもは畿内の王たちで、天皇、つまり大王のかつての「仲間」だった。だから大王が死んだあとの後継者えらびにも参画した。そこで後継者たちは、かれらにたいし先王につづく「マナの血のこさ」をきそったものだ。

もっとも壬申《じんしん》の乱以後は新官僚層にいれかわるが、それでもすべてがかわったわけではなかった。するとかれらは、政治的にも経済的にも天皇とは独立した存在で、中国のように皇帝に生殺与奪の権をにぎられるような存在ではなかったのである。

そういう背景があるから、日本が中国から律令制を導入しても、官僚を登用する「科挙の制」は輸入しなかった。科挙によって優秀な人材が登用され天皇の権力が強化されるのを畿内の王たちがきらったからだ。自分たちの出番がなくなるからである。天皇と、畿内の王たちつまり公卿とがそういう関係にあってみれば、とうぜん両者のあいだに微妙な対立のおきることが想像される。

平安時代という「非平安の時代」

ここで公卿というのは律令制にあっては三位以上の公家で、国の政治に直接かかわるおよそ二〇人ていどの高級貴族たちのことをいう。国の実質の運営はその二〇人ていどの公卿による集団指導でおこなわれたであるから、かれらのあいだでもまた熾烈な闘いがまっていた。公卿たちは自分の立場をすこしでも有利にすべく娘を天皇にとつがせて天皇家の外戚となり、権力をふるう機会をたえずねらっていたのである。

そこへ天皇が失地回復とばかりに親政を目ざしてわりこんでくる。天皇が子どもをたくさんつくってつぎつぎに臣籍降下させ「皇族勢力」をふやすというのも、あるいは上皇や法皇になって自由な権力をふるうというのもそういう一連の動きである。

このような天皇や公卿たちの権力争いのせいで「平安時代」という名とは裏腹に、政界はもとより仏教界、地方勢力、都人など上下左右をふくむ社会全般の治安が悪化し、とうとう都の治安は官僚の検非違使《けびいし》では手におえなくなり、畿内・地方から武士をまねいて警備にあたらせざるをえなくなった。

ところが、こんどはそれら武士たちがしだいに権力争いにまきこまれていった。そして社会は騒然となっていく。平安時代とは、そういう「非平安の時代」だったのだ。

マツリとマツリゴト

その公卿たちのすまいが、さきほどいった寝殿づくりである。それはまた、貴族が貴族であることをしめす「聖なる場」でもあった。つまり「寝殿が聖なる場」なのだ。いったいどういうことだろうか？　それは、天皇や貴族たちのしごとをかんがえてみるとわかる。

かれらのしごとというのは、人びとの意見を聞いたり、会議をしたり、文書にサインをしたりすることではない。そういうことをしないわけではないが、それよりももっと大切なことがある。それは、かれらのもつ呪禁力によって天下国家を安泰にすることである。つまり「神さま」に奉仕することだ。

すると時代はかわっても、国家のリーダーである公卿のするしごとは巫女の時代と基本的にかわりはない。ただかわったのはその形式である。かつてのミコたちの「霊感呪法」は、いまや伝統的で煩瑣をきわめる「儀式」になったのだ。

たとえば天皇のばあい、元日に清涼殿で四方拝をおこない、そのあと公卿・公家たちの拝賀をうけ、つづいて節会《せちえ》すなわち宴会をおこなう。二日は皇后や東宮の御所でのおなじく拝賀、宴会。三日は天皇が上皇をおとずれる儀式。五日は臣下の叙位をさだめる会議。七日は「白馬節会」という叙位をさずける儀式で、あと二一匹の白馬行進による邪気ばらいがおこなわれる。八日は御斎会《ごさいえ》で、多数の僧が大極殿に参集して七日間ものあいだ読経をあげる、といったぐあいだ。そこには一般行政事務と神祭とが混在している。

どうように有力な公家も、大臣大饗《だいきょう》という儀式や宴会などをそれぞれ自宅でおこなう。これらはすべて「神さまにつかえたてまつる行為」つまり「マツリ」であり、それが儀式となったマツリゴトである。すなわち政治だ。日本の政治はマツリゴトなのである。

そしてそのマツリゴトをおこなう場が、天皇や高級貴族たちの正殿である寝殿だったのである。

イネの霊と天皇の神婚の場

そのマツリゴトの最高のものが宮中でおこなわれる新嘗《にいなめ》祭である。新嘗祭は、古くは旧暦の一一月下旬におこなわれた。現在の暦でいうと太陽のエネルギーがいちばんおとろえる冬至のころだ。かんがえてみると、新嘗祭が冬至のころにおこなわれるというのでは秋の収穫感謝祭とはおもえない。ではいったい新嘗祭とはなんだろうか？

その新嘗祭の最大のものは、新しい天皇の即位のあとにおこなわれる新嘗祭である。それは即位儀礼の一環なのでとくに大嘗祭という。この大嘗祭をおこなわなければ天皇は「ほんとうの天皇」になれない。その間はいわば「仮免の天皇」である。ふだんの新嘗祭は大内裏の中央にある中和《ちゅうわ》院の正殿の神嘉《しんか》殿でおこなわれるが、大嘗祭は仮設の大嘗宮でおこなわれる。その模様をみると寝殿づくりの意味がよくわかる。まず天皇は前日におこもりをし潔斎したうえで、内裏の綾綺《りょうき》殿で御魂《みたま》鎮め・御魂振りの鎮魂祭をおこなって、心身に新しいエネルギーを充満させる。

大嘗祭は、当日、大嘗宮でおこなわれる。主要な殿舎は、湯殿である回立《かいりゅう》殿と柴垣のなかにある東の悠《ゆ》紀《き》殿、西の主基《すき》殿である。これらは母屋とそれをとりまく庇をもった建築つまり「寝殿づくり」だ。ただし大嘗祭によっては、モヤとヒサシのかわりに壁でかこまれた「室」とその前にある吹通しの「堂」からなる簡潔なものもある。モヤ・ヒサシが成立する以前の寝殿づくりの姿をおもわせる。

さて夕刻になると、天皇は回立殿でみそぎをしたあと悠紀殿にはいる。悠紀殿には二つの神座が用意されていて、ひとつは枕のついたベッドである。ここで天皇は告文《こうもん》という「神さま」への文書を奏上し、悠紀田と主基田の二つの田んぼからとれた新米と、新米でつくられた白酒・黒酒などを「神さま」にささげ、みずからも食し、のち秘儀にはいる。秘儀の中身はわからない。

明方には主基殿でおなじことがくりかえされる。

こうして秘儀がとどこおりなくおこなわれたあと、三日目には、大内裏の大極殿の西どなりにある大極殿・朝堂院をあわせたほどの大きさの巨大な宴会場の豊楽院《ぶらくいん》で、群臣とともに節会がおこなわれる。女官、その他の女性たちもふくめて、三日三晩、全員がへべれけになるまで「宴会」がつづけられるのだ。これも公式の儀式である。

このような新嘗祭や大嘗祭の儀式については不明なことがいっぱいある。なかでも、「寝床のついた神座」というのはちょっと他に例がない。

そこで「ここにまつられる神さまは稲籾であろう」という考え方がでてくる。「新嘗祭の本来の姿は、天皇がイネモミと神婚して新しいエネルギーを注入し、翌年にたくましいイネをつくる儀礼ではないか」というのだ(1)。つまり、翌年のイネの豊作をねがう「予祝呪術」である。

すると寝殿とは「そういう行為をおこなうための建築だ」ということがわかる。なるほど「寝る行為」に意味があるのだから「寝殿づくり」とはよく名づけたものだ。

遥拝と四方拝の建築だった

新嘗祭のおこなわれる中和院の新嘉殿も、大嘗宮とどうようの建築である。

ここで注目すべきことは、この新嘉殿のある中和院が大内裏の中央にあることだ。つまり長岡京や平安京の中心は、天皇のすまいである内裏ではないのである。内裏はその横にあるのだ。

長安城でもときには皇帝の宮殿が中心からはずれることもあるが、すくなくとも最初の「都市計画」では皇帝の宮殿である大極宮が中心にでんとかまえていた。ところが平安京ではそうではない。最初から羅城門―朱雀大路―朱雀門―大極殿とつづく都の南北の中心軸の最後にあるものは、大内裏の中和院だった。その中心は新嘉殿である。その新嘉殿は新嘗祭がおこなわれる場所で、日ごろは「空家」である。

つまり平安京の中心は内裏ではなく「空家」なのだ。空っぽの空間である。なぜか、というと、そこは祭のときに「神さま」がやってこられる空間だからだ。日ごろは空《あ》けられているのである。つまりヤシロだ。ということは「平安京の中心は天皇ではなく神さまだ」ということではないか。

ただ現在の皇居では、神嘉殿は皇霊殿の西に南面して建てられており、新嘗祭のときにはこの殿上で天皇が伊勢神宮を遥拝され、その南庭で四方拝をされる、という。

するとそのスタイルは、皇極天皇が飛鳥の南淵山の川上で四方拝をおこなったのに似ている。あるいはそこに建てられたであろう仮設建築が原型だったかもしれない。つまり「遥拝と四方拝の建築」ということだ。

そこに寝殿づくりが開放的な建築であり、かつ、南に庭をもつ理由を知ることができる。開放的な寝殿は伊勢神宮を遥拝するために、南庭はまわりの山川を四方拝するために必要だからである。

それは、すまいのなかから太陽を「遥拝」し、庭から山をはじめとする自然を「四方拝」できるように、座敷は南面し、そのさきに庭をもつ日本住宅一般のスタイルにつうじあうものだ。

第三章

転の巻

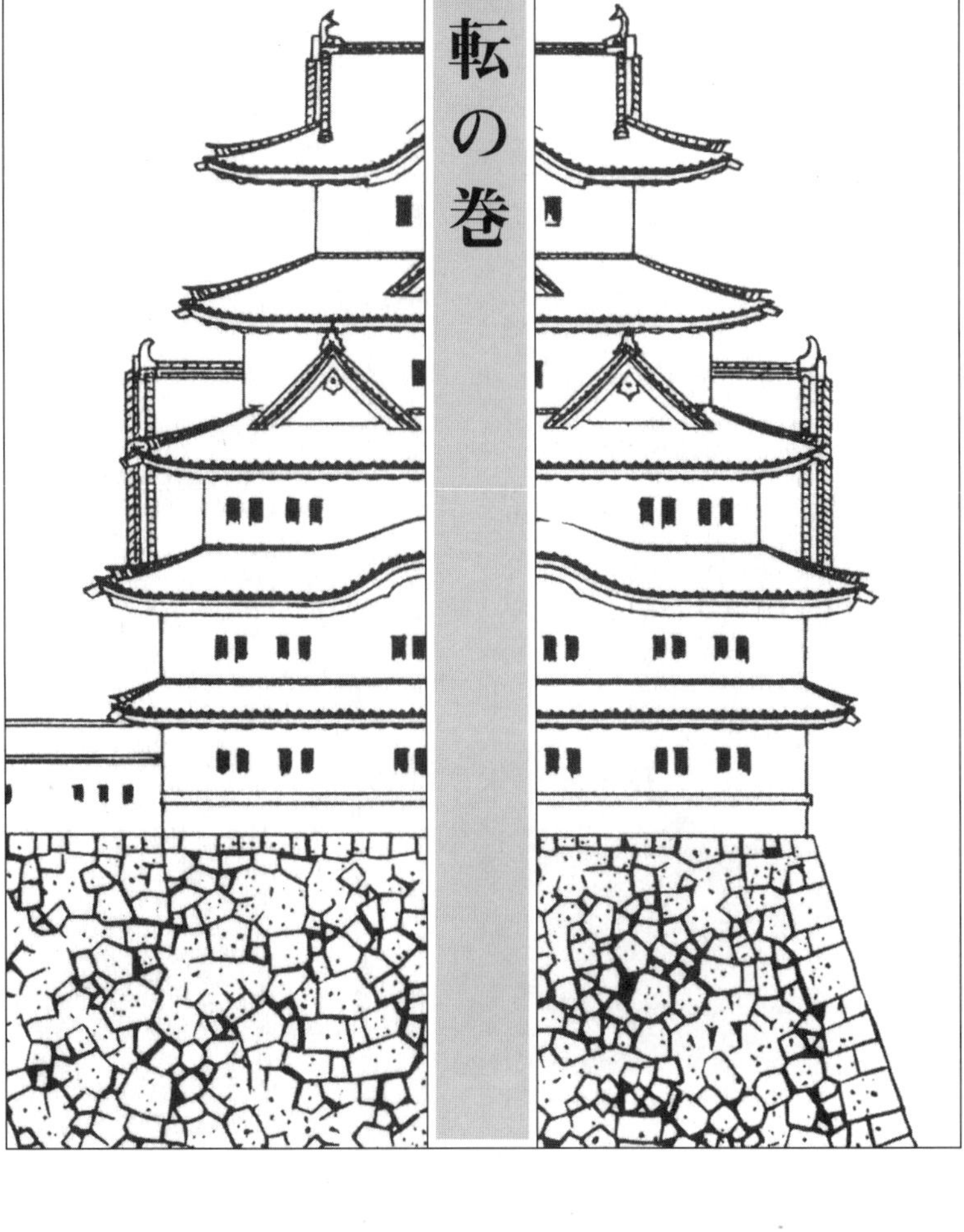

13 寺の軒はなぜ深いか？——女と縁

寺は、日本の村や町ならどこにでもある。

村や町へいくと、遠くからでもすぐにそれとわかる。大きな瓦屋根がそびえたっているからだ。神社の目印が「森」なら、寺のそれは「大きな瓦屋根」だ。

神社は森が大きくても、本殿は小さい。伊勢神宮や春日大社などのような有名な神社でも、本殿はいたって小さい。というのも、本殿は「神さまの空間」であって人間がはいるものではないからだろう。神さまはそんなに大きな空間を必要としない。

それにたいして寺は、どんないなかの寺でも大きい。小さな集落にも意外に大きな寺がある。

そして境内はもちろん本堂のなかへも自由に出入りできる。その本堂のなかも意外にひろい。内陣は仏の間だが、外陣は人間の空間で、小さい寺でも五〇人や一〇〇人ははいれる。そこでは仏事以外にいろいろな会合がおこなわれる。

本堂のなかから扉をあけて外にでる。外にもひろい縁が建物をとりまいている。その上を大きな庇がおおっている。深い軒の出だ。

寺にはいったいどうしてこんなに深い軒がつくられたのだろうか？

檜皮葺のむくみ屋根が美しい清水寺本堂

南都・天台・真言の鼎立——庶民の仏教ではなかった

そこで、寺の由来をかんがえよう。

仏教が日本にはいってきたはじめのころは、寺は貴族や地方の有力豪族のものだった。それは明治の特権階級だけがあそんだ「鹿鳴館のようなもの」だ。もっとも飛鳥や奈良の近在には、民衆が帰依した蓼原《たではら》堂や那《な》天《て》堂といったお堂はあったが、今日でいえば地蔵堂のようなものでとうてい寺とはいえなかったろう。

つぎの奈良時代に南都の寺は大いに発展したが、それも昭和戦前の「帝国大学」のようなもので、一般民衆が近づくことのできないものだった。また平安時代におこった天台宗の叡山は貧しくても志をもつ若者があつまる「塾」だった。しかし強い志がないとついていけない。いっぽう真言宗の東寺や高野山は下級貴族にも門がひらかれた「劇場」のようなものといっていいだろう。

その結果、平安初期の寺々は、これら「帝国大学」と「塾」と「劇場」の鼎立状態のようなこととなる。

しかし、ここまでの寺、あるいは日本仏教の展開はわかりやすい。ところがさきにのべた最澄、空海が死んだあとの日本仏教は複雑な様相を呈していく。

その理由ははっきりしている。庶民が登場してきたからだ。ということは、それまでの仏教には庶民は存在しなかったのである。だから庶民の寺もなかったのだ。

国家鎮護から個人救済へ

そこで「三者鼎立時代」の仏教界の目標というものをみよう。

それは国家鎮護ということにあった。そうでないと寺の維持が困難だったからだろう。旧仏教はそれを「万巻《まんがん》の読経《どきょう》」でおこなった。新仏教をひきいる最澄は「常行三昧《じょうぎょうざんまい》」の禅の修行をすすめた。空海は「加《か》持祈祷《じきとう》」という密教修法によって実行した。ために比叡山には天皇の道場として天台の総持院が、宮中には真言宗の真言院がつくられた。平安時代の初期の仏教とはだいたいそういうことだったろう。

ところが中期になるとかわる。その要因のひとつに外交の変化がある。

秦漢帝国のあとに登場した晋帝国が四世紀にほろびると、朝鮮にたいする中国の支配力が弱まる。すると朝鮮は、高句麗、百済、新羅の三国が鼎立したがいに争う。それが激化し、やがて朝鮮半島は動乱の渦と化す。日本も百済の要請によってこの抗争にくわわり（三六九）、以後三〇〇年間もつづき、最後に百済とともに白村江で唐・新羅の連合軍とたたかってやぶれる（六六二）。

この敗戦で日本は朝鮮半島から手をひく。そしてこんどは東国の蝦夷《えみし》との戦いがはじまる（七〇九）。それも首長アテルイの降服（八〇一）によっていちおうは決着する。

こうして四三〇年間にわたる「外征」時代はおわり、世はしばし平和になった。すると国家鎮護の意味がうすくなり、貴族たちの関心は国家より個人にうつる。そうなると庶民もそれに追随するか、とおもわれるが、そうはならなかった。なぜなら平安京には庶民がいなかったからだ。かりに庶民がいても、仏教などは庶民に縁のないものだった。

都に庶民あらわる

平安京に庶民が登場するのは、皮肉だが荘園制の普及をまたなければならない。

というのは「公地公民」の原則を曲げてまで政府が「開発にともなう土地私有」をみとめたのは、ほんらいは農民の困窮対策からだった。しかしその「開発にともなう土地私有」によって利得をえたのは農民ではなかった。地方の豪族であり、中央の権門勢家、つまり皇族、有力公家、大社寺などだった。とりわけ社寺は税金がかからないという特権を利用して土地を開発した地方豪族などから多数の荘園の寄進をうけ、大荘園領主となった。そうなると律令制の「公地公民制」がおかしくなってくる。

もちろんまじめで優秀な地方官もいて「良二千石」などとよばれる善政をしいたが、都にいるおおくの国《こく》司《し》や地方の受領《ずりょう》は苛斂誅求《かれんちゅうきゅう》に公民から税を収奪した。いっぽう末端の郡司《ぐんじ》たちはやる気をうしない、なかには受領たちに反抗する者もあらわれたが、しだいに荘園領主と結託するようになる。すると公民は荘園農民になるか、たまらず土地をすてて都へにげていくかである。

　がんらい都というものは庶民には関係のないものだった。そこは天皇と貴族、それに都の近辺の一部地主のすむところでしかなかった。桓武天皇は南都仏教の横暴をきらって社寺さえもおかなかった。したがって僧もいなかった。武士が登場するのはずっとあとのことである。だから庶民といえるものは、前にものべたようにせいぜい貴族につかえる奉公人か、都の建築のために地方から臨時にきていた農民ぐらいだった。

　そこへ、農村からのがれてきた人びとがなだれこんできた。かれらは建築労働を手伝ったり、建築労働者に食料品などを居売り、立売りしながら糊口をしのいだ。一部の困窮する流入者は追いはぎ、強盗などをはたらいた。

阿弥陀仏の浄土教がひろがる

　そういう「流民」ともいえる人たちから、都の庶民ははじまった。しかし、その都におけるかれら庶民の立場は悲惨だった。日々、くうやくわずで働かされるだけでなく、湿地や河原にあるすまいは洪水のたびに流され、疫病がはやればバタバタとたおれていった。

　ここにひとりの僧があらわれた。その名を空也《くうや》という。延喜三年（九〇三）にうまれ、わかいときから優《う》婆塞《ばそく》として全国をあるき、いろいろの技術を学び、各地で道路をなおしたり井戸をほったりした。

　二〇歳をすぎたころから播磨、阿波、土佐などで苦行を重ね、多くの奇跡に接し、悟りをひらいた。三六歳になって京にすみ、市にでて布施をうけ、それを貧しい人びとにわけあたえた。いっぽう阿弥陀仏の教えをとき、「南無阿弥陀仏」をとなえ、人びとにそれをとなえるようすすめた。

「称名《しょうみょう》念仏」というものは九世紀のなかごろ天台宗の円仁が中国からもたらした「五会《ごえ》念仏」つまり「五種のメロディーをつかって阿弥陀仏の名をとなえる」という「音楽的な念仏」にはじまる。一〇〇年あとに空也はそれを都のど真ん中で実践したのだった。

そういう空也の行動に都の人びとはおどろいた。市中で庶民に仏の道をうったえる、などという修行者はそれまであまりいなかったからだ。さらに「阿弥陀仏の名をとなえて念仏すれば、来世はだれでも成仏できる」というわかりやすい教えに人びとはとびついた。空也を「市の聖《ひじり》」とか「阿弥陀聖」とよぶようになった。

阿弥陀は人びとをすくうべく、みずから四十八の本願、つまり誓いをたてた仏である。「浄土三部経」をはじめおおくの経に登場する。中国の僧の善導《ぜんどう》（六一三〜六八一）はその阿弥陀仏の「称名念仏・浄土往生」をといた。その教えが円仁を経由し、空也によって一般民衆に知らされたのだ。

都の民衆は空也にならって「南無阿弥陀仏」をとなえるようになった。

この世に極楽浄土を現出する

そういう勢いが、一般民衆から逆に公家たちにおよんでいった。公家たちもあらそって阿弥陀仏を信仰し、念仏をとなえ、極楽往生をねがった。さらに有力な公家たちは念仏にあきたらず、財にまかせてこの世に極楽浄土を現出しようとした。さまざまな「阿弥陀堂建築」がつくられた。

東北の雄の藤原清衡《きよひら》は、荒れはてた中尊寺を再興して金の細工と金箔づくめの金色堂《こんじきどう》をつくった。正方形の「一間四面堂」タイプである。四天柱でかこまれた中央に阿弥陀像をまつり、まわりを念仏をとなえてあるく常行三昧の空間とした。かつてこの地に布教にきた叡山の円仁の教えにしたがうものだったろう。

栄華をきわめた藤原道長の息子の頼通《よりみち》は、父の宇治の別荘を改築して「平等院鳳凰堂」とした。「阿弥陀浄土変相図」にえがかれた極楽の宮殿を写した建築で、中堂、翼廊、楼閣、尾廊からなり、全体を鳳凰がとびたつ姿にしている。中堂に阿弥陀仏がまつられ、東から西にむかって池ごしに阿弥陀像がおがまれるように配慮されている。池は現世と浄土とをわける「結界」だが、いまでもそれをみることができる。

源氏の祖といわれる攝津の多田満仲《みつなか》は京都府加茂町に一寺を造営した。のち多田義明が中興した。浄瑠璃寺である。その本堂には九体の阿弥陀像がならべられている。かつて道長がつくり『栄花物語』に方四町といわれた壮大な寺院の法成寺もこのタイプだった、とおもわれるがいまはない。

平清盛も洛中に奈良の大仏に対抗して蓮華王院を造営している。俗に三十三間堂といわれ、一〇〇一体の仏像をならべて圧巻だ。

これらはみな「阿弥陀堂建築」である。極楽をこの地上に再現しようとしたもので、とうじの公家たちの熱いおもいが感ぜられる。いずれも日本建築史上の傑作である。

宗教人が焼きあう

このような平安時代は、七九四年の平安京遷都から一一八五年の平家滅亡までおよそ四〇〇年間つづいた。しかしその四〇〇年間の中身は、さきにもいったようにはじめは「外征」がおわって平和となったが、しかしその後さまざまな「内乱」がつづいて世の中は荒れていき、その名の「平安」とちがってまことに「不安」なものになっていった。

まず、乱つまり国内の戦争がある。それは坂上田村麻呂のエミシ討伐にはじまって源頼朝の奥州平定にいたるまで平安時代のほぼ全期間を通じておきている。エミシのリーダーのアテルイ降伏後も各地のエミシ・俘囚《ふしゅう》の叛乱は断続的に派生し、それに平将門《まさかど》、藤原純友《すみとも》、平忠常の内乱、前九年・後三年の役、保元・平治の乱、平家の滅亡など合計一六回にもおよぶ大戦争、大規模な戦乱や叛乱などがあった。また外国からも新羅、南蛮あるいは高麗、刀伊《とい》、女真族《じょしん》などの侵攻がつごう四回もくり返された。変とよばれるクーデターは承和の変など三回ある。さらに海賊の跋扈《ばっこ》にたいする追討が南海道など七回、各地の大規模な群盗追捕《ついぶ》が六回、そのほか都の放火、盗賊の横行、乱闘の頻発、百姓の強訴《ごうそ》などを数えあげたらきりがない。

なかにもっともすさまじく、執拗で、人びとがやりきれないおもいをしたのが「寺社の戦争」だった。原因はたいてい荘園領主となった寺社と地方の郡司や農民たちとの対立、または荘園をめぐる寺社どうしの争いだ。ようするに「金めあての戦争」である。教義をめぐる宗教戦争ではないのだ。

具体的にみると、大きな荘園領主となった大寺社は、何百何千という武装した僧兵や神人《じにん》をかかえ、要求が聞きいれられないときには僧兵たちが御輿《みこし》や神木をかついで市中や要人の館などに押しいり乱暴狼藉、放火殺人をくりかえした。政府がなんども僧徒などの武装を禁じたがききめはなかった。たまたま宮中に押しかけた僧兵らを検非違使や武士が撃退したときには、かれらは比叡山にかえって「国家呪詛の五檀法」なる加持祈祷をおこなっている。国家鎮護の場だった比叡山がいまや「国家呪詛の場」にかわったのだ。もし最澄が生きていたらなんとおもったことだろう。

その傍若無人ぶりは、とうとう寺社どうしの争いにゆきつく。なかでも興福寺と東大寺、延暦寺と恩城寺の争いは凄惨をきわめた。歴史にのこるような大きな強訴・争乱を数えると、東大寺八回、興福寺一八回、恩城寺八回、延暦寺二〇回におよぶ。そのほか春日大社、清水寺、熊野権現、宇佐八幡宮など地方の争乱まであげるときりがない。おかげで何百年かけてつくられてきた何十、何百という美しい堂塔は、大半、灰燼に帰した。それもおたがい宗教人どうしが焼きあったのだった。

俗人からみると「いったい宗教とはなんだろうか？」とおもいたくなるだろう。

念仏だけがうけいれられる

皇族・貴族のみならず、大社寺までがこのような有様だと、庶民は絶望して「釈迦の死後二〇〇〇年たつと末世となり、人びとは地獄におちる」という「末法思想」におちこんだのもむりはない。叡山にこもって天台僧となった源信（九四二～一〇一七年）が書いた『往生要集』の地獄図に恐怖し「いかに極楽往生をとげるか」に庶民の関心があつまり「人が死んで空に紫雲がたなびいたらその人は極楽往生をとげた」などと毎日空をみあげるようになる。

いっぽうインテリたちのあいだには「いまが極楽だ」とする逆の思想があらわれる。「この世の一色一香、弥陀にあらざるなし」などという「本覚思想」となって、叡山の指導者たちも諦念するようになる。のちのことだが『徒然草』の兼好法師（一二八二ごろ～一三五〇）は「世は定めなきこそいみじけれ」といって「無常こそ人生」と肯定する。

しかしいまが極楽なら宗教はいらない。それが日本仏教の落ちつくさきなら、仏教とはいったいなんだったのか？　日本仏教はなにがなんだかわけがわからないような状況に落ちこんでしまったのではないか。

こうなると庶民は、僧兵の乱暴だけでなく宗教人のいうことも信じなくなる。飛鳥の高い塔も、白鳳の美しい仏も、天平の奥ぶかい経も、天台のきびしい修行も、真言のときめく修法も、もはや人びとの心をとらえない。それらは、安和元年（九六八）にはじまった東大寺・興福寺の争闘以来およそ二五〇年間つづいた「僧兵戦争」の前にすっかり光芒をうしなってしまったのだ。

それに追いうちをかけるように都には天変地異が頻発する。日照りや洪水がおそい、疫病がはやり、放火が相つぎ、群盗がはびこり、殺された公家の怨霊が世をおおう。ために都のあちこちに、男女のいとなみをあらわにした相対二神像などがまつられ、おおくの人びとがあらそってそれをおがむなどといった狂乱的な状況が現出したりした。

縁をおおう軒の出

そういうなかで、さきの空也がひとり光芒をはなった。たとえば空也は「口に念仏をとなえれば、市中もこれ道場」といっている。「寺も必要ない」というのだ。徹底した「遊行《ゆぎょう》の人」である。

だがその空也もじつは寺をつくっている。京の東山山麓の鳥辺野はそのころ葬地として多数の死骸が散在していたが、空也はそれらをあつめてとむらい、そのあとに西光寺のちの六波羅蜜寺を建てている。遊行の人・空也が寺を建てるのを不思議におもう人もいるが、しかし空也にとっては寺も「市中」ではなかったか?

今日のこる六波羅蜜寺の本堂は南北朝時代に建てかえられたものだが、それをみると、朱塗りの柱や梁、金箔の装飾、内部にまつられている多数の仏とともに、その大きな屋根、深い軒の出、ひらかれた扉、ひろい縁が印象的である。

だいたい寺院建築は、その軒の出を大きくするためにいろいろな組物を発達させてきた。斗栱、つまり升《ます》や肘木《ひじき》といわれるものである。方形の升と水平材の肘木の組みあわせによって軒をささえるのだ。その斗栱の構造やデザインによって、和様、大仏様、禅宗様、折衷様などといった日本の建築様式がつくられてきた。そういう意味で寺の軒の存在は大きかった。しかしいずれにしてもこれらの建築様式は、その昔、中国からはいってきたものである。だがかんがえてみると、その本場の中国の寺でこのように軒をささえる斗栱が発達しても、その軒の下は基壇であった。だからそんなに軒を深くする必要もない。

ところが日本の寺も最初は中国とどうよう基壇だったが、奈良時代末に金堂の前につくられた一般の人びとの礼拝のための礼堂が日本人の生活習慣にしたがって板敷になって以来、だんだん金堂のほうも板敷つまり高床になっていった。そして高床になるとまわりに縁がつくようになる。その縁は伊勢の皇大神宮をみてもわかるように内外の空間をつなぐ重要な意味をもってくる。縁はしばしば「四方拝」のための空間になるのだ。もちろん寺の縁はそういうことはないが、しかしその縁にむかって内部からいくつも扉がひらかれ、室内空間が広がっていくと、縁も礼拝所となる。おおくの人が縁にこもるようになる。そして寺が「市中」となっていくのである。

寺の縁は「広場」である

今日でもそうだが、地方の寺などへいくとお年寄りが縁の前の階段にすわっていたり、子どもが縁を走りまわったり、大人が縁で昼寝をしていたりする風景をみかける。またそこから村や町がみおろせたり、境内の様子をながめたりできるだけでなく、日があたらず、雨が降りこまず、すずしい風がとおりぬける居心地のいい空間だ。寺の縁は近隣の庶民の「広場」になっている。

さらにもっと昔は、寺の軒下は宿のない旅人の宿舎だった。いろいろ願をかける人の籠り場だった。とりわけ寺の縁は女性と関係がふかかった。都の中世において、社会的弱者だった女性が頼りにするものは寺だった。『今昔物語』には「貧しい女性と清水観音の縁」の話がたくさんでている。たとえば、ある貧しい女性が清水寺にこもったところ、夢にお告げがあって帳台《ちょうだい》の布地をあたえられた。それで着物をつくって着たところ願いごとがつぎつぎにかなっていった、という。

またべつの女性は、子どもがうまれるのに住む家がなく、清水寺の縁で寝ていたら夢に僧があらわれ、さめてみたら三両のお金がおかれていた。それで家を買って無事子どもをうみ、しあわせにくらしたそうだ。

こういう話もある。やはり貧しい女性が清水もうでの帰りに、そばに住むひとりの老女に事情を聞かれて話したところいろいろはげまされた。そのお礼に自分の髪の毛をひと房切ってさしだしたら、老女はそれを指の先に三巻き半にまいた。それから四年たって彼女はとんとん拍子に出世し、そこでふたたび老女をたずねたが見つからず、やむなく清水寺に参って縁からお堂のなかを見たところ、観音さまの指の先に彼女の髪の毛が三巻き半にまかれていた、という。

14 庭になぜ砂か？――禅僧と庭

京都には年間四〇〇〇万人の観光客がおとずれる、という。東京ディズニーの一年間の入場者数が一〇〇〇万人といわれるから、それより四倍おおい。好調だった愛知万博「愛・地球博」の半年間の入場者数は二二〇〇万人だったそうだから、京都はほぼ毎日「愛知万博」がおこなわれているようなものだ。

そういうたくさんの観光客に「いちばん人気のあるものはなにか？」ときくと、山や川といった自然ではなく、寺や神社の建築でもなく、またこのごろはやりの町家や町並のすまいでもなく、じつは庭園であることがおおい。

というのも、古い建物というと京都は奈良におよばない。奈良には飛鳥・奈良時代の建物がそれこそゴロゴロあるのに、京都でいちばん古い建物は、というと醍醐寺の五重塔である。せいぜい平安中期のものだ。では「平安時代の建築はおおいのか」というとそうでもない。さきにのべたようにほとんどが「僧兵戦争」などで焼かれてしまったからだ。京都で古い建物はだいたい鎌倉時代以降のものである。

それにたいして庭ということになると、奈良には古建築や古仏がわんさとあるわりには「名庭」がすくないのに、京都にはほこるべき庭がたくさんある。京都の観光の中心は庭なのだ。

しかもその庭の中心はかならずしも「緑」ではない。庭といえば世界中どこでも花木が中心で、それに水がくわわる。ところが京都の庭はしばしば植物や水より、石が中心だ。さらに石のほかに砂が登場する。つまり「砂漠」をかきとったような庭なのである。それをみんなが観賞する。いったいなぜ庭が「砂」か？「砂漠」なのだろうか？

「神さま」が輪中をつくった――鎌倉仏教の伝播力・室町仏教の組織力

アナーキーの極におちいった平安時代をすくったものは、武士の棟梁の源頼朝だった。頼朝は武力によって天下の争乱をしずめ、鎌倉に幕府をつくって世の中を安定させた。しかしそれは政治の話である。人びとの精神的世界をすくったものは「新しい神さま」だった。鎌倉仏教である。

その最初の指導者は法然（一一三三〜一二一二）だろう。叡山の「籠山組」である。さきにのべた中国の浄土教の指導者・善導の『観経疏《かんぎょうしょ》』を読み「一心に阿弥陀仏の名をとなえたらすくわれる。それが阿弥陀仏の願だから」と知り、以後「専修《せんじゅ》念仏」をとなえた。空也より二三〇年あとである。その徹底ぶりは僧の妻帯の是非をとわれて「そのほうが念仏をとなえられるならそれもよい」とこたえている。空也や源信の浄土教をよみがえらせ、浄土宗という体系的な宗派にした。

つづく親鸞（一一七三〜一二六二）はもっと徹底している。親鸞も「籠山組」だが、のちに法然にしたがい「阿弥陀仏さえ信じればすくわれる。念仏はただの感謝にすぎない」といい、戒律を無視し、善行などは「雑毒の害、つまり偽善だ」とまでいいきった。キリスト教でいう「信仰義認」に通じる。そういうことをいったルッターやカルヴァンより三〇〇年もはやい。語る内容のおおくはイエスのことばに似ている。

一遍（一二三九〜八九）は「籠山組」ではないが法然の系譜をひいている。が、信心さえも否定した。なまじ心を問題にすれば迷いが生じる、という。ではなにをするのか？「すべてをすてて遊行せよ、もうすくわれているのだから」と。空也や西行にあこがれ遊行をつづけた。のち「念仏踊り」をはじめて市中でおどりあかし、民衆の熱狂的支持をえた。

日蓮（一二二二〜八二）も「籠山組」である。かれは仏教の開祖である釈迦に還えることを主張した。最澄の教えをついだのだ。円仁、円珍らの密教、源信の浄土教に反対し、釈迦晩年の『法華経』に拠り、阿弥陀仏に対抗して「南無妙法蓮華経」というお題目をとなえればすくわれる、とした。かれがすべての宗派を邪宗として切りすてたのは「あまりにも個人主義に走っている」とみたからだろう。社会の改革を目ざす予言と提言をつぎつぎに発し、かずかずの「奇跡」をおこしている。

とみてくると、いずれも信仰にもとづく行動様式の体系化としては共通している。つまりそれまでの建築、美術、哲学といった外皮的、物質的なものではなく、修行、修法といった型にはまった行動でもなく、ただひたすら心、つまり信仰そのものを問題にし、信仰一筋に純化していった行動つまり「信仰義認」である。そしてその行動はどれもすさまじかった。鎌倉の民衆のあいだに仏教が燎原《りょうげん》の火のごとくひろがっていったわけである。そういう信仰の純化と体系化、そしてその行動の社会化と実践化は、室町時代の蓮如（一四一五〜九九）にいたって頂点に達する。

蓮如は親鸞のことばをわかりやすく説いただけでなく、親鸞をいわば「神さま」とし、あるいは「信仰の核」とし、それによって人びとに寄合をひらかせ、人びとの信仰から日常生活にいたるまで話合いをさせ、その結果、民衆を革命的な行動にはしらせたのである。そのひとつが美濃、尾張、三河などにおける輪中建設だ。それまでだれも手をつけなかった乱流乱床地帯で、困難な沃野づくり、村づくりを一向宗徒の手でつぎつぎ完成させていった。「神さま」のもとに民衆が結束し、知恵を創造し、国土を改変する、というこの国の伝統をよびおこしたのである。(1)

「面壁九年」の禅

ところが鎌倉仏教にもうひとつ新しい宗教の波があらわれた。禅宗である。おそらく禅宗をぬきにしては日本仏教を語れないだろう。それは日本仏教の到達点をしめすもの、とわたしはかんがえる。

禅宗は「座禅宗」の略である。それはまた「達磨《だるま》宗」ともいわれるように中国にやってきたインド人の菩《ぼ》提《だい》達磨がはじめたものだ。崇山の少林寺で「面壁九年」の座禅をしたために手足がなくなった、といわれる。

修行のはげしさをものがたる説話だろう。六世紀はじめのことである。

その禅宗は、日本にも古くからはいってきた。たくさんの僧が日本に禅宗をつたえた。しかしいっこうに開花しなかった。なかに三宝寺の大日坊能忍《のうじん》は「日本達磨宗」を旗あげたが、叡山に弾圧された。

その禅宗が日の目をみたのは、明庵栄西《みょうあんえいさい》（一一四一〜一二一五）によってである。栄西も叡山の「籠山組」である。のち中国で臨済宗黄竜派の悟りをえてかえる。が、京、越前での布教は「母校」叡山の弾圧をうけてかなわず、結局、鎌倉ににげる。

ところが鎌倉では武士たちに歓迎され、将軍・源実朝《さねとも》まで深く栄西に帰依してしまう。そして建長寺、円覚寺などの鎌倉五山を基点としてその教えを全国にひろめていった。さらに鎌倉幕府の援護で、京に建仁寺を建てることさえできた。

ということは、禅が定着した背景には、それを布教した僧の功績もさることながらそれをうけいれる階層が存在した、ということが重要である。臨済禅は武士がそだてた宗派といえるのだ。

とすると、政治面のみならず精神面においても武士は新しい時代をきずいたのだった。

「人生いかに生きるべきか？」

では、なぜ武士が禅なのか？　いままでのべてきた日本社会の指導原理をもういちどふりかえろう。

それは、それぞれの時代のリーダーだった巫女・ヒメヒコ・大王・天皇などをみてもわかるように、超自然的な力を信奉するマナイズムが背景にあった。しかしそのマナイズムは権力の道具となり、天皇のたび重なる血族結婚を最後におとろえてしまう。あとをついだ密教僧の加持祈祷も荘園制の荒波におしつぶされる。かわりに宗教人たちは国土にはりめぐらされた社寺の「奉納ネットワーク」を基盤に経済権益をあらそいだした。あげくのはてには暴力にうったえた。宗教人が暴力をふるったらもう社会はメチャメチャだ。

結局、それをすくったのは武士だった。武士はそういう巫呪《ふじゅ》性をいっさい拒否した。そしてみずからの武力を背景に、社会をコントロールする原理として「道理」ということをかかげた。鎌倉幕府の基本法典である「御成敗式目」（一二三二）はその体系化といっていい。それを基礎に僧兵の乱暴をおさえ、公家の横暴を制し、天皇の陰謀をもただした。混乱した平安時代を収拾した。そうしてかれらはあえて物欲の多い京にすまず、東国の一隅に武士の政権をかまえたのである。

そういう武士たちであってみれば、巫術はもちろん「坐して阿弥陀さまの救いをまつ」などというような「他力本願」はおよそ性にあわない。浄土教は武士の生き方にはそぐわない宗教だった。

しかしその武士たちも精神世界の大切さを否定しない。生死をかけるのが職業だから「人生いかに生きるか」は武士の大問題だった。そういう武士だから、座禅のみならず師と弟子が「座禅の真実とはなにか？」と哲学的問答をかわす臨済宗の「公案」に心うごいたようだ。武士のおおくが臨済宗信者になったわけである。

「水の庭」から「石の庭」へ

平安時代の京都の庭園には浄土教の庭園おおかった。いまにのこる宇治の平等院や加茂町の浄瑠璃寺庭園などがそれである。そこでは浄土とみたてられた阿弥陀堂と現世とをへだてるために池がほられた。そしてそれが浄土世界を観望するための庭園となった。どうようなものに勧修《かんしゅう》寺庭園、大覚寺大沢池、東本願寺渉成園などがある。それらは、いってみればみな浄土世界の契機となった「水の庭」である。

ところが鎌倉時代になると、浄土教の「他力本願」とは正反対の「自力本願」の禅宗が登場した。臨済宗の寺院が京都につくられた。そこでの庭園は「水の庭」ではなく「石の庭」となった。それを「枯山水」という。だれもがすぐおもいあたるものに「虎の子渡し」で有名な竜安寺方丈庭園がある。ほかに西芳寺庭園、大徳寺真珠庵東庭園、妙心寺退蔵院庭園などがある。これらの作者は夢窓国師や蘭渓《らんけい》道隆など臨済宗の僧である。これら「枯山水」は京都の庭を代表している。

枯山水は「斎庭」か?

ではなぜ臨済宗の僧が「枯山水」をつくったのか?

枯山水は平安末期につくられた『作庭記』に「池もなく遣水《やりみず》もなきところに石を立つること」と定義されている。ために枯山水庭園の起源はこの『作庭記』にある、とふつうかんがえられている。だが、石もなく砂だけの庭もある。たとえば妙心寺東海庵方丈庭園である。このひろい庭には一木一草も植えられていない。一水一石も配されていない。すべて白砂である。

これをみていると、京都御所の紫宸殿や清涼殿の庭などをおもいだす。左近の桜、右近の橘、あるいは漢竹、呉竹といった竹木をのぞけば、あとは白砂だけだからだ。

「なぜ白砂か」というと、それは儀式のおこなわれる広場だったからである。その広場における儀式の清浄さをたもつためである。となるとそれは宮殿だけにかぎられないことに気づく。神社の境内もたいてい白砂や白玉砂利でおおわれているからだ。その原点ともいうべき伊勢神宮の古殿地をみると、白砂のなかに心の御柱が一本だけたっている。そこは「斎庭《いつきのにわ》」とよばれる。白砂のもつ霊力がその地を清浄にたもたせているのだろう。

では、白い砂や白い石がなぜ清浄さをたもつ霊力をもつのか?

古い日本のヤシロとおなじ沖縄のウタキをみると、そこに白い石や白い貝殻が敷かれているのをみる。魔よけだ。つまりマムシや毒虫をさけるためである。マムシや毒虫は自分の姿がめだつ白色の世界を忌避する。彼らも生きていくた

石庭として人気の高い竜安寺方丈庭園

めには保護色の世界に身をおかざるをえない。

となると、禅寺の枯山水の世界も「斎庭」であることがわかる。そこは「仏さまのおわす世界」なのだ。

庭は仏の身体である

では、なぜ禅寺の庭に「仏さま」がいますのか？

禅宗は座禅をつうじて悟りを目ざす。座禅という修行によって仏と一体になろうとする。その仏と一体になった悟りの境地を生活全般にひろげていこうとする。

このように座禅という修行を悟りとするのであるから、仏を拝んだり仏の名を唱えたりすることにあまり意味がない。それによって悟るわけでも救われるわけでもないからだ。となると仏像の必要性もなくなる。禅宗では仏像はほとんどつくられないのである。

いっぽう座禅をおこなうと人びとの感覚はとぎすまされる。そのとぎすまされた感覚のなかにはいってくる「人工世界」は単調で、退屈で、あげく目障り、耳障りである。それにたいして「自然の世界」は変化がおおく、奥が深い。飽きることがない。

そこで人びとは座禅をつうじて自然の世界を感得しようとする。自然の世界の奥に仏を見ようとする。禅僧のあいだでは古くから、北宋の詩人の蘇東坡《そとうば》（一〇三六～一一〇一）の詩の一説が愛誦される。それは蘇東坡が盧山《ろざん》にやどったとき「谷川の流れる音は仏陀の説法に聞こえる、夜空にうかぶ山々は仏陀のお身体にみえる」と霊験したことだ。

そこで禅僧は、座禅をしたり説法がおこなわれたりする庭を「盧山」にしようとした。仏陀の声や身体のように清浄無垢な世界とした。結果、日本古来の「斎庭《いみにわ》」の形にゆきついた、とおもわれる。

すると「臨済宗寺院の庭園はそのまま仏像」といっていいだろう。

大自然を仏とする

しかし禅宗だけではない。日本にはほかに曹洞《そうとう》宗と黄檗《おうばく》宗がある。それらの寺院ではどうか。

まず黄檗宗は明末の臨済宗で、伽藍の様式や読経などの諸式が日本の臨済宗とちがっていたため臨済宗黄檗派などといわれたが、思想の中身は臨済宗と共通している。その本山である宇治の万福寺の庭には白砂が敷かれるが、明朝風の生活様式が基礎になっているためその作庭は臨済宗寺院ほど枯れていない。

いっぽう曹洞宗のほうは開祖の道元（一二〇〇〜五三）がやはり「籠山組」だが、のち栄西に師事する。さらにとうじ風靡した叡山の本覚思想にたいして「人が仏ならなぜ修行をしなければならないか」という根本的な疑問を発し、宋に学んで帰朝してからのちは「只管打坐《しかんだざ》」すなわちひたすら座禅にうちこむ。それによって「心身脱落」という悟りに達する。道元にとっては、現世を極楽とみる本覚思想も、現世を地獄とみる末法思想も解せなかった。浄土教の念仏にいたっては「春の田のカエルの昼夜に鳴くがごとし」といって問題にしていない。しかしおかげで京において叡山から手ひどい弾圧をうけた。

そこで道元は、師の如浄《じょじょう》から「城邑聚落に住むなかれ、国王大臣に近づくなかれ、深山幽谷におりて一人ひとりを説得すべし」といわれた訓戒をおもいだし、京、鎌倉には住まず、北陸の片隅に拠をかまえて布教をつづけたのである。そういう道元であるから、座禅以外のことにはまったく関心がなかった。おなじ禅宗でありながら曹洞宗寺院にみるべき庭園がないのはそのためである。かといって、仏の世界を感得しなかったわけではない。

道元は和歌をよくする。なかに「峰の色渓《たに》の響きもみなながら　わが釈迦牟尼の声と姿と」いう歌がある。蘇東坡とまったくおなじだ。大自然を釈迦牟尼としている。ただし、都市や庭園などといった人工的世界にはまったく興味をしめさない。道元が関心をもったのは大自然そのものである。そういう彼の境地をしめす歌がある。「春は花夏ほととぎす秋は月　冬雪さえて冷《すず》しかりけり」。ここにもうひとつの「禅宗の庭」がある。

15 城になぜ土か？——悪党と山城

「山城」というものがある。

日本で城というと、古い町の小高い山のうえの周囲に水堀をまわし、高い石垣をたちあげ、白い壁と瓦屋根をもった櫓や天守閣などがそびえたつ、といった平城《ひらじろ》のイメージがあるが、山城はちがう。

「山城跡」といわれるものは日本全国のどこにでもあるが、それらはたいてい地方の街道の要衝や川の合流点などにあるなんの変哲もない山にすぎない。いまではほとんど他とかわるところのない「緑の山」だが、かつては山肌の木々を切りとり、山腹の赤茶けた土をむきだしにし、山頂や尾根に柵や塀をならべた急峻な斜面だった。平城がその重厚な石垣から「石の城」というイメージをあたえるのにたいして、これら山城はいわば「土の城」だった。

そして平城は歴史上何百とつくられたが、この山城は何万というオーダーで存在した。今日でも、日本全国に二万以上といわれる山城跡が確認されている。

いったい、なぜ「土の城」がそんなにたくさんつくられたのだろうか？

山城のイメージをのこす竹田城（兵庫県和田山町）

「要害堅固」の鎌倉——悪党にほろぼされる

そこで、まず武士の政権の本拠である鎌倉をみよう。

それは三浦半島の付根にある鎌倉谷といわれた小さな侵食谷に、裏山の土砂や湾岸流の漂砂などが堆積してできた、なんの変哲もない漁村だった。そういうところに頼朝は幕府をかまえた。平城京や平安京にくらべるとその十分の一にもみたないこの小さな土地に、しかも城壁ももたないような「武士の首都」をかまえる利点があったとすれば、相模湾に面していることと、いざというときには三浦半島をつたって房総半島へのがれることのできる「東海道」の路線上に位置していた、ということぐらいか。

けれど奈良時代末期（七七一）に相模・武蔵が東海道に編入され、東海道は大船から東京へぬけるようになったから、鎌倉時代には、鎌倉はもはや東海道という国土の幹線交通上にはのっていなかった。現在とおなじ「昔の東海道」にすぎなかったのである。

しかし、そうだからといって鎌倉を過小評価するのは早計である。じっさい鎌倉をおとずれてみるとわかることだが、一方が海に面し三方が山でかこまれる、という鎌倉のその「山」というのは、内からはともかく、外からみるとたいへん急峻だからだ。外から鎌倉にはいろうとすると、それらの山をこえるのはよういではない。というのも鎌倉に幕府をつくったとき、頼朝は山の外側の緩斜面をけずってぜんぶ急斜面にしてしまったからだ。「切岸《きりぎし》」といわれる。いまでもその跡がおおく採石場などとしてつかわれている。

つまり頼朝は、鎌倉をとりかこむ三方の山を「城壁」にしてしまったのだった。「土の城」である。するとその「城壁」でかこまれた鎌倉は「城内」ということになる。「城のなかだ」とおもえば鎌倉の町はとてつもなくひろい。

だがそれでは袋のネズミになって、いかに「大きな城」とはいえ、都市としての発展性がない。そこで頼朝は外部とつうじる道路をつくった。「鎌倉七口」といわれるものがそれだ。

その道路のいくつかが今日にものこっているが、それらをみると、道の幅が二、三メートル、ところによっては一、二メートル、両側がやはり切岸といわれる絶壁になっていて何百メートルも延々とつづいている。道路というよりは間道だ。そして高さ十数メートルの切岸の上にはかつてたくさんの武士たちが武器をもって下を見張っていた、というから大軍が押しよせても「鎌倉城」に攻めこむのはよういではなかったろう。『吾妻鏡』が鎌倉を「要害堅固の地」といったのもうなずける。日本にはじめて本格的な「城壁」をもった都城ができたのである。[1]

しかし、その「要害堅固」の鎌倉はのち「悪党たち」によってほろぼされてしまった。なぜだろうか？

「土の都城」は「土の山城」に負けた

まず「鎌倉城」が全国にあたえた影響をみよう。「土の都城」鎌倉の出現のインパクトは大きかった。その後、各地にぞくぞく山城がつくられていったからである。

そういう山城をつくって天下に盛名をとどろかせた武士に、鎌倉方に弓をひいた楠木正成（一二九四〜一三三六）がいる。かれは悪党といわれる。かつて和泉国の若松荘に押しいって年貢を強奪したからだ。とうじ悪党といわれた者は、山賊・海賊・強盗・追いはぎといった社会秩序を乱す者ではかならずしもない。鎌倉中期ごろから畿内とその周辺におきた悪党は、土地問題や経済問題をめぐって荘園領主などと対立し抵抗した者たちである。

奈良時代末から平安時代初期にかけて、新田開発をおこなった武士社会は均分相続制だった。だが開発する土地がすくなくなると惣領制、つまり長男に単独相続されるようになり、土地をあたえられない兄弟や庶子が大量に発生していく。かれらはしだいに荘園から追いだされて交通の要衝地などで物資の流通に従事し、あるいは山城にたてこもって年貢をかすめたり、領主の館をおそったりするなどの反体制的集団となった。

正成も名もない河内の小土豪だった、といわれるが、かれのそういう反体制的、反北条的な動きが後醍醐天皇にみとめられ、鎌倉幕府討伐の密命をうけて、河内の赤坂城、つづいて河内と大和の分水嶺にある千早城に反幕の旗印をかかげてたてこもった。

その千早城は、金剛山から西にくだる枯尾根の上にあり、尾根の両側は断崖絶壁である。そういう千早城を攻めおとすには、その尾根をつたうか、あるいは断崖絶壁をのぼっていくしかない。そこで鎌倉方の寄手が苦心して尾根や絶壁をよじのぼっていくと、楠木勢は尾根の上から大石や丸太をころがして寄手をはらいおとしてしまう。何万といわれる大軍を動員して千早城征伐にむかった幕府側は、当初は「一日か二日で落とせる」とおもったようだが、三ヶ月たっても落ちなかった。幕府がいたずらに千早城攻略に手をやいているうちに各地に反幕の火の手があがった。すると攻略軍の士気がおとろえ、しだいに四散し、楠木の作戦がまんまと図にあたって、とうとう鎌倉幕府は崩壊してしまったのである。

「土の都城」をつくって難攻不落といわれた鎌倉が、おなじく「土の山城」の千早城に手をやいてほろびてしまった、というから歴史の皮肉ではないか。

「名所の城にて死にたけれ」

それにしても千早城で負けたとはいえ、千早城より百倍も大きい要害堅固の鎌倉が、たった四、五日の攻撃で敵の侵入をゆるし、とうとう陥落してしまったのはなぜか？

鎌倉を攻めほろぼしたのは上野《こうずけ》国の新田荘の新田義貞である。鎌倉幕府のご家人だったが、落ち目の北条一族をしりぞけて天下の雄たらんと欲し、千早攻めから早々と手をひいて幕府を裏切り、後醍醐天皇側についた。

その義貞の軍勢は破竹の勢いで鎌倉にせまったが、しかしやはり七口から鎌倉に攻めこむのはよういではなかった。結局、干潮のときをみさだめ、七里ヶ浜の稲村ヶ崎から内部に侵入して鎌倉を陥落させたのである。
「蟻の一穴天下の破れ」という諺がある。これは洪水のときの堤防のささいな破壊をいましめたことばだが、日本の城の攻防にもこのことばはあてはまる。日本の城は一ヶ所やぶられるとそれでおしまいなのだ。このばあい、おもいもよらぬ稲村ケ崎の干潮が「蟻の一穴」だった。そこをやぶられると、鎌倉方は総くずれとなった。そのとき北条氏の一門数百人は、北条氏代々の墓所である東勝寺に集結し、全員、自決した。それがとうじの武士のならいだった。

これは、都城鎌倉だったから「全員、菩提寺で死んだ」といえる。しかし山城のばあいには、最後はみな山にこもって自決したようである。

鎌倉成立より一〇年ほど前の治承四年（一一八〇）のこと、ときの権力者の平氏にたてついた三浦義明は「名所の城にてこそ死にたけれ」といって、三浦家の菩提寺である衣笠山にたてこもり全員討死にしている。というのも、山城のある山はたいていその武士たちの菩提寺の「境内」だったからだ。一族にとっての「聖なる山」である。山そのものが「武士の墓」なのだ。ここにも日本古来の山岳信仰をみる。

山城になぜ石がつかわれなかったか？

それにしてもなぜ山城は土なのか？　なぜ石をつかわなかったのか？

日本の城の歴史をみると、七世紀はじめごろ、北九州を中心に山口県あたりまで、山腹や丘陵などに大きな石を二重三重に列状にめぐらした「神籠石《こうご》」という山城がみられる。最近の発掘調査で大和朝廷がつくった「朝鮮式山城」をふくめて、これらは古代の城であることがあきらかになった。すでにそのころ、城郭建築に石がつかわれていたのだ。

ところがその後の山城では、なぜか石はほとんどつかわれず、たいてい土の城になってしまった。城郭建築に石垣が積極的につかわれるようになるには、中世末の近江の観音寺城あたりまでまたなければならない。

その理由としては、まず第一にわが国の石の生産量の少なさがあげられる。日本の山は土におおわれていて露出した岩にとぼしいからだ。いまひとつの理由は、内陸の奥深くにある山城に石をはこびこむことの困難さがあったろう。さきの観音寺城につづいて近江の国で石の城がたくさんつくられるようになったのも、その背景に湖上交通の利便さがあったことをみのがせない。じっさいさきにのべた琵琶湖の西岸の穴太《あのう》では、比叡山の斜面に堂塔建築などを建てなければならなかった関係で古くから石工技術をもった穴太衆《あのうしゅう》により、その石工技術は湖上交通によって湖岸の各地につたえられた。

いっぽう平城がつくられるようになると、石が多用されるようになる。「山奥まで石を運びあげなくてもよい」という便利さがあったからだが、どうじに、平城はみな町のそばにつくられ、それら町はみな河川交通の要衝に立地した、という事情をみのがせない。

しかし、そういった機能的な理由のほかに「日本人は古来から石を神聖視してきたから」という見方があって興味深い。『記紀』にもあるように大きな岩はたいてい「磐座《いわくら》」つまり古来からの日本人の信仰の対象だった。かんたんに動かしてはならないものだ。そのためか、石は一般に死者の墓ぐらいにしかもちいられなかった。

そのためか、古くから石を切ったり割ったりする職人を「黒鍬者《くろすき》」といって差別の対象にした。しかしかれらは石割技法をもつ山の民で、鉱山の金鉱掘り、水銀採取、砂鉄採取、製鉄などをおこなって社会に欠かせない存在だった。蹴裂事業などの国づくりをすすめたのもかれらだったろう。

こういう石にかかわる「禁忌」をうちやぶったのは、さきの観音寺城をつくった近江の武将の佐々木六角あたりだが、合理主義者の織田信長も積極的にそれを推進して近世の「石垣の城」を定着させた。

ただそのばあいでも、日本の城の石垣は自然石積みにかぎられる。外国のように切石ではない。このあたりに日本人の「石観」がかいまみられるようにおもわれる。

山城は変に復元しないほうがよい

そのようなかつての山城の姿をそのままにつたえる遺跡は、現在、ないとはいわないが皆無に近い。ちょうどかつての前方後円墳には一本の樹木もなく、すべて葺石でおおわれ、したがって全山が「グレーの山」だった、というような古墳がいまほとんどないのに似ている。

近ごろは山城跡も数多く復原されているが、それらはかつての「人を寄せつけない険阻にして孤営の城」といったイメージからは、ほどとおい。「町おこし」の一環としてつくられるそれらのおおくは、ゆるやかに道をつけ、安全柵をはりめぐらし、花や樹木を植え、階段や広場や、なかにはベンチまでもうけている。これでは山城というものを現代人にまったく誤解させてしまう。

このように、現在、山城といわれているものは、たいてい木々がおいしげったなんの変哲もない野山か、あるいは「町おこし」の公園になっているものであるが。「史跡の山城をのこす」というのなら「変な復元」をするより、まだそのままに放置しておいたほうがよいだろう。

芭蕉ではないが「夏草や兵《つわもの》どもが夢の跡」のほうが心にしみるものである。山城は夏草のほうが似合うであろう。

山城の構造

ここにわたしが調べたひとつの山城を紹介しよう。その名を国吉城という。

越前福井の敦賀から丹後街道を西へおよそ一〇キロメートル、関峠をこえるとそこは若狭の国だ。その関峠の内陸側の尾根の上にたつと、眼下に若狭湾をみおろせる。とどうじに敦賀と小浜をつなぐ丹後街道を監視できる。そこに、かつて「国吉城」がつくられた。いわばそれは若狭の国の「城門」だった、といってもいい。といってもご多聞にもれずいまではたんなる野山である。

このあたり若狭の三方《みかた》郡といわれるところは、若狭湾につきだす立石崎と獅子崎という二つの小半島のあいだの小河川によってひらかれた小さな土地だ。それでも現在、三〇いくつかの農村集落と二〇いくつかの漁村集落がある牧歌的な地域である。その昔、耳川を中心とする農村集落や漁村集落をこの地の豪族・粟屋《あわや》勝久がまとめて戦国領主となった。主君は若狭守護の武田元明《もとあき》である。ところが戦国のならいで、主君の武田と越前の守護の朝倉義景《よしかげ》とは抗争をくりかえす。ために若狭の最前線である粟屋勝久のところへ朝倉勢がしばしば押しよせてくる。

永禄六年（一五六三）八月、義景は一〇〇〇騎の精兵をひきいて国吉城にむかった。それを知った勝久は、侍二〇〇、百姓六〇〇、計八〇〇人を動員して国吉城にたてこもる。以後、二度の大きな攻城戦をふくめて一〇年間戦争をつづけるが、百姓の寄せあつめの国吉城は落ちなかった。千早城とおなじで寄手が尾根や山腹をよじのぼっても、大石や丸太、さらには石仏までなげて退散させてしまったのだ。

この国吉城は、さきにものべたように南の山塊から北の若狭湾につきだす一本の枯尾根である。尾根の先端は海に沈んでいる。その西側、つまり若狭側の麓に勝久の館がある。館の上に粟屋家の菩提寺がある。いざというときにはすべてをすてて「詰《つめ》の城」であるこの菩提寺の山城にたてこもる。

かつてその枯尾根の両側の斜面は、頂上と山麓をのこして山腹の樹木はすべて切りとられ、赤裸の大地がむきだしであった。さらにところどころは土塁で補強して斜面の凹凸すらなくしていた。山腹は「巨大な滑り台」だ。なるほど、石垣でこういう斜面をつくるのはよういではない。そのうえに深い竪堀《たてぼり》が幾条にも掘られていた。つまり敵が急斜面の山腹をななめに、あるいはジグザグにのぼってくるのを防いでいるのだ。またその竪堀は、平時には頂上への物資をひきあげる搬入路につかわれた。さらに要所には逆茂木《さかもぎ》が植えられる。樹木を逆さにして山腹に上下にならべるのだ。すると寄手は枝が邪魔をしてなかなかあがれない。いっぽう枯尾根にはところどころに堀切《ほりきり》がもうけられる。人工的な断崖だ。空堀《からぼり》という。ふだんはそこには橋がかかっている。引橋《ひきはし》である。篭城のときにはすべてひきあげられてしまう。寄手は堀切という人工の谷を前に腕をこまねくしかない。かりにそれらを突破したところで、各所に虎口《こぐち》というコの字型の入口がある。また道は両側が絶壁の「土橋」であったりする。そのほか切岸、蔀《しとみ》、枡形《ますかた》、馬出しなどいろいろの防御施設がつくられていて、敵が本丸に達するのはよういではない。

このようにおよそかんがえうるすべての手段をつかって敵の侵入を防いでいる。それが山城なのだ②。

真っ赤にもえあがる山

城、つまりシロの日本語の古い意味は、苗代《なわしろ》や屋代《やしろ》とどうようテリトリーということだった。テリトリーはなわばりだ。動物たちも自分のなわばりを必死でまもる。なわばりをおかされたら動物たちの死を意味する。

すると、山城はそのシロの本義にいちばん近いものではないか。日本全国に何万という山城があるのも、それは何万というテリトリーがあったことをしめしている。日本は徹定して地域割拠、地方分権の国だったのだ。みな「一国一城の主」である。明治以後の中央集権国家の日本からはかんがえられないことである。

若狭湾に夕日がしずむころ「かつてはこの〈土の山城〉に一面に夕日があたって、全山が真っ赤にもえあがったろう。それは神の山に見えたのではないか」と、いつも想像しながらわたしは山城の調査をつづけた。

16 社になぜ森か？——百姓と村

日本の集落をみると、新しい住宅地や団地はべつとして昔からある集落にはかならずお宮がある。そのお宮にまいると、たいていその土地の守護神をまつっている。鎮守だ。

ここでわたしはいま「昔からある集落」といった。その昔からある集落は、新しい住宅地や団地のようにまとまりのないものではない。その歴史的背景も、空間的範囲も、社会的一体性も、じつは非常にはっきりしている。具体的にいうとそれは「大字《おおあざ》」である。つまり「昔からある集落」とは今日の大字のことなのだ。

大字は、江戸時代にはみな村か浦だった。「昔からある集落」は「江戸時代の村や浦」だったのである。その江戸時代の村や浦にはかならず「鎮守の社《やしろ》」があった。平成の今日でも、大都市の市街地や郊外地をのぞくところにはかならず大字があり、大字には例外なく鎮守のヤシロがあるのだ。このことは、日本の国土を理解するうえでの重要なキーワードである。

ただし町場では大字ではなく「町」である。その「町」が江戸時代のやはり町で、村や浦とおなじく地域共同体だった。もっとも大字ではひとつの大字にひとつのヤシロがあるが、町ではいくつかの町が共同でヤシロをもっている。

さてそれら鎮守のヤシロにはかならず森がある。「鎮守の森」だ。

というと「ヤシロに森があるのはあたりまえだ」とおもわ

森の奥にヤシロがある
（兵庫県美浜町日吉神社）

れるだろう。が、よくかんがえるとじつは不思議なことなのだ。というのは、ヨーロッパの教会やアラブのモスク、中国の仏教・道教の寺々などの「聖地」には森はないからである。

では、いったいどうして日本のヤシロには森があるのか。

森のあるところに村をつくる——惣の成立

まず日本の村というものをかんがえる。

そのためには村の定義が必要だ。しかしこれが意外にむずかしい。漢和辞典などをしらべても「さと」とか「いなか」とかしか書かかれていない。というのも村の本家である中国では、昔、集落は「里」という地方の末端行政組織だったが、のちそれがくずれて村となっても、たいてい大地主の支配下にあって村人の独自の動きをしめせなかったからだろう。つまり中国には、日本の村のようなものはなかったのである。では「日本の村のようなもの」とはなにか？

その前に、ヨーロッパには村があるかどうかをかんがえる。じつはヨーロッパには村はある。ときに「村落共同体」とよばれる。英語でヴィレッジ・コミュニティ、あるいはたんにコミュニティだ。それは血縁や擬似血縁の人びとの結合ではなく、かといって生産行為のためにつくられたギルドのような組織でもなく、人びとの「盟約」つまり集団の約束によってつくられた地縁組織である。こういう村落共同体はしばしば「ゲルマン的共同体」とよばれるが、じつは日本にも「日本的共同体」とでもいうべき村落共同体があった。

縄文時代の集落はまえに大イエ、すなわち家母を中心とする「擬似的血縁集団」といったが、それは複合家族を大きくしたようなもので村ではない。また弥生時代にはイエグミという「広域農業共同体」、あるいはクニという「小国家」がうまれたが、まだ「血族的・氏族的共同体」が中心で、村というような地縁的共同体ではなかった、とおもわれる。

日本で村の出現がかんがえられるのは古墳時代である。まえにみた崇神大王のときのオオモノヌシ信仰を背景に「アマツヤシロ、クニツヤシロ」がさだめられたように、そのとき「鎮守神がまつられた」とおもわれるからだ。もちろんクニツヤシロには豪族の神もまつられたろうが、自然を「神さま」とするクニツカミもおおかったろう。クニツカミを中心に村が成立した可能性が高いのである。その契機となったものは「箸墓のモモソヒメ」のような地域開発ではなかったか。人民どうしですすめる国づくりには「神さま」が欠かせないからだ。

しかしそれらは、律令社会の「公地公民制」によっていったんは低迷を強いられたろう。少なくとも変質したにちがいない。それらがふたたびほんらいの姿になるのは荘園制時代をむかえたときではないか。延長五年（九二七）につくられた『延喜式神名帳』には二八六一社のヤシロが官社として登録されている。まだそのほかおおくの民のヤシロがあったろう。それぞれのヤシロに付随してそれぞれの村のあったことが推測されるのである。

日本歴史上「村落共同体」がはっきりした形で登場するのは南北朝期である。それを「惣」という。惣は「総」である。「すべてが取りおこなう」ということだ。何事も「すべてでおこなう民主主義」である。

それは、天皇家が北と南にわかれてあらそう政治の混迷期に、近畿を中心に民衆のなかの自覚的な人びとや土地にめぐまれない人たちが荘園領主との闘争により共同で新しい土地を開発するなかから生まれた。そして村の人びとが全員で共同体を運営した。その運営の要に鎮守があった。それは森のなかにあったので、のち「鎮守の森」などとよばれる。

鎮守の森が村の要になる理由は森には水があるからだ。大きな森は一般に水源である。というのも地下水というものは水を汲みとるところにあつまってくるからだ。かんがえてみると森の木々は水の大きな消費体である。そこで森に地下水脈が集中する。今日、日本の森の三分の一は保安林に指定されているが、その保安林の七〇パーセント以上は「水源涵養保安林」なのである。

そこで人びとは新鮮な水を噴きだす森をさがし、その森を中核にして村をつくる。「水源の森」が鎮守になるわけだ。沖縄の古い民謡に「あの森のそばに村をたてよう。この岡のそばに邑をつくろう」という歌があるが、村づくりは「水源の森さがし」からはじまるのだ。水のないところに村をつくって失敗したケースが沖縄にはたくさんある[1]。

しかしこれは日本にかぎらない。世界中どこでも水のあるところに集落や都市がつくられる。ただ日本のばあいには一歩すすめて「森のあるところに村がつくられる」のだ。日本の村づくりの鉄則である。

「神さま」を通じて村人の交流がすすむ

そういう水源の森に、人びとは「神さま」をまつる。その「神さま」は水だけでなく、昔は雷、ヘビ、イノシシなどもあったろう。「山の神」である。山のおそろしいものすべてをいう。ここに「山の信仰」が確立する。鎮守の森はその「山の信仰の入口」といっていい。

ところが稲作が定着し、その生産工程が安定化し、人びとの生活が向上するようになると、その「山の信仰」はすこしかわってくる。

たとえば春に「神さま」が山からおりてくる。みんなでむかえる。「山の神さま」は「田の神さま」になる。田の作物をみのらせる。そして秋になるとふたたび山におかえりになる。みんなでみおくる。日本民俗学にいう「神さま」だ。

しかしわたしが津軽平野の岩木山でみたときは、すこしちがっていた。「山の神さま」が「田の神さま」になるのは一緒だが、秋には「田の神さま」は海にでて「海の神さま」になる。そして冬にはまた海から山にもどってきて「山の神さま」になる。つまり「山の神—田の神—山の神」という民俗学者の柳田國男式の

「小循環システム」ではなく、「山の神―田の神―海の神―山の神」という「大循環システム」になるのだ。柳田の図式に国文学者の折口信夫《おりぐちしのぶ》の「マレビト信仰」をダブらせたものといってもいい。あるいは『記紀』にいう「常世《とこよ》の神」の挿入である。また沖縄の「ニライカナイ信仰」にもつながる。じっさい沖縄には海をまつる習俗が色こくのこっている。

その「大循環の神さま」の実体は「水」である。冬、海の水蒸気が雲になり、大陸の寒気団によって雪にかわり、岩木山につもり、春に水になって里をながれ、秋、海にかえる。そして水蒸気・雲となってふたたび山の雪となる、というさまをみていると、そういう感におそわれる。つまりその大循環システムは「雪―水―海―雲―雪」となるのだ。(2)

さてこの鎮守の森において、のちには「山の神さま」などではなく近くの神社から「霊験あらたかな神」をよんでくるようになった。そうしないと国家や地方権力から経済的援助がえられないからだ。このように外からよんでくる勧請《かんじょう》神が主神になる。従来の神さまは「地主神」などになって、しばしば境内地の隅っこにまつられる。

勧請神にもその働きや格によっていろいろ違いがある。天皇家と関係のふかい神や、よい働きをする神をよんでくると、村がゆたかになる。

そこでそういう神を勧請し、国家や領主から給付をもらうために、しっかりした宮をたてる。神のおいでになる本殿、人びとがむかえる拝殿、神にささげる品々をならべる幣殿、神をおなぐさめする歌舞を演ずる神楽殿などを整備する。

なかでも拝殿は大切である。それはしばしば祭のときの直会《なおらい》の場になるからだ。「神人共食」である。神のまえで老いも若きも男も女も、食べたり、飲んだり、歌ったり、騒いだりして日ごろの憂さをわすれる。神元気になる。褻《け》というふだんの日にたいする晴《はれ》という特別の日である。「日本の庶民の生活はケとハレの二つだ」といわれるわけである。

そういう大切な場所だから、村のヤシロはたいてい本殿は小さく、逆に拝殿や神楽殿はりっぱである。祭がさかんになると近在から人びとがやってくる。村の人びとの鼻が高くなる。そこで御輿《みこし》をはじめとする演《だ》し物にこる。何ヶ月も準備に時間をかける。村民の交流がすすむ。村民の息がかよう。村の団結が強まる。防犯・防災にたいしして人びとは一致結束するようになる。

「神さま」にはそういう効用があるのである。

灌漑用水路と棚田をつくる

大切なのは祭だけではない。村の開発や運営のこまごましたことをきめる寄合もすべて「鎮守のヤシロ」でおこなわれる。

その寄合は、さきにものべたようにおおかたの賛成がえられるまで何日でもつづけられる。じっさいには七割の賛成がえられればあとはそれにしたがう、という暗黙のルールがある。しかし七割の賛成をうるのはたいへんで、それにいたるまで修正に修正が重ねられる。そうしてえられた決議事項を文書にして「神さま」に奉納する。それに違反することはゆるされない。

もし違反をくりかえす人がいると「村八分」になる。村八分は暴力をふるうことでも裁判にかけることでもない。村から追いだすことでもない。火事と葬式をのぞいて、村人たちが違反した人との交際を断つことなのである。

こうして村は最初に開発をおこなった「草分け百姓」を中心に、百姓全員で民主的に運営される。そこには権力者も独裁者もいない。村に土地をもっている村民は基本的にみな平等である。ただ、土地をもっていない人は村の運営に参加できない。村の運営の大部分は土地にかかわることだからである。

また、一軒の家の土地を分割して子どもに分続するにも村の承認がいる。勝手にはできない。なぜなら土地がどんどん零細化していけば村は貧乏になり、さいごには崩壊するからだ。そういう「次三男」には、むしろ共同であらたな土地を開発する「新村建設」をすすめる。するとそこにまたあらたな「惣」がうまれる。

以上のような村の形は、神さまを媒介とした一種の「日本的盟約共同体」といえる。惣という日本の村は、盟約共同体として南北朝期ごろに成立し、全国にひろがっていったものなのである。

こういう小集団社会で全員が叡知をあつめてことをすすめる、というスタイルが確立すると、創造的な仕事がつぎつぎとおこなわれるようになる。

たとえば、上の田から下の田へ順番に水を流していくときの、細かな、ときには立体交差すらまじえた複雑な「灌漑用水路網の構築」などである。じっさいそれは、その構造においても、その密度においても、またそのきめ細かさにおいても「日本の文化遺産」である。世界にはそういうものがないだろうから「世界の文化遺産」といってもいい。惣という「全員一致制の民主主義」と、何日も時間をかけた議論からうまれた創意工夫の結晶である。それによっていままで砂利や砂ばかりで手がつけられなかった扇状地や、水害ばかりおきる低湿地にも人びとが一致協力して杭をうち、粘土をいれ、棚田や輪中を完成させる。りっぱな村にうまれかわる。それが日本の村なのである。

だからいまも、村のなごりである大字にはかならず鎮守の森があるのだ。

森は「巨大な生きもの」

森はさきにものべたように一大水源であるが、それだけではない。人びとの生きていく生活資料のおおくが森からえられる。

たとえば田んぼの肥料にする草や、日常の燃料の薪《たきぎ》や、家の建築材料などは森からえられる。また森でシカやウサギを追い、森のコノミをたべる。飢饉のときには森の幸で生きのびる。

それだけではない。森には空気のおいしさや、清流のせせらぎや、木々のざわめきや、小鳥の声がある。春の花、夏の若葉、秋の紅葉、冬の雪などの天然が人びとをつつみこんでくれる「母なる森」だ。

とどうじに、森は一個の生命をもった「生きもの」である。というのは、森の木々をはじめとする植物は大地という共通の基盤をもっているからだ。大地がなかったら森の植物は成立しないのだ。

そこで最近の森林学者は「森の木々の根は、菌根菌なるものを通じておたがいに水分や栄養分の交換をおこなっている」とかんがえるようになった。木々の根をつなぐ「生きたネットワーク」が存在する、というのだ。[3]

たとえば、一つの池ではハスの根は全部つながっていていっせいに開花する。また竹藪のタケの根もすべてつながっていて花はめったに咲かないが一斉に咲いたあとは全部のタケが死滅する。すると一つの池のハスも一つの竹藪のタケも、みな一個の「生命体」といっていいだろう。

それに似た大規模なことが東南アジアの熱帯雨林にある。そこにはいろいろな樹木があるが、五、六年おきに「一斉開花現象」がみられるからだ。「ハスの池」や「竹藪」のように「森」がひとつの生命個体であるかのように行動するのだ。

じつは日本にもそういうことがある。しばしば一山のソメイヨシノやシイノキがどうようの「一斉開花現象」をみせるからだ。

たしかに動物とちがって、大地という共通の母胎をもつ森の木々は、その母胎である土壌をつうじて日ごろからコミュニケーションをしているだろうから、ときに共通の行動をとることも十分かんがえられる。そういう森を「生きもの」とかんがえ、あるいは「神さま」とかんがえて「入らずの森」として保存してきた昔の日本人の認識には脱帽せざるをえない。

「割山」「年季山」「部分林」という智恵

たしかに村人は昔から森の管理保全に力をつくしてきた。

しかし人びとが薪炭をとるだけでなく、建築用材などのために乱伐するようになると、森は荒れていく。飛鳥・奈良・平安時代の巨大寺院や巨大宮殿の建立、安土桃山・江戸初期の築城ブームなどがそれである。だが「世界で近代以前に植林をやった国はドイツと日本だけだ」といわれるように、ドイツには古くから農民が共同で利用するシルヴァ・コムニスといわれる「共同体の森」があった。しかし木材の需要が高まってくると、盗伐がおきマルク・ゲノッセンシャフトの「共同体の村」ではおさえることができなくなり、一八世紀末から一九世紀にかけて「共同体の森」のおおくは行政市町村に移譲され、そして保存された。

ところが日本では「共同体の村」である惣が明治まで森をまもりとおしたのである。ドイツでできなかったことが日本ではできたのだ。

それはどうしてか？　たとえば共同体の森である「入会林《いりあい》」が盗伐されたり、共同体成員が入会林の管理に不熱心になったときには「割山《わりやま》」という制度をかんがえだした。入会林を家ごとに分割して割山とし、その割山の草や薪ときには木をとる権利を独占的に各家にあたえ、かつ、植林も割山ごとにやらせたのである。するとみなよろこんで植林するようになった。おかげで劣化した森はよみがえった。

また「年季山《ねんき》」という制をもうけて材木業者に「青田売り」をすることをゆるした。すると何十年というさきではなく、造林途中に金をうけとることができる。

さらに「部分林《ぶわけ》」ということをかんがえだし、他人の森、他人の割山、領主の「御料林」などをかりて植樹し、のち、その収穫を所有者とわけあうことも実行された。

こういう人間心理をふかく読みこみ、各家の状況にあわせたきめ細かな「智恵」をかんがえだした結果、入会林などが保全されたのである。(4)

そういうことが可能になったのも「神さま」のまえで村人全員が何日もかけて議論した結果だったことをおもうと、この国における「神さま」の存在価値の重要性がますます感じられるのである。

森は瞑想の空間である

日本の森の大切さがわかったとしても、しかし今日の現代人にとって森はどういう意味があるのか？

たとえば、ヨーロッパの町へいく楽しみのひとつに教会がある。古い町の中心にはたいてい広場があり、そこに古びた石づくりの教会が建っている。正面の重い扉をあけるとなかは闇だ。一瞬、場所をまちがえたかとおもう。が、目をこらすと奥にボーッと灯がみえる。祭壇だ。石の床の上に木の机と椅子があり、人が腰かけて瞑想している。そこで椅子にすわって目をつむる。静けさと、冷たい空気と、おぼろげな光以外はなにもない。しばし心がやすまる。急がなければいつまでもいたい、とおもう。

そういうところが日本にもあるだろうか。ある。鎮守の森だ！。それも山の鎮守の森である。こういう童謡がある。

笛や太鼓にさそわれて　山の祭にきてみたが
日暮れはいやいや里恋し　風吹きゃ木の葉の音ばかり（「里ごころ」）

この歌にある山の祭のおこなわれるヤシロは何時いっても淋しい。賑やかなのは年に一度の祭のときだけだ。それも終ってしまえば、元の淋しいヤシロにもどる。一〇万とも二〇万といわれる日本の鎮守の森のほとんどはこういう山のヤシロである。そこには社務所はない。あってもいつも閉まっている。神主がくるのは年に一、二度の祭と氏子の寄合のときぐらいだ。このヤシロをまもっているのは、一〇軒、二〇軒、おおくても四、五〇軒の集落の氏子たちである。いまはたいていてい老人だ。

こういう名もないヤシロにいくのはたいへんである。一日に二、三本ぐらいしかないバスをさがすか、あとは車である。車がなければもう絶望的だ。もよりの駅から一〇キロメートルや二〇キロメートルはあるく覚悟をしなければならない。ほとんどハイキングだ。

　それでも道を聞いたりしているうちに、田舎の人はたいてい車にのせておくってくれる。やっとヤシロを見つける。ほっとする。おもったとおり緑の森だからだ。ヤシロをあがっていく道もしばしば「緑のトンネル」である。そのさきに小さな境内がある。そこにりっぱなスギやクスノキがある。変形したイチイガシやコジイがある。一見して何十年、何百年の星霜をへてきた木であることがわかる。

　なかに古びた社殿がある。本殿は小さく、ときにほとんど祠《ほこら》である。かわりに拝殿や神楽殿は古びてはいるが大きい。ヤシロが村の「議場」であり「劇場」であることをしめしている。

　神楽殿に腰かけてしばしやすむ。蝉がないている。鳥がさえずっている。木の葉がざわめく。風がすずしい。人はだれもこない。おそらく一日中だれもこないだろう。それどころかほぼ一年中無人なのである。

　はじめのうちはキョロキョロあたりをみまわしたり、写真をとったり、ボトルの水をのんだりするが、三分もすればもうすることがない。下界の人間の顔などおもいうかべるが、五分もすればいやになる。あとはボンヤリしているだけだ。

　ふと気がつくと夕暮れである。時計を見るとけっこう時間がたっている。「かえらなければならない」とおもう。もどりの石段をくだる足どりが気のせいか軽くなったのをおぼえる。そこである本で読んだことばをおもいだす。瞑想ということばである。それは「覚めていてボンヤリすること」なんだそうだ。

「ああそうか、これが瞑想か」とおもって一瞬ニヤリとする。

17 天守閣はなぜ人気があるか？——信長と平城

わたしは地方の都市を旅したとき、城がある都市なら時間のゆるすかぎり城をみることにしている。それは大都市も例外ではない。たとえば東京のもっともすばらしい空間の一つはまちがいなく皇居である。ところが東京にすんでいる人も、だれでもはいれるのに皇居のなかにはいったことのない人がおおい。旧江戸城を知らないのだ。もったいない話である。

城は町の中心にあって、そこには、広々とした空間、濃い緑、青い水、高い石垣、白い壁、銀色の瓦屋根などがある。それらを見ていると町の喧騒や醜悪さをはなれて心底ほっとする。日ごろの苦労も、旅の疲れもいやされる。

完璧な美と構成をもつ姫路城天守閣

外国にいったときたくさんの公園や文化財建築をみせられ、そのすばらしさに日本人は感激するが、ふりかえって日本の都市のモダンかもしれないが緑に乏しく、古い建築もおおかたこわされている現状をおもいおこすと、いつもやるせないおもいがする。

ところがその日本の都市のなかで、ほとんど唯一、心をやすませてくれるのは「城」である。ここなら外国人にも胸をはって案内することができる。だから最近全国的にすすめられている城郭建築の復原はうれしい。完成がまちどおしい。完成すればその都市の最大の文化遺産になるだろう、と胸がおどる。とどうじに、明治以後の一四〇年間の近代建築は何であったか？　とおもう。

その城の空間のなかにあって、ひときわ目につくものは天守閣である。たしかにどこの城でも天守閣の復元が最優先されている。町のどこからでもみえるランドマーク性や、優美なシルエットが人びとをひきつけるからだろう。天守閣人気が高い。

しかしそういうふうに日本の城を感じるのは一般庶民ではないか。インテリはかならずしもそうではない。わたしの知っているインテリの何人かは城を話題にすると複雑な表情をする。神社ほどではないが、それでも「権力の象徴！」「封建制のシンボル？」などとつぶやく。心のなかにある違和感をかくせないでいる。

現代日本人に、そういういろいろな想いをおこさせる天守閣とはいったいなんだろうか？

「関東大乱」――戦国時代の幕あけ

天守閣をつくったのは、いうまでもなく武士である。武士というものが日本社会で大きな存在となった理由は、なんどもいうように平安時代の混乱を鎮めたことにあった。天皇・貴族・大寺院などの抗争によって律令体制が混乱の極におちいったとき「道理」によって天下を安定させたのは武士だったからだ。じっさい、日本歴史上、外国からうけた最大の侵略である元寇が、武士の支配する鎌倉時代におきたのは不幸中の幸いだった、といえる。

ふつう元寇は「神風」が撃退したようにいわれるが、それは「天皇中心史観」にすぎない。じっさいにはたくさんの武士がたたかい、そして死んだ。ために元側も日本の武士の抵抗に手をやき、夜には兵士をすべて船にひきあげさせた。ときに何日も沖合いにたむろした。それが裏目にでた。文永・弘安の役は今日の暦でいうと一二月初旬、八月初旬という季節である。日本の台風シーズンの九月ではない。だからそのときに吹いた風はたいしたものではなかったろう。ところが元帝国が高麗人につくらせた急造船の悲しさからか、その「たいしたものでない風」にあふられて大半の船が沈んだ。おかげで日本はすくわれた。

もし「元寇」が、その一〇〇年前かあるいは一〇〇年後におきていたら、それは「平安末期の混乱期」か「南北朝の動乱期」である。おそらく国土は大陸国家に蹂躙《じゅうりん》されただろう。奈良時代や戦国時代だったら大陸国家の一部になっていたかもしれない。江戸時代をのぞけば、日本のいちばん安定していた鎌倉時代にやってきた元軍はたいへん不幸だった、といえる。

しかし、そういう「鎌倉武士の政権が気にくわん」といってひっくりかえしたのは後醍醐天皇だった。貴族も大寺院も力を失なったとき、後醍醐天皇だけが古代から連綿とつづいた「天皇の神通力」をよびもどし、鎌倉幕府をほろぼし、世を天皇親政にもどした。

それは「劉少奇・鄧《とう》小平体制が気にくわん」といって文化大革命をひきおこした毛沢東に似ている。文化大革命はいちおう成功したけれど、毛沢東の意をうけた「四人組」はあっというまに転落し、そのあと中国は都鄙・貧富の隔差のはげしい不安定な体制をつづけている。

どうように後醍醐の建武親政もあっというまに崩壊し、そのあとの「南北朝の混乱」は国民のあいだに根強かった「天皇神話」をほころびさせた。世をささえていた永年の価値観はくずれ、鎌倉幕府のような理想をもたなかった足利幕府は、天皇や貴族と妥協をかさねたり、有力守護たちのバランスにのったりするだけでついに混乱を収拾できなかった。日本は空前の不安定時代に突入し、戦国時代にはいる。

戦国時代の幕あけはふつう「応仁・文明の乱」といわれる。しかし、それは「京都中心史観」であって、じつはその五〇年前にすでに関東では戦乱がはじまっていた。関東管領《かんれい》が関東公方《くぼう》を襲撃した「上杉禅秀の乱（一四一六）」である。それはいわば「〈東日本の大老〉が〈東日本の将軍〉を襲撃したような事件」だ。

そして「応仁の乱」が一〇年つづいたのにたいして、この「関東大乱」は足利幕府をまきこみながら一七〇年間も荒れ狂った。「応仁の乱」で京都はメチャメチャになったが「関東大乱」で関東はその後自力ではたちなおれないほど落ちこんでしまったのである。戦国時代一〇〇年間に、関東からこれといった戦国大名が一人もでていないことをみてもその深刻さがわかる。

「八百八筋の坂東太郎」

関東平野は昔は平野ではなかった。

縄文のころその大部分は潟か海だった。歴史時代にはいっても「八百八筋の坂東太郎」といわれたように利根川をはじめ鬼怒川、渡良瀬川、荒川といった名だたる大河が何百何千という川筋にわかれて流れあった。無数の沼、沢、潟などをいだきあい、もつれあい、せめぎあった。全体として関東平野は「河川沼沢の一大ネットワーク」だったのだ。しかも洪水のたびにその「水流地図」は書きかえられた。

こういう川筋に古くから人間が住みついた。縄文時代には信州とならんで二大メッカのひとつとなった。

そこへ稲作氏族がはいりこんだ。関東縄文人の後裔の蝦夷《えみし》との抗争がはじまった。数にまさる弥生人は川筋ごとに結束し、それをとりまとめる王を擁立し、大和国家に服属し、中央の荘園領主とむすびつき、荘園を管理する荘官のなかから鎌倉御家人層をうんでいった。しかし「南北朝ショック」は関東にもおよび、南関東では御家人層をささえていた惣領体制がくずれ、親子兄弟・主従たちがあいあらそい、国一揆、土一揆などがおこって荘園制はおおかた解体してしまった。そのあとに現実の利害で一致する「地の人間」の国人《くにうど》や地侍《じざむらい》が台頭し、てんでばらばらに小領国をつくっていった。

鎌倉公方・管領のお家騒動にはじまった「関東大乱」は、関東平野のこの「アナーキーな水網社会」に火をつけた。公方方と管領方との対立がそのまま関東平野にもちこまれた。古利根川・渡良瀬川の東側では、北関東と東関東の豪族領主たちが鎌倉を脱出した古河《こが》公方をようし、その西側では、南関東と西関東の小領主たちが鎌倉を支配した上杉管領と室町幕府が派遣した堀越公方をたのんで対峙した。

さらに関東平野を二分する対立だけでなく、両陣営の内部では毎年のように変化する「水流地図」を背景に、水利のうえでの利害と積年の怨念をめぐる仁義なき闘いがうむことなくくりかえされた。そこへ外部から後北条《ごほうじょう》氏などが割りこんできて禿げ鷹のように弱小領国をくい荒らしていった。

結局けりがついたのは、天下人の豊臣秀吉の小田原討伐によってである。すべての勢力は秀吉に頭をさげ、関東平野は一七〇年ぶりに平和をとりもどした。

「土地の形」が「社会の形」をきめる

こういう関東平野の状況をみていると「土地の形」が人間社会の形成にいかに大きくかかわったかがわかる。日本の各地はおおかたが渓谷か、盆地か、洪積台地か、扇状地か、河川堤防帯かといった小生活空間である。それらは独立割拠するにはいいが、開発がすすんで「関東平野」のような大生活空間が形成されるとなると「いったいどういう社会をつくったらいいのか」と、すんでいる人びとのあいだでもついに解答をみいだせないままに秀吉の軍門にくだった、といえる。

結局、戦国時代の「覇王」は、戦乱にあけくれたこのような大生活空間からはでず、地方の小生活空間からおこった。越後の上杉であり、甲斐の武田であり、駿河の今川であり、相模の北条である。彼らは個々の盆地や扇状地での争いに勝利すると、領内の災害を防除し、河川をコントロールし、新たな土地をうみだし、そこに百姓たちを「植えつけた」。そしてその代償に一定期間、足軽として服務させた。

こうしてそれまでの弓矢で武装した騎馬武者だけでなく、槍一筋の「足軽軍団」を大量にようした戦国大名が勝利した。いわば「植民養兵」が戦国大名をつくった、といえる。(1)

重農主義を制した重商主義

ところが天下をとったのはこれら「重農主義者」ではなかった。ではだれか？　というと「重商主義者」である。その率先実行者が織田信長であった。たしかに戦国大名はおおくの土地を開発して領国経営に成功した。だが農業からえられる利得はしれている。その何倍もの利得が商業からえられるのだ。そのことをだれよりもよく知っていたのは若き日に堺であそんだ信長だった。もちろん戦国大名たちも領内の商業を保護した。しかし信長は、一歩すすめて領内の門前町に自治をみとめた。楽市楽座で「税金」を免除した。そうして商業を活性化し、富国強兵をはかった。それが有名な鉄砲隊の育成である。

その槍や鉄砲で武装した信長の軍は、競争相手をつぎつぎにたおしていった。最終的に京都にはいり、足利幕府を「消滅」させた。ほぼ天下を制した。そのうえで信長がやったことは、社寺からの商業権益の奪取だった。それにしたがわない叡山は一木一草をのこさず焼きつくした。それにたてつく本願寺一向宗は死闘のすえにたたきつぶした。そうして従来の武士の「詰《つめ》の城」だった山城を放棄し、水陸の交通要衝の地に都市とあらたな城をもうけた。安土という名の平城《ひらじろ》である。

JR東海道線の安土駅をおりると、駅の東三キロメートルのところに標高四三三メートルの大きな観音寺山が目にはいる。踵《きびす》をかえして北二キロメートルをふりかえると、標高一九九メートルの小さな安土山がみえる。この二つの山の上にある二つの城が、時代の移りかわりを象徴的にしめしている。一方は四〇〇年の歴史をもつ山城の完成形であり、他方は以後三〇〇年の歴史をあゆむ平城のデビューである。その違いを象徴するかのように、観音寺山は三六〇度、近江平野の田園地帯を睥睨《へいげい》するように立っている。安土山は三方に湖水をのぞみ、一方に城下町を宿している。城が交通と商業の中枢であることを絵にかいたような立地だ。

安土は、まさにこの国の中世の終りと近世の始まりとをみせてくれる場所なのだ。

信長はみずからを神とした

その安土城は、いまはない。天正一〇年（一五八二）に信長が明智光秀によって本能寺で暗殺されると、つづいて安土城も攻略され城は灰燼に帰した。いまにのこっているのは石畳や石垣のほかには、菩提寺だった摠見寺《そうけん》の三重塔ぐらいである。

この安土城については、建築史家の内藤昌がつくった復原図があるが、それをみていて不思議におもうことがある。たとえば天守閣だ。それは七層からなる壮麗な建築だが、その二層目、三層目、六層目、七層目には縁がついている。縁があるというのはそのうしろに障子があるということだ。すくなくとも大きな開口部が存在する。だが城にそんな大きな開口部があるというのも不思議ではないか。どうみてもこれは戦闘施設ではなく生活施設である。城ではなく御殿なのだ。

天守閣は矢や鉄砲の射かけ場である櫓の上に望楼をのせたもので、もとは「殿守」といわれた。信長の独創ではなく、安土城築城より六、七〇年前に畿内のあちこちの城ですでにつくられている。それは城の防衛施設というより、領内からよくみえる「領主の顔」であった。落城のときには「領主の死場所」になった。さきにのべた山城の「死出《で》の山」がこのように建築化されたのである。

安土城天守も、内藤によると内部の一層目から四層目までは吹抜けになっていて、その一層目には宝塔がおかれ、下からは骨壺らしきものが発掘されている、という。

するとこれは「七重塔」ではないか。信長ははじめここに「盆山」という「聖なる石」をおいたが、のちさきの摠見寺にうつし、信長の誕生日には侍のほかに安土近在の町民・百姓にまで礼拝をよびかけた。とうじ日本には誕生日を祝う習慣がなかったから、その行動はキリストをまねてみずからを「神」とするものだったろう。(2)

天守閣は「山」だった

このような信長の行動は特別だったかもしれないが、しかし、以後、日本の平城にはかならずこのような「領主の顔」がもうけられ、いざというときには領主の「死場所」になった、つまり「死出の山」になったのである。

古代の大王たちがその墓を巨大な前方後円墳とし、いわば山に見立てたように、天守閣も「山」だった、といえるのではないか。だからこそ戦国大名が天守閣造営に腐心したわけである。

それが天守閣のほんとうの意味だったろう、とおもわれるのである。

18 館になぜ障子か？——武士と書院づくり

「京都の観光でいちばんはなにか？」とよく聞かれる。そこでわたしは、よそではみられないものとして「一に御所、二に二条城、三に桂離宮」とこたえる。すると「御所や桂離宮はわかるが、二条城はなぜか？」と、かさねて問われる。

「将軍や殿さまがどういう生活をしていたか？　ということがわかるのは、全国の城でも二条城だけだから」とこたえるのだが、相手は少々不服そうである。「家の内部を見たってしょうがないじゃないか」という顔つきだ。たしかに日本建築の内部は、西洋建築の内部のように、天井に極彩色の絵をめぐらし、壁にたくさんの絵画や彫刻をならべるのにくらべて見おとりがする。美術作品や家具、装飾がすくないうえに、みな色あせている。油絵とちがって日本画や水墨画の劣化のスピードがはやいからだ。

それに第一、壁がすくない。絵を描いてもかけるところがない。しかしかんがえてみると「武士の館なのに壁がすくない」というのは不思議なことだ。西洋の城や王さまのすまいは壁だらけではないか。なのに日本の武士のすまいにはどうして壁がないのか？　それに、壁のかわりになぜ襖障子や板戸のみならず、明り障子まであるのか？　じっさい襖障子つまり「襖」や、明り障子つまり「障子」はまことに用心の悪いものだ。いわば紙一枚の「壁」だからである。

いったい武士の館は「紙の家」なのか？

戦士のすまいに壁がない——武士が頭角をあらわす

京都というと、だれしもお公家さん、お寺さん、神主さん、問屋《といや》さん、舞妓さんなどといった人たちのことをおもいだす。が、じつは、もうひとつ大切なものがあった。それはお侍さんだ。

じっさい武士というものが日本社会で頭角をあらわしてきたのは、いまからおよそ一〇〇〇年前の京都であった。また武士政権がなくなってしまったのも、いまから一四〇年前の京都である。歴史の節目で、京都と武士とはふかく関係している。

その武士の九〇〇年間の活躍の最後の舞台となったもののひとつが二条城である。一五代将軍徳川慶喜《よしのぶ》が大政を奉還し、徳川幕府の支配体制に終止符をうったのが二条城だったからだ。

そういう史実だけではない。全国に城はおおいが、たいていの城は外からみるか、天守閣にあがって周囲の景色をながめるぐらいのものである。そのなかにあって、城のなかでの高級武士のすまい方をみることができるのはこの二条城ぐらいだろう。

二条城にでかける。そこに将軍のすまいだった二の丸御殿がある。御殿のなかには大きな建物がいくつも奥へ、奥へと雁行している。そこをあるいていくと、広い廊下、大きな広間、太い柱、高い天井などに目をみはる。書院づくりといわれたかつての武士のすまいだ。ただし、いまは昔の半分ぐらいしかのこっていない。

そこで感心するのは、二〇畳から七〇畳ぐらいもあるたくさんの広間や大広間をつなぐもののほとんどが襖であることだ。家のなかに壁というものがない。武士のすまいでありながら「書院づくり」には防衛という観点がほとんどみられないのである。世界の戦士のすまいでこんなに無防備なものがあるだろうか。いったい、どうしてこんなすまいができたのだろう。

将軍のすまいだった二条城二の丸御殿の遠侍

武士は貴族にならなかった

ここで「日本の武士とはなにか？」をかんがえてみよう。

まずひとつの歴史的事実をあげる。世界に戦士というものはおおく、昔からあり、どこにでもあり、かつまたその種類も豊富であるが、日本の戦士である武士は、これらの戦士のなかでも政治的に大きな仕事をなしとげたことだ。それは、武士が政権をとった鎌倉時代から政権をうしなった江戸時代末までの約七〇〇年間、「兵制国家」とでもいうべき長期政権を維持したことである。戦士の時代がこんなに長期につづいたケースは、世界史にもちょっと例がない。

たしかにどこの国でも新たな王朝をきずくのはたいてい野心的な「戦士」である。が、戦士がいったん天下をとって覇王となると、覇王とその親族、少数の家臣たちはしだいに貴族化していく。権力はにぎるがじっさいのこまかい政治はたいてい文民官僚にまかせる。もちろん王や貴族も「高級官僚」にはちがいないが、しかし大きな富と権力を独占してしまったかれらは、もはやあまり働かない。毎日毎日、狩猟や宴会などですごす。貴族という新たな特権階級の生活様式に没入してしまう。それが天下人の夢だったのである。

そういうことがつづくと、王一族の浪費で国の財政がみだれ、そのしわよせが人民におよぶ。となると人民は不満をもち、つぎの「有力な戦士」があらわれてまた革命がおこなわれ、覇王となる、といったことをくりかえす。

ところが日本の武士は、鎌倉政権でも、室町幕府でも、江戸幕府のばあいでも、政権をにぎったあと文民官僚を採用して行政事務をおこなわしめる、ということをしなかった。武士たち自身が行政官僚になった。その証拠に、覇王自身も皇帝ではなく将軍であり、それら官僚たちのたんなる頭目でしかなかった。キングではなかったのだ。ゼネラルにすぎないのである。

というと「大奥にこもって美女たちにとりかこまれた将軍や大名たちが大勢いたではないか」といわれる

だろう。しかしかれらはたいてい実際権力からはひきはなされている。そして神格化され、祭りあげられ、ただ世継《よつぎ》をうむためだけの「生殖マシーン」と化している。そうしてうまれた長男子の嫡出児は、たとえ不出来であってもつぎの将軍や大名になり、世継争いや権力闘争がおきないようにしている。

そしてじっさいの行政事務は、老中や家老たちが順番にとりしきった。かれらは清貧で、貴族化せず、かつ、おおくが志をもって政治をおこなったので、一般人民のなかからこれにとってかわろうという野心的な戦士もあらわれなかった、といえる。

そこに「兵制国家」七〇〇年の秘密がある。

とすると、問題はどうしてかれら武士が天下をとっても清貧に徹したか、ということだろう。

武士の行動様式の起源はエミシか？

権力をにぎっても「貴族化しない戦士」「清貧な武士」というものが、いったいどうしてうまれたのか？そこで武士なるものの定義と起源をかんがえよう。

武士の定義としては、一一世紀はじめに『続本朝往生伝』にある大江匡房《まさふさ》の「弓馬に秀でた兵《つわもの》」というのがよくひきあいにだされる。しかし武士の起源となると、いまだに日本の歴史学界においても諸説があって明確ではない。そこでヒントとして、武士の特徴ある姿をかんがえてみよう。

そのひとつは刀である。世界の戦士もおおく大刀などを腰にさげるが、日本の戦士である武士は大刀のほかに小刀もさげた。つまり「二本ざし」である。そこに日本の武士の大いなる特徴がある。こんな戦士は世界に例がないからだ。

ではいったい、なぜ小刀をさげたのか？　それは名誉を傷つけられたときただちに切腹するためである。欧米人が驚愕するハラキリだ。武士にとって命より大切なものは名誉だからである。

では、そういう名誉というものを重んじる思想や伝統はいつごろどうしてうまれたのか？　というと、じつは今日の学者たちのあいだでもよくわからない。わかっているのは、切腹という行為は平安時代にはじまり、源平合戦のころに一般化した、ということぐらいである。

そこでもうひとつ、武士の特徴ある姿をかんがえてみよう。それはチョンマゲだ。いったい武士はどうしてチョンマゲというかわった髪形を結うようになったのか？　これも難問であるが、平安末期につくられた『伴大納言絵詞《ばんだいなごんえことば》』には、すでに髻《もとどり》を結った武士がえがかれている。さらにさかのぼって四世紀のころ、東北の民情を視察した武内宿禰《すくね》は「蝦夷《えみし》はモトドリを筒状に結っている」と報告している。

ここからひとつの推理であるが、エミシが、あるいはその出自である縄文人がモトドリを結っていたとしたら、それは満州族の辮髪やアメリカ・インディアンの結髪とおなじではないか。

というのは、アメリカ・インディアンなどがなぜモトドリを結うか、というと、それは狩猟民の戦士に共通する「この首をとれるものならとってみろ」という意気ごみのためといわれる。相手がもし自分の首をとることができたら、その首をもちやすいように髪の毛を筒状または紐状にのばしてくってやっているのだ。そこにみられるのは闘いを家の職業とするプライドであり、自分の戦闘能力にたいする自信であり、死をもいとわぬ気概である。つまり金や地位ではなく、名誉に生きる死生観をしめしているのだ。

そして平安時代初期に、坂上田村麻呂にひきいられた大和国家の健児《こんでい》という名の「律令制サラリーマン兵士」たちは、エミシとたたかってその壮絶な生き方に驚愕したようである。最後にエミシの大将アテルイは、エミシ一族をまもるためにすすんで縛《ばく》につき、慫慂《しょうよう》として斬首された。それは一族一門のためにその大将が死ぬ、というその後の武士にみられる行動様式のおそらく嚆矢《こうし》だったろう。そういうエミシの生き方が、その後の日本の武士にひきつがれていったのではないか、とおもわれるのである。

館の外は堅固、内は無防備

　さて武士の発生についてはいろいろのことがいわれる。が、わたしは、稲作を中心に国づくりに成功した大和の勢力が日本列島にその勢いをひろげるなかで、それに抵抗した諸勢力、とりわけ隼人やエミシにたいする四世紀はじめから一二世紀末までのおよそ九〇〇年にわたる戦闘のなかからうまれた、とかんがえている。その大部分の戦闘はエミシたちからうばった土地の防衛であった。そしてそれをになったのは大和国家の正規軍ではない。各地から東国に植民した人たち、つまり開発領主といわれた人たちだった。かれらは土地をまもるために兵となった。兵となった者たち、あるいは兵の家にうまれた者たちは、みずからの土地をまもるべく武装した。

　いっぽうそれまでの地方政庁は国衙《が》や郡衙《が》であり、それらを国司や郡司たちが支配した。国司の長は都の有力な貴族であったが現地にはすまず、かわりに受領《ずりょう》を派遣した。郡司は現地の豪族たちだった。

　このようにながらく国衙や郡衙が地方の政治の中心だったが、律令体制がおとろえるにつれ、さらに地方の開発領主たちが勢いをますにつれ、国衙は一〇世紀ごろには、郡衙も九世紀ごろには消滅する。かわって在地国司や受領たち、あるいは郡司たちがかれらの官舎であった国司館や郡司館を本拠にし、国衙、郡衙なきあとの政治の中心にしていった。

　さらに開発領主たち、あるいは国衙や郡衙につとめていた官人たちで才覚のある連中も、みずから土地開発をすすめ、それらを農民たちに貸しあたえ、どうじにいざというときの保護者になっていった。

　こうしてしだいに開発領主＝武士なるものがうまれていった。

　これら武士たちのすまいは「館《たち》」とよばれた。館は庁であり、なんらかの意味で公的なものだった。それら館は背後に山をひかえ、前面に農村集落などを見わたせるような交通至便の山麓におおくもうけられた。それまでの官衙の影響をうけて方一町のまわりに堀をほり、さらに土塁でかためた。その堀の水を百姓たちに供給し、近くの門田といわれる優良田地をおさえ、稲籾や共同苗代を管理した。小河川をせきとめ、灌漑池や用水路をつくり、農民の田んぼに水を供給した。街道に立つ市を世話し、いざというときには百姓たちをまもった。こうして地域の領主となっていったのである。

その領主のすまいの母屋は、しばしば寝殿づくりを改造したもので「主殿づくり」などとよばれ、納戸、面会所、武者だまり、中門などからなり、ほかに武士たちの宿舎にあてる侍所《さむらいどころ》、厩、倉などがとりまき、防備にそなえて方形居館となった。

その主殿のプランも寝殿づくりのような同心円構造ではなく、農民のすまいである田の字の「四つ間取り」を基本とした。農民のすまいとどうよう、それらの間をくぎる遣戸《やりど》や襖などが発達した。屋根は茅葺か板葺、床は高床で、必要な箇所に畳を敷いた。寝殿づくりとどうよう、南、あるいは東に庭をもうけ、庭では各種行事がおこなわれた。

このような武士たちのすまいの特色は防衛ということだったろうが、その最大の要は「人の和」にあった。だから身分におうじてタタミを何枚も重ねるという寝殿づくりの「置きダタミ」はなくなった。かわりに真ん中を板敷きにしたロの字型の「敷きまわしダタミ」や、全面にタタミを敷く「敷きつめダタミ」が登場した。それらは身分差を否定するものだった。

つまり外にたいしては土塁や堀でかためて要害を堅固にしたが、内部はまったく無防備だったのだ。もし土塁や堀を敵に突破されればそれで終りである。西洋都市の戦士や市民のように壁や屋根にかくれて執拗なゲリラ戦を展開する、ということはなかった。さきにのべたように一族はそろって自害した。

領主の面前で合議する

では「和を重視する」というのは具体的にはどういうことか？

それは主だった侍たちの合議である。いずれのばあいにも数人、ときに十数人の侍たちの合議でことのすべてが決した。農村の寄合の伝統をひくものだ。そのための会合が領主の面前でおこなわれた。そういう領主のすまいをのちの「書院づくり」の完成形でみよう。

まず「四つ間取り」の北隅の「一の間」に床の間、違い棚を配し、左右に付《つけ》書院、帳台構《かまえ》をもうけ、殿さまの公式の座とした。「上段の間」といわれる。その南の「二の間」に重臣たちがすわって議論した。その隣の「三の間」は重臣たちの「控えの間」だった。その北の「四の間」には殿さまに近侍する侍たちが待機した。ときに「遠侍《とおざむらい》」といわれる。「四の間」と「一の間」のあいだの「帳台の間」は殿さまの控えの間であり、休息の場であった。

このように部屋が四つではなく五つあるので、農民のすまいの「四つ間取り」が進化した「五つ間取り」ということができるかもしれない。

それは領主のすまいだけでなく、将軍のすまいもどうようだった。二条城二の丸御殿がそのことをしめしている。御殿は手前から遠侍、式台、大広間、黒書院、白書院といくつかの建物が奥へ雁行しているが、それぞれの建物がまた「五つ間取り」となっている。将軍の日常空間である白書院もそうだ。そこは男子禁制で女中たちだけが将軍に奉仕する特別の世界であるが、そのプランもまったくかわりはない。

なお将軍は「男」というより、もうほとんど「神さま」といっていい。そこにはべる女中たちは「巫女」である。ここはもう「神殿」なのだ。

武士のすまいは「和の空間」

さて、そのような「五つ間取り」の和の空間で、とりわけ発達したものに引戸がある。縄文時代から平安時代ごろまで戸といえば蔀《しとみ》のように上からムシロなどをつるすか、あるいは開戸だった。引戸は平安時代末に板をはった遣戸として登場したがあまりつかわれなかった。それが書院建築になると板の遣戸、横桟を打った舞良戸《まいらど》おなじく格子戸、さらには襖や障子などが一挙にあらわれてさながら「引戸」のオンパレードになった。まさに「日本建築は引戸文化」といっていいような状況が現出した。二条城の二の丸御殿はその典型といっていい。

そこでもうすこし仔細にみよう。すると「五つ間取り」の間と間のあいだは、たいてい襖と欄間でしきられている。その襖には豪壮な絵がかかれた。欄間には豪華な絵がほられた。襖などはもうほとんど「美しい絵のかかれた壁」といっていい。「動くカンバス」だ。

ただこれらの間仕切りは、視線をさえぎるものの音をさえぎることはできない。また襖などは、鴨居や敷居の溝をすべるものであるからかるい構造でなければならず、かるい構造では簡単にやぶられるのでいざというときの防衛にはおよそ役だたない。実用的には壁とはいいがたい。じっさい壁は帳台の間の「張りつけ」や、上部からたれさがる「小壁」などの一部をのぞき書院づくりにはほとんどない。

壁のないのが書院づくりなのである。

したがって壁を重視するヨーロッパや中国の建築には、こういった「引戸」はほとんどもちいられない。また書院建築風の開放的な空間も存在しなかった。もっとも、かれらが「引戸をつくりたい」とおもっても簡単にはできなかったろう。というのも、そこには日本の大工技術の優秀さがあったからだ。ヨーロッパなどにはおよそそういう技術はなかったのである。

ともあれ、そういうわけで日本では引戸が発達し壁はあまり発達しなかった。おかげで書院づくりの内部空間は一体的なものとなった。「重臣たちの和」がたもてるようになった。

それが日本の戦士たちの「すまいの構造」だったのである。

第四章

結の巻

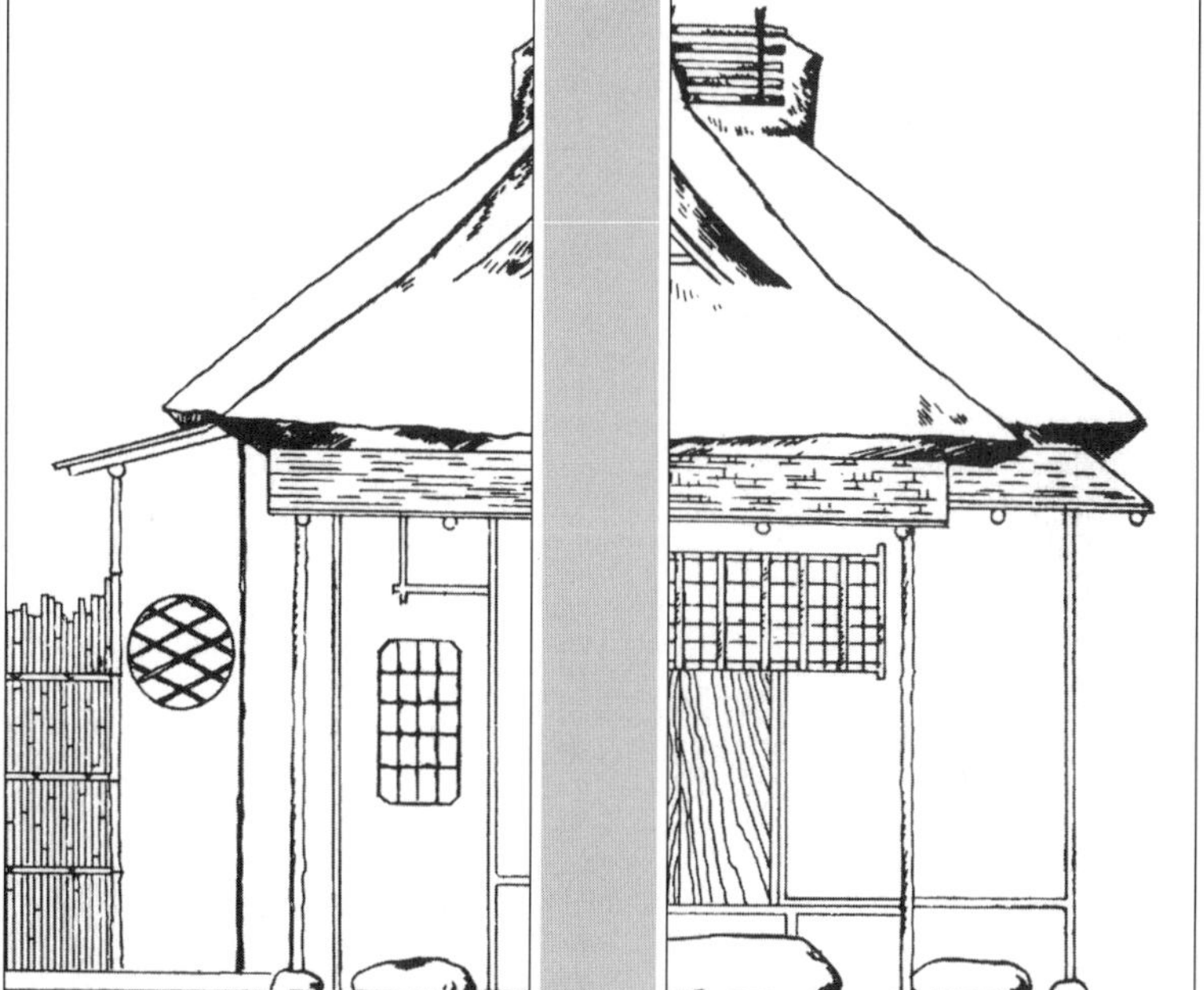

19 数寄屋建築はなぜ好かれるか？——利休と草庵

日本人の理想のすまいとはなんだろうか？

「郊外の庭つき一戸建住宅」か？「都心の高層マンション」か？　あるいは都市と郊外とをとわず住宅雑誌にでてくるような「モダンリビング」だろうか？

こういう世論調査をしたらいろいろの答がかえってくることだろう。しかしそのなかで、いまも日本人に根強い人気がある、とおもわれるものに数寄屋建築がある。といってもそれは、ふつうには料亭とか高級旅館でしか味わえないものだ。だからなかなか手にはいるものではないけれど「もし数寄屋建築の家に住めたらどんなにうれしいか」とたいていの日本人はおもう。

数寄屋建築は多くの日本人の夢といっていいのではないか。

とすると、ではどうして数寄屋建築が日本人にそんなに好かれるのだろうか？

「山居の体」——茶室の成立

数寄屋のルーツははっきりしている。それは茶室だ。

では茶とはなにか？　茶は漢の時代の中国にあらわれ、唐の時代に普及し、日本には仏教とともにもたらされた。ヨーロッパに茶が普及したのは一六世紀というから、日本の茶の歴史はヨーロッパより一〇〇〇年も古い。はじめは薬用であったが、のち茶の品評をする「闘茶《とうちゃ》ゲーム」になり、禅僧の修行の「眠気覚まし」にもちいられたりしてひろまった。

ところがそれが町衆が愛好するようになると、武士にたいする新興商人の対抗意識から「修行としての茶道」がうまれた。その専用空間として茶室が発明された。それは「茶道の世界」だから、きわめて精神性の高いものだった。

その茶室は、つくられた時期もつくった人もわかっている。つくられた時期はいまから五〇〇年前の一五世紀末で、つくった人は奈良の臨済宗称名寺の僧の村田珠光《じゅこう》（一四二三～一五〇二）である。珠光は茶をよくしたが、そのうえで大徳寺の一休宗純《そうじゅん》に「禅の自然道」を学び、将軍に近侍する同朋衆《どうぼう》つまり芸能僧の能阿弥《のうあみ》に「唐物の器物鑑定術」をならった。そして京に茶室をつくって町衆を相手に茶の湯をはじめた。

それは歌会などがおこなわれる会所での闘茶や、禅寺の住職のすまいの方丈でおこなわれる儀礼茶などとは異なるものだった。たとえば従来のようにお茶坊主に茶をつくらせるのでなく、一休にならって主人みずから湯をわかし、茶をいれ、客にすすめた。また茶をいれる器は能阿弥の鑑定術にしたがい唐物の名器をもちいる一方、ありきたりな日用品もつかった。つまり禅院破戒僧の飲茶と、会所の目利きによる器物鑑定眼を庶民レベルで再創造したのである。

そのうえで珠光は、独立家屋の、しかも四畳半という小さい座敷で茶の湯をたしなんだ。それまでの茶会は豪華な建物の座敷でおこなわれていたし、また小座敷というものも最小は八畳だったから、四畳半の小座敷をみて人びとはおどろいた。珠光は「小座敷の茶室」という空間を発明したのである。もっとも、四畳半座敷としては足利義政の書斎であった慈照寺東求堂《じしょうじとうぐどう》（一四八五）のなかの同仁斎《どうじんさい》が有名であるが、これは珠光の小座敷の影響とかんがえられる。

ではなぜ四畳半の茶室で茶の湯をおこなったのか。珠光は「茶禅一味」といった。つまり「茶の湯は禅の修行だ」というのである。その「修行はなにか」というと、臨済宗のばあい、公案という問をだしてみなでかんがえることだ。茶をのみながら仏のこと、人生のこと、芸術のことをかんがえる。それを「一座建立《こんりゅう》」

という。その一座建立で議論を深めるには小人数がよい。珠光があえて小座敷をえらんだ理由であろう。

その四畳半茶室を数寄屋建築にしたのは、珠光の甥の宗珠《そうじゅ》である。宗珠は、珠光の「藁屋《わらや》に名馬つなぎたるがよし」ということばにしたがい、茶室をさらにすすめて「庵」にした。そして表の道路から茶室にいたる専用路をもうけ、まわりに松や杉を植え、小庭をつくった。今日の茶室でいう「路次《ろじ》」と「坪の内」である。総称して「露地《ろじ》」という。茶室に露地をくわえたのだ。

それを「午松《ごしょう》庵」と名づけたが、また「数寄《すき》座敷」ともよんだ。とうじ「歌数寄座敷」というものもあったから正確には「茶数寄座敷」だったろう。ここに「数寄屋建築」が登場する。人びとはこの数寄屋をみて「市中の陰」とか「山居の体」とよんだ。つまり小さいだけでなく「山住み」の建物である。「自然のすまい」ということだ。

その「自然のすまい」に感じて、連歌師の柴屋軒宗長は「今朝の夜の嵐をひろう初紅葉」という句をつくった。その句が人口に膾炙した。

日本人の「自然信仰」はどこからきたか？

このように「山居」あるいは「自然のすまい」を渇仰する草庵讃歌の思想はどこからきたのか？

珠光のあとをついだ茶人で堺の連歌師の武野紹鴎《じょうおう》は、藤原定家の「みわたせば花も紅葉もなかりけり浦の苫屋の秋の夕暮」という歌をもとに「海人の苫屋」つまり漁師小屋をみたてた粗末な茶室をつくった。

その定家は「花をのみまつらん人に山里の　雪間の草の春をみせばや」という古歌を称揚する。

さかのぼって鴨長明は「さびしきすまい一間の菴　みずからこれを愛す」（『方丈記』）とし、古く西行は「柴の庵にとくとく梅の匂いきて　やさしき方もある住家かな」（『山家集』）とうたう。

そこには人工世界を排して「自然のかぼそい気配を少しでも読みとろう」とする精神が一貫している。

「草庵讃歌」だ。それは文人だけではない。平安の貴族の兼明親王も奈良の皇族の長屋王も、自宅に茅葺の陋屋をつくってすんでいる。この国の貴族や皇族たちのなかにも、金殿玉楼より草庵を愛する人たちがいたのだった。

そういう思想は、あるいは中国からきたのかもしれない。中国の文人のあいだにもしばしば「遁世して自然に沈潜する伝統」があったからだ。それは道家の思想からきたものだろう。あるいはそういう伝統が道家の哲学になったのかもしれない。

老子の教えは一口にいって「無為自然」である。なにごとも「自然にまかせよ」という。だから、三国時代の蜀漢の名宰相の諸葛孔明は世をすてて襄陽の田舎にかくれた。「竹林の七賢」は竹林に逃避して清談した。『法華経』の智顗は天台山にこもった。禅僧の如浄は天童山によった。最澄と道元がたずねていったことで二人はともに日本で有名になった。すると、日本人の「自然信仰」は中国からきたのだろうか？

自然の気配を感じなければ生きていけない

中国からそういう高級な「自然信仰」の思想がはいってきたことはたしかである。しかしそれは悟りをひらくためである。悟りをひらいて人生をよりよく生きるためだ。

しかし日本はちがう。さきにものべたように、日本には昔から自然のわずかな変化をも感得しようとする伝統があった。くりかえすようだが、日本の稲作は日照といい降雨といい、まったく自然の天候に依存することが大きい。自然の変化をよみとらないと田植ひとつできない。それは科学技術が発達した今日でも基本的にかわりはない。

またなんどもくりかえすように、日本の漁民は毎日海ばかりみてくらしている。そしていつ舟をだすかをかんがえている。自分の五体で自然の気配を感じないと船をださない。だから漁民のすまいはみな海をむいている。どんなに寒くても、風が強くても海にむかって壁をたてる家はけっしてない。そういう生産活動のうえに日本人の生活がある。

利休死んで戦うインテリがいなくなった

珠光・宗珠のはじめた「山居の体」は、鳥居引拙《いんせつ》、武野紹鷗、千利休らにひきつがれた。引拙は古今の名人とたたえられた。

紹鷗（一五〇二～五五）は「わび」の境地をひらく。かれが書いた茶の秘伝書『侘びの文』のなかで、わびとは「正直に、つつしみふかく、おごらぬこと」をいい、季節でいうと「十月こそわびなれ」といっている。今日の暦でいえば初冬だ。自然の風物には乏しいが、まだなにかがのこっている季節である。『茶の本』を書いた明治の美術評論家の岡倉天心も「わびは不完全な美」という。満月ではなく、半月や三日月、あるいは雲間の月を愛でる美意識だろう。だから粗末な漁師小屋をよしとした。

利休（一五二二～九一）はそのわびを徹底させた。具体的には一畳台目という極小の空間をつくった。「にじり口」というそれまでの奉公人の出入口を茶室の正式の入口にしたのである。それでいて建築の風格をうしなわしめなかった。現存する草庵風茶室の最古のものとされる京の「妙喜庵待庵」（一五八二）などはその例だ。

しかし利休が茶の教祖といわれるのは、そういう「わび数寄」の茶の湯を確立したことだけではない。利休は秀吉に殺されている。その理由は、大徳寺の山門の金毛閣に自身の木像をおいたこと、茶道具の鑑定と売買に不正があったことの二つとされる。

しかしこれはいかにもいいがかりの罪状だ。そこで利休の死について後世いろいろいわれるが、たしかなことは、利休が京の葭屋《よしや》町の自邸で秀吉の命令により切腹したとき、これまた秀吉の命令でその屋敷を三〇

○○人の侍がとりかこんだことだ。たった一人の町人を殺すのにどうして三〇〇〇人もの侍が必要だったのか？　おそらく利休の弟子の大名が利休を救出するのをおそれたからだろう。ということは、利休の死はたんなる不敬事件とか不正事件をこえている。もっと大きな政治事件にちがいない。利休にはそれだけの政治力があった、ということだろう。

利休の高弟の一人の山上宗二は、茶の湯の伝来を書いた『山上宗二記』のなかで、珠光の「茶湯者覚悟十体」の第一として「上を粗相《そそう》に下を律儀《りちぎ》に信《まこと》あるべし」と紹介する。「上は粗末にあつかい、下を大事にせよ」というのだ。仏法にいう人間平等思想である。今日流にいえば「民主主義」ということか。それを山上宗二は文字どおり実行したのだろう。だから利休切腹の一年前に秀吉によって惨殺されている。

じっさい秀吉は利休に切腹を命じたあと、すぐに「士農工商」の身分法を制定している。そして堺の豪商の津田宗及や今井宗久らを秀吉の側近から外している。商というものの存在をおそれた、というほかない。だから「商」は「士農工商」として身分制の最下位におかれたのだ。

というようにみてくると、茶の湯の名人であり数寄者であるとはいえ、商人の分際で「茶禅一味」に名をかりて身分制否定のような言動をはく利休を秀吉はゆるせなかったのではないか。そういうことをゆるしていたら武士の支配体制がおかしくなる。利休はその見せしめのために殺されたのだろう。そして利休に心酔し、その弟子となった多くの大名の「反秀吉行動」をおそれて、処刑の日には利休の家を封鎖したのだろう。

日本歴史上、最高のインテリのひとりである利休は殺された。そしてその後の日本では、ときの権力にたいし死をとしてたたかうインテリはもうあらわれなくなった。イタリア、イギリス、フランスのように思想上の言動によって殺されるインテリというものは日本には存在しなくなったのである。維新で刑死した吉田松陰は武士だったし、また明治の幸徳秋水は天皇暗殺の「実行犯」とされた。昭和の犬養毅は政治家だった。しいてあげると拷問で殺された小林多喜二ぐらいか。

利休抹殺はそれほど大きなインパクトをこの国のインテリたちにあたえたのだ。

古田織部も殺された

じつは利休のあと、もう一人殺された茶の湯者がいる。織部焼で有名な古田織部（一五四四～一六一五）だ。織部を殺したのは徳川家康である。利休処刑後一四年のことだ。ただし織部は商人ではない。利休高弟のひとりであるが、れっきとした大名である。利休が京を退去させられたとき、ひそかに淀まで見おくりにいっている。しかし師の死後、一転して秀吉にかわいがられた。秀吉亡きあとは徳川将軍家の茶の湯指南役として天下に令名をはせた。また織部焼にみられる美しい茶器をつくるアーチストでもあった。というと節操のない人間のようにおもわれるが、秀吉も家康も、武士であるかれに「茶の湯の宗匠」を期待したのだろう。かれも茶人としてそれにこたえた、とおもわれる。

だが織部は、大坂城夏の陣のときに秀頼側に内通した、とうたがわれ、家康に切腹を命ぜられた。「内通説」以外にも諸説があるが、ただ織部には豊臣方と徳川方の双方にたくさんの弟子があり、織部ほどの禅の境地にたっした人間なら、敵味方をわけへだてなかったろうから家康の怒りをかったのではないか。そういう思想や行動が家康の忌避にふれたのだろう。初心をつらぬいた「インテリ武士」の最後といえる。

その織部の茶室は、利休ほどきびしくはなく、またはげしくもない。「内もひろくとり、露地も大木でふさがず、晴れやかにせよ」といっている。のち「きれい数寄」といわれるものの創始者となる。利休の茶仲間だった薮内紹智《しょうち》の薮内家に伝来する茶室「燕庵」をみると、待庵にくらべて室内はひろく、窓も多く、棚もおもしろく、室内の景観も変化にとんでいる。

その織部の茶室をうけつぎ、書院建築との融合をすすめたのが織部の高弟の小堀遠州（一五七九～一六四七）だ。南禅寺金地院《こんち》八窓席のように書院づくりの隣にひそやかに茶室をもうけたり、小座敷の数寄屋と書院とを「鎖の間」でつないだり、大徳寺孤《こ》蓬《ほう》庵《あん》忘《ぼう》筌《せん》のように書院づくりの襖一枚をあけると草庵の世界がある、といった驚きを現出させたりした。

茶室は月夜の晩に見る

そういう書院建築との融合をいっそうすすめたものに「桂離宮」がある。

桂離宮はさまざまな顔をもつ複雑な建物だ。ひろい敷地の中央に、古書院、中書院、楽器の間、新御殿の四つの建物が東北から西南に雁行し、それをとりまく庭園のなかにおおくの小建築が点在している。なかに古書院は書院づくりに草庵風茶室の要素をとりいれた簡素なものだが、新御殿は、おなじ草庵風書院建築でもずっと装飾的要素がおおい。そこで桂離宮は書院づくりというより「主殿づくり」である、とする見解があり、さらに木割がある、ないという意見、中世公家階級の建築だとする説、町人の建築の影響がこいとする見方などいろいろあって、建築界でも意見が割れている。

それはさておき、わたしはここでひとつの問題を提起したい。それは月と建築との関係である。

桂離宮をよくみると「月見台」「浮月《うきづき》の手水鉢」「月見橋」「月《げっ》波《ぱ》楼」「歩月《あゆみづき》」などといったように、月という名のついた装置や建物がやたらとおおい。たしかに京の桂というところは昔から月の名所であった。桂という名前も「月桂」つまり「月にはえている桂」というように月との関係がふかい。

ただわたしはそういう名前だけではなく、茶室における月の味わいを問題にしたい。というのは、茶の湯の会合は昼の喧騒をさけておおく夜におこなわれる。そのほうが仏や人生をかた

草庵風茶室の妙喜庵待庵の内部

るにしても芸術を論ずるにしてもふさわしい。ただ電気のない昔はそれは容易なことではなかった。

そこで茶室はたいてい東の壁に窓をもつ。あかるい月は東からでるからだ。その月の光で茶の湯をたてると燭台などをもちいるよりずっと趣きがある、ということをわたしは経験した。昼見ると、せまく、うすよごれて、さえない茶室でも、月夜の晩には月の光が畳をはい、松影がうつりこみ、室内空間がひろがって、万物の動きを茶室のなかでとらえられそうな気分になる。そういう経験から「茶の湯は月夜の晩にかぎる」とおもうようになった。

それ以来わたしは、茶室をなるべく夜見るようにしている。といっても観光寺院で、夜、茶室を見せてくれるところはない。知人の茶匠に月夜の茶席にまねかれるしかない。

自然を「神さま」とする

利休はすまいについて「雨が漏らぬていどで足りる」といった。では「足りた」あとはなにをするのか、というと、茶席のばあいは仏の教えを語りあうことである。そういうことを実行したため茶の湯の宗匠が二人も権力によって殺されたのであった。茶の湯はたんなる芸事ではなかった。それは「神さま」をまつることなのだ。その教えは、珠光以後の茶の湯の世界では「数寄の心」となる。

数寄の心とは、宗珠の創始した茶室でいえば「庭」であろう。庭をもつ茶室、それが「数寄屋」であるということは数寄屋では建築より庭が大切ということだ。数寄屋の建物ももうほとんど「庭」なのだ。

古歌にも「ひきよせて結べば草の庵にて　解くれば元の野原なりけり」とある。芭蕉も「草庵をしばらくいては打破り」の句をつくっている。草庵というものはもう「野原」なのだ。「野にいて自然の気配を感じる」それが日本人にとっての「神さま」といっていい。

日本人が数寄屋建築に心をよせる理由であろう。

20 都市のなかになぜ都市か？——家康と八百八町

江戸は「八百八町」といわれる。「八百八の町がある」というのだ。じっさい寛政四年（一七九二）には一六六八の町があったから「八百八」ではすくなすぎる。しかしこれは「非常におおい」という意味だろう。ただそれらはすべて町人地だった。武士の居住地や寺社地はそのほかにある。

さてそれら「八百八」の町人地はいちおう町奉行の管轄下にあったが、じっさいにはおおくの自治がゆるされた。その自治はそれぞれの町ごとの「地主町人」の合議制によった。

たとえば、町人に課せられる公租公課はすべてこれら地主町人が合議して負担した。夜になったら町の木戸をしめ、通行人をチェックし、町の見回りをした。町内でおきた小さな事件はたいてい地主町人が処理した。また町の全員が特定のヤシロの氏子だったから、祭の行事も地主町人がとりしきった。つまり町とはいうものの、農村の村とまったく異ならなかったのだ。

すると、都市であっても江戸は「村」の集合だったといえる。町という名はついているものの、その実態はほとんど村だったのだ。違いは、鍬をもつか算盤をもつかだけだ。ともに地域共同体つまりムラであることにかわりはない。そしてそのムラをコミュニティとよぶなら、江戸はコミュニティの集合である。いまふうにいえばそのコミュニティは「都市」である。

「都市のなかに都市がある」それが日本の都市だったのだ。

家康はなぜ江戸に幕府をひらいたか？——新しい国家体制の樹立

そこで、江戸のなりたちをかんがえよう。

東京の前身である江戸の町をひらいたのは徳川家康（一五四二～一六一六）である。天正一八年（一五九〇）に小田原落城のあと、家康は、豊臣秀吉から従来支配していた三河、遠江、駿河、甲斐、信濃の五ケ国にかえて、あらたに伊豆、相模、武蔵、上野《かみつけ》、上総、下総の旧北条氏の版図へ国がえを命ぜられる。

三河出身で、ながらく駿河に住んでいた家康としては、この秀吉の命令はさぞ不本意だったろう。しかしあえてさからわなかった。織田信長の次男の信雄《のぶかつ》がその家康のあとに着任を命ぜられて、父祖の地である尾張・伊勢を所望したため秀吉の勘気にあい下野《しもつけ》に追放されたから、もし家康が拒否していたらたいへんなことになったろう。その点、家康は賢明な政治家だったといえる。

またそのとき家康は、北条氏の拠点だった小田原に本拠をかまえようとしたが、秀吉は江戸を指示した、といわれる。江戸はかつて太田道灌《どうかん》の城があったとはいえ、とうじは漁村が三つ四つぐらいしかないさびしいところだったが、その指示にもしたがった。

しかしのち家康が関が原で勝利（一六〇〇）して征夷大将軍になり、幕府をひらいたときには三河でも駿河でも、また豊臣家の滅亡のあとには京・大坂でも好きなところにいけたのに、そのときも江戸を動かなかったのはかんがえてみると不思議である。

それにはいろいろの理由があったろう。もうすでに江戸にかまえて一〇年以上もたち、領国経営にかなり投資をしていたから動きにくかった、ということがかんがえられるが、しかし永久政権に腐心していた家康だったから、一〇年間ぐらいの投資をすてるぐらいなんでもなかったろう。

それより「ヒスパニア、つまりスペインの侵略をおそれたからだ」という説があって興味ぶかい。とうじスペインは、中南米から北米大陸西半分、それにフィリピンまで侵攻していたから、スペインの日本侵攻も根拠のないことではなかった。そこで「スペインが攻めてきたときには関東平野でたたかおう」とかんがえた、というのだ。[1]海のそばの京・大坂では不安だったのだろう。日本の「首都」が九州から奈良、京、鎌倉と東遷をくりかえしてきたのも、そういう外圧と無関係ではなかったとおもうとかんがえられる説である。

ただ家康は、ほかにもかんがえることがあったにちがいない。それは「新しい国家体制」づくりだ。そのためには、新しい土地に「新しい首都」を築かねばならい。すでに「八百八筋の坂東太郎」の荒れくるう関東において、いうことをきかない在地勢力や北条・武田の遺臣らをすこしずつ懐柔しながら家康の領国支配はすすんでいた。秀吉の朝鮮遠征である文禄・慶長の役にもうまくたちまわってほとんど無傷ですんだ。そういう家康の領国経営は全国の大名からも注目されていたのである。

では家康はどういう国家体制を目ざしたのか？

「法度」をさだめた

江戸に本拠をかまえた家康の最大関心事は、いかに徳川政権を永続させるか、にあった。そこで家康は歴史をふりかえってかんがえたことだろう。

まず奈良・平安の天皇親政体制は、天皇家の近親結婚の挫折のあと「娘の入内《じゅだい》」による公家の権力化と荘園領主になった大寺院の武力化によって世の中が乱れ、天皇制をささえた律令制が解体し、あらたに登場した武士が事態を収拾した。つづく鎌倉武士政権がほろびたのは、その文治主義にたいして親政を夢みた天皇に天下取りの野心をもった関東武士たちが呼応したからだ。そうしてできた建武新政権も天皇のアナクロニズムによって失敗し、かわった室町武士政権は南北朝対立の収拾に手こずって世の中を乱し、武士どうしの醜い争いから一向宗徒が領国を支配する乱世になり、最後に戦国大名の「トーナメント戦」の優勝者にほろぼされてしまった。そのあと優勝者信長は本能寺で部下に寝首をかかれ、後継者秀吉は朝鮮戦役に失敗して天下の信をうしなう。

とすると、いつのばあいにも問題は「天皇・公家・僧・武士」にある。徳川永久政権を樹立するためにはこれら四つの階層をどうあつかうかが大事だ。ほかに「農・工・商」もあるが、百姓は秀吉の検地と刀狩でほとんど牙をぬかれ、職人ははじめから勢力をもたず、商人は利休を筆頭にもう潰してしまった。すると残るはこの「帝・公・僧・士」だ。

そこでそれらにたいしてとった家康の基本的対応は、たとえば百姓にたいする信長・秀吉の対応とくらべるとよくわかる。「信長は一向一揆をつぶし、秀吉は検地・刀狩をやり、家康は法度《はっと》や触書《ふれがき》を発した」からである。

じっさい百姓にたいする「慶安三十二条の触書《ふれがき》」をみると「朝早くおきて草を刈り、昼は田畑を耕作し、夜は縄をない、家のまわりに木を植え、薪を買わぬようにせよ」などとこまごま指示している。

どうように家康は、寺院にたいしても宗派ごとに細かい法度をさだめた。たとえば「本寺・末寺の制」などだ。そのなかでとりわけ僧侶に学問習得を強く命じている。

それは僧侶だけではない。天皇・貴族にたいしても『禁中 並《ならびに》 公家諸法度』をさだめ、その第一条を「天子諸芸能之事、第一御学問也」とする。「芸能のなかで学問が第一だ」というのだ。

だが「天皇に命令をくだす」などということは前代未聞のことだった。

江戸は巨大な「監獄都市」

問題は武士である。

武士にたいしても『武家諸法度』をさだめ、しかも何度も修正している。その第一条は「文武弓馬の道もっぱら相たしなむべき事」で、やはり「文武両道」がうたわれている。つまり事をおこしそうな人びとをすべてにたいして、学問を強要しているのだ。その学問のうち幕府の公認するものは儒学であったが、のちそこから陽明学がおこり、それが勤皇思想とむすびついて倒幕の思想的温床になったのは皮肉である。

さて武士のばあい重要なのは『武家諸法度』に軍役や参勤交代のことなどがつぎつぎと追加されていったことだ。その結果、隔年に実施される大名の参勤交代と大名妻子の江戸常住、いわば人質とによって、江戸の町は世界にも稀な「人質都市」になってしまった。

たとえば江戸の人口（天保一四）をみよう。

その最大のときは、町人が約五五万、僧侶・神官・賤民などが約五万、旗本・御家人が約二五万、諸藩の大名屋敷につかえる地方武士が約四五万で、合計一三〇万である。つまり武士の合計が五四パーセントにもなるのだ。しかしよくみると、参勤交代や大名妻子の江戸居住がなければ地方武士四五万人はなくなり、武士の割合は三〇パーセント以下におちる。

すると問題は、この地方武士の四五万人である。これは、実質的には「幕府がとった人質」ということができる。すると、江戸はその見かけはどうであれ、中身は、旗本・御家人のいわば「軍営」のほかにこれら「人質」をかかえた「監獄都市」ではないか。ともあれそういう「人質」をとったおかげで、徳川三〇〇年の治がたもたれたのだろう。そういうこと全部がご法度のとりきめによったとすれば、徳川永久政権は「法治主義」がもたらした成果といえるのである。

しかしその法治主義は、あたりまえのことだが外国にまではおよばない。結局、最後に「日米和親条約」を締結したことが「尊王攘夷」運動をひきおこし、幕府の命とりになった。

庶民は革命に参加しなかった！

いっぽう庶民はどうか？

中国の革命はいつも庶民の大衆蜂起からはじまる。それで権力がひっくりかえるのだ。フランス革命も、アメリカ独立戦争も、中国革命ほどではないけれど事情はおなじだ。

ところが日本のばあいには、庶民が革命をひきおこしたケースはその一万年余の歴史においてほとんどない。どうしてだろうか？

そこで、庶民の一大中心地である江戸の町をみよう。問題の「八百八町」である。それを「村の集合」といったが、なぜ村の集合なのか？

たしかに江戸の町をひらいたときには人はほとんど住んでいなかった。町人たちはたいてい三河、遠江、駿河からよびよせられた。ところが各地からよびよせられた町人たちは、通りごとに「ムラ」をつくっていった。江戸の町だ。その町の運営はほとんど従来の村の運営とかわらなかった。草分百姓といわれた人たちが合議で村を運営したように、地主町人も合議で町を運営した。そしてその議決は大半の賛成を要した。そういう民主主義が確固として存在したから、村も町も安定した。そういう「ムラ制度」は、のちに幕府や諸藩の政治にもとりいれられていったからこれは日本社会のシステムだった、といっていい。

だから都市がいかに大きくなり、人口がふえようとも、この「都市のなかに都市がある」という体制はかわらなかった。そうして江戸は一六〇〇というムラをようする巨大都市に成長していったのである。

もちろん、一六〇〇のムラを一人や二人の町奉行がみるわけにはゆかない。そこで町奉行のかたわらに三人の町年寄が、その下には二〇〇人前後の町名主《なぬし》がいてそのあいだをとりしきった。しかし基本はあくまで一六〇〇のムラの民主主義にあった。

こういう都市のあり方は、市民が市長をえらび、えらばれた市長が吏員をあつめて市役所を構成し、市政をおこなう、という西洋の都市とは根本的に異なる。そういう西洋の都市では市長がかわれば市政もかわる。市政をまっこうから否定すれば革命になる。

しかし日本の都市では革命はおこらない。なぜならムラはかわらず、したがって都市もかわらないからだ。だから日本社会には革命がなかった、といっていい。あったのは上層部の権力交替だけである。ヒツジがかわったのではない。ヒツジ飼いがかわっただけなのだ。日本の庶民が革命に参加しない理由である。

「リンゴの都市」と「ブドウの都市」

西洋の都市では、この市長と市民の関係がそのまま都市の形となってあらわれる。まず都市の中心に市庁舎や広場があり、さらにそれを権威づける教会があり、そのまわりに市民の住宅が存在し、さらにそのまわりを城壁がとりかこむ。それは、中心に芯と種があって、そのまわりを肉と皮がつつむリンゴの構造に似ている。西洋の都市は「リンゴの都市」なのである。

これにたいして日本の都市には、市庁舎や広場などという中心はない。城と武家地は「軍営」であって都市ではない。町場にかぎっていえばあるのはムラだけだ。「八百八の町」である。

こういう日本の都市はさしずめ「ブドウの都市」といっていい。一房のブドウに中心はなく、多数の粒があるだけであり、それぞれの粒には種も肉も皮もあるからだ。じじつ各町には家だけでなく、町会所があり、火の見櫓があり、木戸があり、近くにはヤシロまである。「江戸八百八町」というのはじつは江戸がブドウの都市であることをいみじくもいいあらわしたことばだといっていい[2]。どうようのことが大坂では「八百八橋」となる。大坂の橋はほとんどすべて各町が建設したものだからだ。

すると大きくいって江戸は、いっぽうでは城や武家地などの「軍営」があり、もういっぽうにはこういう「ブドウの都市」が存在する二つの人口集中地区だ。ただ人口集中地区というものの、武家地は城もふくめて六〇パーセントもあり、町場は町人地の二〇パーセントのほかに寺社地の二〇パーセントをふくめても四〇パーセントしかなかった。しかもその二〇パーセントの町人地が江戸全体の生産と流通をささえ、都市を都市たらしめていたのである。武士が町人に寄生していた姿がはっきりわかる。

そのことは、天下の江戸城が振袖火事で消滅しても、いつまでたっても再建できなかったことでいっそう明確だ。幕府にとってさえ、江戸城再建より二〇パーセントの町人地の再建のほうが大切だったのだ。

そういう江戸の「二元的体制」は三〇〇諸藩の城下町においても基本的にかわらなかった。各城下町でも武士は都市にすむことを強制され、そこで武士社会をつくらされた。町人たちはそれとはべつに町を構成していた。そしてこの「二つの社会システム」は、それぞれ独立しているとはいうものの一方が他方に寄生していたのだった。

将軍はなぜ神田祭を見るか？

その「ブドウの都市」をしめす典型的な例が祭である。

日本の祭はほとんどすべて都市の祭ではない。もちろん国家の祭でもない。都市や国家の祭もないことはないが非常にすくない。

「ではどこの祭か」というとみなムラの祭である。「村の祭」であり「町の祭」である。現代でいえば「町内の祭」である。たとえば京都の祇園祭は京都という都市の祭のようにみえるが、じつは都市の祭ではない。京都のなかの各通りの「お町内の祭」にすぎない。いわば各ブドウの粒の祭である。ただそれらが集合しておこなわれるから京都の祭のようにみえるだけだ。

どうように地方の祭もほとんどすべてが行政市町村の祭ではない。どれもこれもが市町村のなかの大字とよばれる江戸時代の町や村の祭である。いわばムラの祭だ。

そのムラの祭のなかに日本の民衆の顔があらわれる。日本の庶民の顔をみたければ祭をみればいい。

だから権力者が天皇、公家、僧兵、武士とかわっても、祭はひとつもかわらない。庶民がかわらないからである。そこでいつの時代にも、新しい権力者が登場したときには、前権力者とどうようにムラの祭を大事にする。ムラの祭の核になっているヤシロを大切にする。民衆に背をむけられたら権力者たちは生きていけないからだ。

江戸時代もおなじだった。江戸幕府は、江戸八百八町の祭にさまざまな便宜供与をあたえている。たとえば江戸最大の祭である神田祭は、江戸のお町内の一割ぐらいが参加し、各お町内からくりだす山車《だし》は三六、御輿《みこし》は二〇〇といわれる壮観なものだったが、将軍は「天覧の祭」と称して毎年これを観覧している。そういうこともあって、幕府は日ごろから社殿の造営にこれつとめている。

のちのことになるが、ときの権力者でこのようなムラの祭にそっぽをむいたのは、その長い日本の歴史においては明治政府ぐらいだったろう。明治政府は、全国の神社のおおくの土地をとりあげて売りはらい、政府の財源にした。さらに明治三九年（一九〇六）には「神社合祀令」を発して日本のムラの息の根をとめようとさえした。さらに寺をもっとひどく痛めつけた。

これらに身体をはって抵抗したのは人類学者の南《みな》方熊楠《かたくまぐす》である。熊楠の抵抗によって、日本に二〇万あったムラのヤシロが一一万にへらされることですんだ。

しかしそういうことをくりかえしていたから日本社会はしだいにおかしくなった。「明治以来、日本社会がおかしくなった」というわけがここにみえるのである。

神田明神祭はいまなお盛んである

21 河原になぜ劇場か?——巫女と芝居小屋

歌舞伎の起源は出雲の巫女の阿国《おくに》とされる。

天正九年(一五八一)に阿国が京にきて四条河原で「ややこ踊り」なるものをおどったのがそれだ。それを少女の踊りというなら、それから二二年後にはおなじく四条河原や五条河原で「念仏踊り」などを、おどっている。これらはもう大人の踊りである。また河原や橋のたもとだけでなく北野天満宮の境内でもおどったが、これらはいずれも野外だった。「歌舞伎」の最初の舞台は野外だったのだ。

これにたいして西洋では、たとえば古代ギリシアの芝居は円形劇場のような劇場専用空間でおこなわれた。もっともはじめは円形の広場であるオルケストラとそれをとりかこむ観客席で輪になっておどったり、酒神ディオニュソスをたたえる合唱歌をうたったりしたが、やがてせりふをしゃべる俳優があらわれ、ステージがつくられ、楽屋がうまれ、しだいにオルケストラが建築化されていった。中世ヨーロッパでも古くは教会内で宗教劇などがおこなわれたが、ルネッサンス期になると古代ローマをまねた本格的な室内劇場がつくられた。いずれもはやくに場所が固定化され、建築化され、室内空間化されていった。

ところが日本のばあいは、阿国にみるようにそうではない。

その芸能の歴史は、古代ギリシアほどではないにしても西ヨーロッパなどとくらべるとずいぶん古く、七世紀に舞楽、伎楽《ぎがく》、散楽《さんがく》などが大陸からはいってきてそれまでの日本の民衆の芸能と習合した結果、猿楽《さるがく》、田楽《でんがく》、能などがうまれている。にもかかわらず、それらはたいてい河原や庭、あるいは社寺の境内などでおこなわれた。舞台装置も仮設的なものだった。のち社寺の修復などのために寄付をあつめる「勧進《かんじん》踊り」のような興行のときも、せいぜい竹矢来《たけやらい》にむしろがけといった野外舞台だった。固定的、かつ、建築的な芝居小屋ができるようになるのは、若衆歌舞伎などがさかんになる江戸も寛文年間（一七世紀中葉）までまたなければならないようだ。

日本では演劇は古くから発達したのに、それをいれる劇場建築はどうしておくれたのか？　なぜ芝居はいつまでも河原でおこなわれていたのだろうか？

能の主人公は「土地」である――日本芸能の成立

歌舞伎より古い演劇に能がある。

その能は、室町時代からすでに舞台をもっていたがほとんど仮設的なものだった。完全に建築化され、密閉化された今日の能舞台は江戸時代の家元のけいこ舞台から発したもので、ほんらいの能舞台とはいいがたい。ただ今日のように京間三間四方の四本柱のなかに屋根をかけ、舞台をおき、そのまわりを白州とし、右に地謡《じうたい》座、うしろに後《あと》座、それに橋掛《はしがか》りをもうける、といった形は、すでに確立していたようだ。ここに日本における劇場建築の萌芽がみられるのである。

ところがその構造がしめすように、それはひとつの建物ではあるが屋根と柱しかない。壁は後座のうしろとその右に少しあるだけである。全体はいわば四阿《あずまや》のような吹放ちの野外空間である。屋内的な建築空間とはとうていいいがたい。また舞台装置というものも、その後座の後背壁の鏡板にかかれた松と竹の絵のほかにはなにもない。ために芝居はすべて謡《うたい》と、音楽と、役者の演技だけですすめられる。たとえば謡と音楽で突如としてそこに山々が現出する。あるいは大波小波がうちよせる。役者の演技がそれを観客につたえる。ひろい野原でただひとりおもいにふける男は奥まったところにたつ。恋人の墓前で涙をながす女性は舞台の端ちかくにすわる。

能の世界は、このように深山幽谷から白砂青松まで、野の庵から町の雑踏まであらゆる土地を現出しなければならない。すると、そこに固定した空間や装置、背景があるとかえって邪魔になる。邪魔になるどころか土地のイメージをそこないかねない。このことからもわかるように、能の世界では主人公は人間ではなくてどうやら「土地」なのである。その証拠に、主人公ははじめは里人として登場するが、のち、おおくその「土地の霊」となってあらわれる。

じっさい能の基本は「夢幻《むげん》能」である。それは土地の伝説に根ざしている。

そこでの主人公は生の人間ではなく、土地にかかわった神仏、鬼、ものの精、亡き女や武士の魂といった霊である。このように「土地の霊」がありし昔にたちかえって旅人に聞かせる回想談が「夢幻能」である。その回想談をひもとくと戦争もあれば恋もある。人さらいもあれば敵《かたき》討ちもある。それを見、聞く旅人の驚き、そして祈り。いっぽう世の恨みをいだいた「土地の霊」は、その回想を通じて心の葛藤からやがて悟りへといたる。現在と過去とのコミュニケーションが一場のストーリーとなって、劇的に、悲壮に、あるいは夢幻に展開していく。

これは里の人間が、「土地の霊」となり、さらに「神さま」となっていく物語といえる。「神さま」となってのち、旅ゆく人間をまもる。日本の「神さま」は天地自然の超能力をもった存在であるが、その天地自然に合一していくのである。鎌倉時代末期に各地の神社でおおく能が演ぜられたわけであろう。

であってみれば、能はかつての里の人間や鬼を「神さま」にする祭であり、その祭は「神さま」のいます天地自然の野外でおこなわれなければならない。

能が河原や神社境内でおこなわれ、能舞台が四阿のような野外建築でなければならないわけである。

歌舞伎は能から派生した

能の主人公はシテとよばれる。夢幻能のばあい、それはしばしば亡き人の霊である。そのシテは面をつける。能面である。能面はある種のデスマスクである。「この世の人ではない」という霊のシンボルだ。あるいは鬼や神の再現をあらわす。であるからそれはつねにご神体としてうやまわれる。翁の面にいたっては鏡の間に祭壇をしつらえてまつられる。能面は「神さま」のいわば依代《よりしろ》なのである。したがって能面はだれでもつけられる、というものではない。能面がつけられるのは、むかしは大和猿楽四座などにかぎられていた。それは一種の特権であった。

そうでない劇団、あるいは素人の一座では能面がつけられなかった。そういう演劇は「手猿楽《てさるがく》」とよばれた。女猿楽や女房狂言なども手猿楽だった。そういうなかで女猿楽はひらきなおって、美人女優が素顔を積極的に観客にみせるようになった。すると「美人手猿楽」が人気を博した。もちろん能面なしでは夢幻の世界を幽玄に演じることができない。がしかし、生の女の素顔は色気をともなって男たちの心をくすぐる。それは、古きよき昔をいつくしむ心をうしない、刹那的快楽をもとめる戦国乱世の観客たちに大いにうけいれられたのである。

阿国は「この美人猿楽か」というとかならずしもそうではない。彼女は出雲大社のミコであり、その社殿修復のために全国を勧進、つまり寄付をあつめてまわった「歩きミコ」である。しかし女猿楽などの影響を強くうけた、とおもわれる。うけただけでなく、さらに女が男に扮する、という衝撃的な踊りをおどった。

女が男を演じた最初は平安時代末期に、歌い、かつ、舞った遊女の白拍子《しらびょうし》だったろう。彼女たちは立烏帽子《たちえぼし》に、水干《すいかん》、つまりぴんとはった男の白い狩衣《かりぎぬ》を粋にきこなし、白鞘の太刀をさしてさっそうと舞ったところからその名があった。

阿国は、女猿楽だけでなくこの白拍子の影響もうけて「念仏踊り」や「歌舞伎踊り」で、弥陀の名号をとなえる僧や茶屋通いする男などをおどったのだろう。そうして喝采を博した。

それがうけて天下にその風がひろまったために、風紀紊乱をおそれた幕府は、女がおどる「歌舞伎踊り」を禁じた。そこで女にかわって美男子が演じる「若衆歌舞伎《わかしゅ》」が登場した。だがそれも「男色の弊がある」といって禁止された。とうとう前髪をそりおとした「野郎」が女を演じるようになった。それもいろいろな規制をうけたが、まがりなりにも生きのびて今日の歌舞伎につながっている。つまり、今日の歌舞伎は「野郎歌舞伎」なのである。

このように歌舞伎は、ミコの踊りが能の影響を強くうけて発達してきた、とみられる。

歌舞伎は能の約束事や制約をこわした

ただし、能はおおくの制約や約束事をもっていた。たとえば、能面をつけられる一座はかぎられている。舞台装置はなく、謡や所作ですべてを演じなければならない。野外劇であるから、声の聞こえる範囲しか観客はのぞめない。そのストーリーはたいてい土地の伝説である。演者はひとりである。その土地に通りかかった旅人というワキは観客を代表する進行役にすぎない。里人であるシテつまり主役が、のち死者の霊にかわり「一人芝居」を演ずるのだ。その演者は男でなければならない。一日の公演は五演目にかぎられる。しかも一日の興行だけでおわってしまう。好評だからといって続演することはない。かんがえてみれば、祭だから当然だろう。

こういった制約や約束事を各家元はかたくまもったから、能の大衆化はあまりすすまなかった。いっぽう歌舞伎のほうは自由であった。というより、能のもつおおくの約束事や制約をつぎつぎにうちこわしていった。そして歌舞伎が成立したといっていい。

そのひとつが定《じょう》舞台の形成である。それが大規模化し、歌舞伎専用小屋が出現した。固定化した室内専用劇場がうまれたために、劇場街が形成されていった。

演劇街があらわれる

それを京でみると、つぎのようなことになる。

阿国はさきにのべたように、はじめ四条河原や北野天満宮でおどった。のち五条の橋のたもとでもおどったが、五条橋は秀吉の伏見城下と京をむすぶ要衝で、近くの方広寺《ほうこう》や豊国神社の境内はいつも遊興客でごったがえし、豊国神社境内には能舞台も常設されていた。その河原には仮設の芝居小屋がおおくたっていて、京のアミューズメントの中心だった。

阿国もその河原でおどって評判をえたのだろう。のち宮廷によばれた。そのときはじめて「歌舞伎踊り」の名称をもちいた。

その成功によってか、北野天満宮で定舞台をもつことがゆるされた。それは外周を竹矢来とむしろでかこい、なかに櫓をくみ、能舞台を模した二間四方の舞台を建てたものだ。観客席には屋根はなく、土の上にむしろや毛氈を敷いて見物したようである。

いっぽう、五条河原のほうは秀吉の没落とともにさびれていった。

また三条大橋は江戸と京をむすぶ東海道の玄関口だったから、アミューズメントの中心はそこをはばかって、となりの四条大橋にうつっていった。元和《げんな》のころ（一六一五〜二四）京都所司代板倉勝重は、京の芝居小屋を四条河原に櫓をもつ七つの大芝居小屋といくつかの小芝居小屋だけに制限している。ために五条河原や豊国神社、北野天満宮などは火が消えたようになった。

以後、四条河原が京の演劇街として発展していった。

芝居小屋全体が舞台になる

そこでどんな大規模な室内劇場が出現したのだろう。それを知るために、江戸時代の歌舞伎とはどんなものだったかをみる必要がある。そこで幕末の江戸の歌舞伎見物について一人の女性が書きのこした記録をみよう。[1]

彼女はこう書いている。「芝居の前夜はほとんど眠れませんでした」。それは芝居の中身のことではない。じつは明日どんな髪にするか、どんな化粧をするか、どんな着物をきていくか、どんな帯をしめるか、どんな手提げをもつかなどで、女たちはみな大興奮なのである。

そしていよいよ当日、芝居には船にのっていく。屋形船または屋根舟である。いわば縄文人の行動様式にかえるのだ。船着場につくと「屋号と紋入りの提灯をもった茶屋からの出迎えの人が〈ごきげんよう、いらっしゃいませ〉と丁寧に挨拶し、手をそえて船からあげてくれます」。そこからあるいていく両側の茶屋には美しく提灯がともり「もう足も地につかないほどでした」。茶屋でしばしやすんでいると、カチーン、カチーンと拍子木の音が聞こえ、しばらくして「ときがまいりましたから」とお迎えがくる。そのお迎えの人の「茶屋の焼印のある履物を身をかがめてはかせてくれる扱いぶり、なにからなにまでの気のつかいよう」に生涯忘れられないおもいがする。

案内された桟敷にすわってあたりをみまわすと、まわりの観客たちの美しいこと「だれもだれもが、きそいにきそって意匠をこらし、粋をつくしておりますので、ときには舞台さえ気押されがちのこともあります」。いっぽう舞台は、というと「背景だけでなく、見物席までが深山なら深山、谷底なら谷底にできていて、お客席がそのなかにあるのです」。ときに見物席の真ん中から「赤い橋がせりあがったり、自分たちの頭の上で、軽業のような斬りあいがはじまったりして、その場面場面で、自分たちも一緒に山にいたり野にいたり、それにはいりこんでしまいます」。

そして幕間になると、女たちはいっせいに茶屋にひきあげる。そしてもどってきたときには「粋な芸者風になったり、御殿女中のようになったり、人の気づかないうちにすっかり別人のように早替わりして、すましたものです」。女たちは、芝居にはいくつも着物をもっていくのである。

さてお腹がすくと、桟敷のなかでは「寿司やお菓子がはこばれてみんなで賑やかにいただきましたが、上気して喉がかわいたときの水菓子のおいしさはいまもおぼえています」といったぐあいである。

つまりそのころの歌舞伎は、役者と観客が相対峙するのではなく、舞台も観客も一緒になっている。観客席の上で人が舞う。観客席の下から人がでてくる。役者が花道をあるくときには、両側からみる観客がおたがいに背景になっている。観客が観客を見るのだ。

ために人びとが舞台より観客に注目するときは、役者は必死に演技して観客の目を舞台にひきもどそうとする。観客席のなかに役者がいるときには、舞台の役者は観客になる。ときに二階の桟敷が舞台になり、そこで役者が見栄《みえ》をきる。かとおもうと、大当たりの芝居のときには舞台までが観客席になる。川柳にいう「大当たり一坪ほどで所作をする」ような状態になるのだ。

芝居小屋全体が舞台であり、観客席なのである。

物語はいまも進行形だ！

しだいに室内空間が大型化していく歌舞伎の劇場は、みなそのような方向でつくられていった。

まず、芝居小屋は一種の「山」にみたてられる。ために建物全体が旗、看板、幔幕、積物などでにぎにぎしくかざられる。その山のシンボルになるものは正面玄関にある高い櫓だ。人びとが芝居を見にきたとき、まっさきに目につくものである。それをみあげる人びとの心には、一種、特別の感慨があったろう。というのも、櫓の上には役者の名前のはいった看板がかかげられるが、どうじに美しい絵もかかげられる。それらは「神さま」をまねきよせる依代なのだ。

さてせまい鼠《ねずみ》木戸からなかにはいる。内部は大きく舞台と観客席にわかれる。舞台は屋根つきで、本舞台の前に付舞台《つけぶたい》、右に囃《はや》し方、左に橋がかりなど、能舞台の影響をおおくのこしている。さらに奥に、後舞台、楽屋などがある。

その平面形は舞台が観客席にむかって飛びだしたような形となり、三方から舞台をみることができる。

したがって当初のものには幕はなかった。屋根があるとはいえ、能舞台とどうようの野外の吹放ちの空間だった。この本舞台には「回り舞台」がある。おかげで舞台がくるくると早がわりする。日本の芝居の特色であり、他の国の劇場に例をみない日本のステージの面白さといえる。

いっぽう観客席のほうは、中央に平土間の枡《ます》席があるが、はじめは完全な野外で屋根もかかっていなかった。その東西と後方に桟敷があり、ここには屋根がかけられたケースがおおい。そして特筆すべきことは、この平土間に東西二本の「花道」がはしり、さらにそれらをつなぐ中の間の「渡り」があることである。これこそが日本の芝居小屋の大きな特徴といえる。これらの花道や渡りは、観客がそれぞれの枡席へいくときの通路であるが、どうじに役者にとっては舞台だからだ。芝居小屋全体を舞台にする大きな建築的装置といえる。

歌舞伎の伝統芸能をうけつぐ京都南座

そうまでして舞台と観客席とを一体化させるのは、観客自身も「演技者」だからである。能のワキが観客自身であるように、歌舞伎の観客も舞台でおこなわれる事件にかかわっている。いわば、それは祭だからだ。

日本の芝居は過去の物語を再現する劇ではない。現在もなお進行形の祭なのである。

22 藩になぜ学校か？——大名と藩校

明治以後の日本が近代化に成功した秘密として、よく江戸時代における庶民の教育水準の高さがあげられる。もしそうだとすると、江戸時代になぜ日本の庶民の教育水準がそんなに高かったのだろうか？

またいっぽう武士たちも学問に大いにはげんだという。だいたい江戸幕府は軍事政権だ。軍事政権であればときの為政者たちの最大の関心事は戦争にあったはずだ。であるのにその為政者たち、つまり武士たちがどうして学問に熱心だったのか？

たしかに幕府は、武士にたいして学問・教育を奨励している。

そこで各藩は、武士の子弟の教育に熱心にとりくんだ。藩士の子弟を対象とする「藩校」というものを、ほとんどもったのである。その総数は江戸末期に二一九校といわれる。そして今日の小学生高学年から大学生ぐらいに相当する武士の子弟に、文武両道の教育をおこなった。幕末のころになると、全藩士の子弟に通学を強制した藩もおおかった、という。

それにしても、なぜ各藩は武士たちにたいしてそれほどまでに学問を奨励したのか？

寺子屋は今日の学校よりおおかった——庶民教育の開始

まず、庶民の子どもの教育からみていこう。

江戸時代まで日本の庶民の子どもは、遊んだり、家の仕事を手伝ったりして、まともに教育をうける機会がなかった。他家へ奉公したとき、奉公先でみようみまねで勉強をしたぐらいだ。

ところが江戸時代になって世の中が平和になり人びとの暮らしもよくなっていくなかで、子どもの教育ということが人びとの関心をよぶようになった。関が原の戦いから一〇〇年ほどたったころ、庶民のあいだに手習いをほどこす施設が急速に普及したのである。寺子屋だ。

それは大都市だけでなく、城下町、門前町、宿場町さらには農山漁村にまでおよんだ。江戸時代末には、その全国総数は三～四万校になった、といわれる。

現在、日本の保育所や幼稚園、それに大学をのぞく初等・中等の学校数は、小学校二万五〇〇〇、中学校一万一〇〇〇、高等学校五五〇〇、高等専門学校六〇で、合計四万一〇〇〇ほどである。すると、とうじの人口が現在の四分の一ほどだったことから換算すると、江戸時代の寺子屋の数のほうがおおかった、といえるのだ。

もちろん寺子屋は学校というより塾といっていいような規模の小さいものだったから、じっさいの生徒数となるとずっと下まわるが、それにしてもその数はあなどれないものがある。

寺子屋教育は庶民がおこした自発的活動

ではどうして寺子屋がこんなにもたくさんつくられたのか？

寺子屋の「寺子」というのは、がんらいは中世に寺住みして学習した子どもたちを意味した。その寺子屋は、記録のうえでは応仁・文明の乱（一四六七～七七）ごろにあらわれている。それは室町・戦国時代に、寺が村の文化的中核になっていたことをしめすものだろう。

しかし寺子が「手習所で学ぶ子ども」つまり塾生とか生徒とかいうようになり、寺子屋が大いに普及するようになったのは、元禄時代（一六八八～一七〇三）ごろの京、大坂においてである。京、大坂の商業活動の発展が大きく影響したものだろう。

やがてそれが江戸につたわり、さきにのべたように全国にひろがっていく。都市では商業活動の発達で庶民にも教育が必要なことはわかるが、しかし農村ではなぜ必要だったのだろうか。そこには諸外国の農民とちがって、たえず天変地異と格闘するわが国の百姓の姿がある。たえず土地改良にいそしむ百姓の行動がみえる。「百姓に学問はいらない」というのは、江戸為政者たちの「百姓蔑視」観にすぎない。あるいはインテリたちの観念的な学問に対する百姓の側からの拒絶反応だろう。じっさいにはさまざまな知恵や経験、知識がないと日本の百姓はやっていけなかった。百姓は織物も輸送もやっていた。だから百姓なのだ。薪を負って読書する二宮金次郎は、その勤労百姓の典型的な姿をしめしている。

さてその寺子屋といってもかならずしも寺ではない。またおしえる人も僧侶ではない。それが江戸や地方の城下町となる大坂においては町人がおおく、武士も町人となって師匠をつとめている。寺子屋の師匠は京、と下級武士や浪人となる。いっぽう富裕農村では村方三役、つまり名主・組頭・百姓代などがおこない、農山村・漁村では僧侶があたったようだ。ほかに全地域をつうじて医者がおおくおしえている。

というところから、その教室は寺の本堂のほかに、町家、屋敷、農家などの一室があてられた。経営者はどうじに教師をかねていて、しかもたいていひとりだったから、みな自宅を開放したのだろう。

おしえる内容は、寺子屋の代名詞が「読み書き算盤」といわれるように読書・習字・算数であった。もっとも算数は都市がおもで、農村などではあまりおしえられなかった。教育ていどは、今日の小学校からせいぜい中学校ぐらいのものだったようである。特筆すべきことは、江戸、京、大坂には女師匠がおおかったことだ。江戸の神田・日本橋・浅草のような町場では三人にひとりは女師匠だった。それに比例して寺子のほうも女子の就学比率が高く、神田・日本橋・浅草では男女がほぼ同数だった、という。

以上のように寺子屋は、庶民が日常生活や労働に必要な知識や技能を学ぶための教育機関であった。だがこれにたいして、幕府や各藩からはなんの援助もなかった。まったく日本の庶民がおこした自発的な教育活動だった、といえる。けれども、こうしてえられた庶民の知識や技能が、明治以後の日本の経済活動をささえる大きな基盤になったろうことはうたがいない。

しかし寺子屋に学んだ庶民からはついに経世の学徒はあらわれなかった。明治維新に参加した庶民がほとんどいなかったことをみてもわかる。さきにものべたように日本の庶民は革命には無縁だったからだろう。

「朱子学絶対主義」へ

つぎに藩校についてのべる。

藩校はさきにのべたようにその数は二一九である。明治になってからつくられたもの三六をくわえると合計二五五となり、その数は藩の総数二七六の九二パーセントを占める。ただし残り二一藩も藩校がないのではなく、資料不足のために不明なだけだ。となると、ほとんどの藩に藩校があった、とみていい。ただし「一藩一校」が原則だった。

もっとも、藩校は幕府開設当初にはなかった。というのも平安時代以来、室町中期の武将の上杉憲実《のりざね》が再興した下野の足利学校のようなわずかな例外をのぞき、ながらく武士の子どもの教育は、家庭内で主として母親や兄弟によっておこなわれていたからだ。およそ学校というものが存在しなかったのである。

それが徳川幕府の成立によってかわった。家康が徳川幕府の永続性をはかるために、諸階層の関心をもっぱら学問に集中させる方策をとったからである。しかもその学問として、漢の武帝の先例にならって儒学、とりわけ社会の上下の道徳を尊重するそのなかの朱子学を中心においた。

そこで幕府や諸藩につかえる儒官たちは、公の援助をえて、旗本や藩士の子どもたちの教育のために自宅を開放して「家塾」をひらいた。なかに朱子学の泰斗であり幕府の儒官であった林羅山（一五八三～一六五七）は、寛永七年（一六三〇）に上野忍岡《しのばずおか》に書院・塾舎・書庫をもつ専用の家塾を建てた。のちこれに孔子廟などがつけくわえられた。この家塾では、一般に寺子屋より教育ていどの高い初等・中等教育がほどこされた。しかも旗本・藩士のほかに、卒族《そつぞく》、つまり足軽・同心などの下級武士や一般庶民にまで門戸がひらかれた。こういう身分制を無視した教育というのはとうじにあってはひとつのエポックだった。学問奨励の見地からこれも是認されたようである。

いっぽうこういう文運の波にのって各地に朱子学以外の学問もおこった。すると幕府肝いりの林家の家塾はおとろえていった。そこで寛政五年（一七九三）に松平定信は、朱子学を正学とし他を異学とする「異学の禁」をさだめ、神田湯島に新しい校舎を建てて、林家の家塾をそっくりそのまま「昌平坂学問所」に昇格させた。幕府の方針は一般的な学問奨励から、朱子学絶対主義にかわったのである。

藩校を幕藩体制をまもる「神さま」とする

各藩は、また藩校だけではなかった。藩立学校をおおくもっていた。

藩立学校には医学校、洋学校、国学校、兵学校、郡学校、郷学校などがあった。そのなかで幕府の方針にしたがって、儒学を中心に武士の教養のための学問をおしえる「漢学校」がとくに藩校と呼称されるようになった。そして各藩の学問の中心になっていった。各藩は藩校の整備に力をそそいだ。もっとも諸藩のなかには尾張藩、盛岡藩、岡山藩などのように林羅山の家塾設立前後にすでに藩校をもっていたところもあった。だがおおくは昌平坂学問所の設立とならんで整備されたようである。

その整備の内容は、大名たちのおおくが学問に熱心だったから、従来、藩主自身の儒学研鑽のためにもちいられていた施設を改築した「講堂中心型」であった。また藩の儒官の家塾を改組改造した「家塾成長型」もあった。あるいは新規に孔子廟をもうけて本格的な学舎をつくる「聖堂中心型」などもあらわれた。またその校舎の形は、昌平坂学問所とどうよう「教官室」である書院のほかに、生徒を集団で教育する複数の塾舎がもうけられた。それは身分や権威を排したもので、わが国における機能主義建築の登場といっていい。そしてたいていの藩では藩士の子弟は就学を義務づけられ、さらに卒族や一般庶民の子どもの入学をゆるしたところもあったから、藩校はしだいに拡大化していったのである。

それだけではない。藩校にはおおく「孔子廟」が建てられた。儒教の開祖である孔子とその聖人たちの像をまつる「聖堂建築」である。その聖堂建築の特色は、寝殿づくりのようにその前に泮水《はんすい》という池がほられたことだ。そして毎年、孔子をまつる「釈奠《しゃくてん》」という儀式がおこなわれた。仏殿の仏像とどうよう、孔子は日本の藩校において「神さま」となり、儒教は本格的な宗教となったのである。

そういう聖堂をもった藩校は、二四七校のうち二〇パーセント強の五四校あった。また教場の一角に孔子の聖像や聖画を配したものが三〇パーセント強の七七校あった。両方あわせると五〇パーセント強である。また、釈奠の儀式をおこなっていたが聖像・聖画についての記載のないものが三四あったから、全体の三分の二が、なんらかの形で孔子をまつっていたのだった。

またそれにあわせて朱子学の思想を講ずる講堂が建てられた。これも寺院の金堂にたいする講堂といっていいだろう。講堂を学舎の中心とする藩校もおおかったのである。

こういう儒教の宗教化はいったいなぜおこなわれたのか？　それには「学問に神さまの権威が必要だった」ということもあるだろうが、じつは、これら藩校で「新しい神さまをむかえる必要があった」とかんがえられる。というのは、家康は徳川幕藩体制をまもる「神さま」がほしかったのだ。その新しい「神さま」によって荒らぶる武士たちをおさえようとかんがえた。それを従来の日本人の信仰だった「神―天皇」ではなく、またインドからきた外来宗教の「仏」でもなく、古い中国の「孔子」にもとめたのである。「一藩一校」もそのせいだった。いいかえると、それらは各藩の「神殿」だったのだ。

したがって藩校には神仏はまつられない。唯一の例外は、鹿島社をもつ水戸藩の弘道館ぐらいだが、水戸藩が「尊皇攘夷」思想の源泉となった「水戸学のメッカ」であることをかんがえればそれもうなずけよう。つまり水戸藩だけが、孔子を「神さま」とすることをあからさまに拒否したのである。

しかしいっぽうでは、じつは将軍や大名自身の神格化ということも進行した。日光東照宮などはその典型的な例である。そして結局はそのほうが現実化していった。将軍や藩主は、旗本や藩士の「神さま」となっていったのである。

ために、孔子による新しい「神さま」づくりは成功しなかった。各藩の藩校の孔子廟は中途半端な存在に終ってしまった。そして中途半端な存在となった藩校以外のところで、将軍や大名という「神さま」にたいして、新しい「神さま」をかんがえる学問の胎動がはじまったのである。

「私塾」が日本を変えた！

江戸時代には、藩校や藩の儒官がおしえる家塾のほかにもうひとつ塾があった。私塾である。

私塾は家塾とどうよう、師匠が自宅を開放して師匠自身が講義した。ただし実学をおしえる寺子屋とちがって思想をおしえるところだった。また家塾とちがって師匠は幕藩につかえない民間人だった。したがっておしえる内容は朱子学にかぎらず自由だった。そこに魅力があった。おおくの人びとが私塾にむかったわけである。そのいくつかをあげよう。

たとえば中江藤樹（一六〇八〜四八）は、朱子学ではなく「道徳の形式より心のほうが大切だ」とする陽明学を主張した。そして朱子学を学ぶ武士たちの「商《あきない》立身の上手なる士のときめく」現実を批判した。のち故郷の近江に帰って「藤樹書院」をおこし、岡山藩主池田光政らの尊崇をうけた。門人には熊沢蕃山はじめおおくの学者がでている。

また伊藤仁斎（一六二七〜一七〇五）は、おなじく朱子学の形式主義を批判して、孔孟の教えにかえることを主張した。形は孔孟の教えによるが、中身は「生々変化することこそ世界の本質であり、動にこそ価値がある」という日本的思想をたて、京堀川で「古義堂」をひらいた。門人には小野寺十内、大石良雄などがおり、荻生徂徠や石田梅岩らの学者にも大きな影響をあたえた。

いっぽう漢学にたいして国学がおこった。本居宣長（一七三〇〜一八〇一）は「うるさく道徳をとく儒教や仏教は、人情の真実を抑圧し偽善を強要するもの」として批判した。そして「喜ぶべきことにあったら喜び、悲しむべきことにあったら悲しむ、という素直な心こそ〈もののあわれ〉である」とし、それを日本人の心の本源とした。その私塾である松坂の「鈴屋」には五〇〇名をこえる門人の名がある。

これにたいして、大坂の五人の町人が尼崎町につくった「懐徳堂《かいとく》（一七二四〜一八六九）」は古今東西の学をおしえる自由な学風で一世を風靡した。三宅石庵、中井竹山、富永仲基《なかもと》らのすぐれた学者がでている。なかに山片蟠桃《ばんとう》（一七四八〜一八二一）はその主著『夢の代《しろ》』で、封建制下にあって西洋の学者にも比肩するほどのおどろくべき合理主義を展開して人びとをおどろかせた。

つづく大坂の緒方洪庵《こうあん》（一八一〇〜六三）は、蘭学医術をおさめ、おおくの西洋医学書を翻訳し「適塾《てき》」をひらいている。そして塾の経営のかたわら、種痘の普及やコレラの治療に精魂をつくした。「その門弟は三〇〇〇をこす」といわれ、なかに大村益次郎、橋本左内、大鳥圭介、福沢諭吉らの名がある。

そして問題は吉田松陰の「松下村塾」だった。松蔭は陽明学や水戸学を学んだのち各地を遊歴し、アメリカ密航の失敗ののち、故郷の萩の一角で下級武士たちを対象に社会の変革をこころざす人びとを養成した。

現代建築家にみなおされつつある岡山藩閑谷学校講堂

その門下からは高杉晋作、久坂玄瑞、伊藤博文、山縣有朋、品川弥二郎らを輩出している。かれらが明治維新の大業をなしとげたのであった。

こうしてみると「日本を変えたのは私塾の人びとだった」といえるのではないか。そうしてかれらが学んだところは、草庵にも比すべきつましい塾家だった。

学問に必要なのは人びとの情熱の心である

結局、日本の学問とはなんだったのだろう？　そしてそれをいれる建築空間とはなにか？

はっきりいえることは、ときの権力が力をいれた藩校のような「広壮な学舎」からは学問も人材もあまりそだたなかった。すくなくとも回天の大業をおこなう人物はうまれなかった。それにたいして、私塾のような「草莽の小屋」からはいろいろな学問がうまれた。今日、江戸時代の学問として高い評価をうけているのは、ほとんど私塾からでた学問である。そしてそれらの学問のなかから倒幕の気風がそだっていったのだった。

家康は、秀吉からうけついだ二つの施策、つまり「刀狩り」による一般人の武装解除と「士農工商」という身分制を貫徹するために「法治主義」という施策をとった。ためにたんなる「兵制国家」でなく「法治主義」をおしすすめる「官制国家」となった。それにもとづいて各階層の人間にたいし、さまざまな法度を発した。そうして徳川家の延命をはかった。幕府は、その家康の「法治主義」という遺訓をまもり、さまざまな法度を理解させるために天皇・貴族・僧・武士らに教育を慫慂《しょうよう》した。とくに力ある人びとにはその意識を学問に集中させ、それ以外のことにはあまり関心をもたせないようにした。なかでも社会のリーダーとなるような人たちには、学問のなかの儒学、とりわけ朱子学をもって正学とし、その他を異学として禁じた。

つまり幕府のとった政策は、一口にいって学問奨励と法度であった。この「飴と鞭」政策が幕府のいわば延命策であった。

しかし最後にはそれらが裏目にでた。

徳川幕府は、幕藩体制という一種の「連邦制」をとって、各藩に「軍隊」の保持をふくむ大幅な統治の自由をゆるし、その結果、産業は振興し、商業活動は高揚したが、反面、武士階級の経済的没落は決定的となった。江戸の町をみてもわかるように町人に寄生する武士がおおくなりすぎたのだ。そういう現状を正視しない朱子学は放棄され、人びとの目は国学や洋学にむいていった。

そういうなかで、意識の高い武士たちは「知行合一」をとく陽明学に心をうごかされた。黒船が襲来したとき、人びとはとうとう陽明学の奥に古来からの天皇制をみるようになった。天皇制の昔にたちかえって「尊皇攘夷」をさけぶようになる。そして最後には「倒幕」という事態にたちいたってしまったのである。

学問に必要なのはかならずしも潤沢の資金や広壮な学舎ではなく、つまりりっぱな建築ではなく、結局、教える人と学ぶ人の情熱の心を結びあわせるようなつましい空間であることを日本の学校の歴史はおしえているのである。

23 座敷はなぜ南か？——百姓と民家

昔、イギリスのロンドンで一年間くらしたことがある。

そのとき住むべき家をもとめて家探しをした。ロンドンの不動産屋につれられて何軒か家をまわった。そして新しい家に案内され、新しい部屋にはいるたびにわたしはたずねた。「この窓はどっちの方角をむいているのですか？　南はどちらですか？」。だがいつも不動産屋は首をかしげていた。わからないのだ。地図をみたり、窓から外をながめたり、はては道路にでて手をかざして太陽をみたりしている。そのとき、わたしは「イギリス人は方位についてはまったく無頓着だ」とおもった。しかしそれはイギリス人だけではなかった。どうようのことをパリでも経験した。ドイツでもおなじだった。

だいたいヨーロッパ人、とくに大都市に住んでいるヨーロッパ人は、部屋の方位についてあまり関心がない。それにたいして日本人は、家のなかの方位をいつも気にしている。リビングや子ども部屋は南向きでなければならない、とおもっている。座敷にいたっては南むきが絶対だ。たしかに日本では、冬、南向きの部屋は北むきの部屋にくらべてあたたかい。だがそれは反対に、夏は南向きの部屋はあつく、北向きの部屋はすずしいことを意味している。しかしそのことを日本人はあまりかんがえない。「家は夏をむねとすべし」といいつつ夏の南向きの部屋の暑さを問題にしないのだ。最近は地球温暖化をむかえて夏の暑さがきびしくなり、北向きの居間や寝室がありがたくなっているのに「北向きの部屋はくらい」といって相手にしない。

これにたいしてヨーロッパ人は、秋や冬は雨天や曇天がおおいせいか、はじめから部屋を太陽であたためようという気がない。室内の温度はすべて暖房によっている。したがって太陽の方位などは問題にしない。

するとヨーロッパ人の住み方はよくわかる。合理的だからだ。わからないのは日本人のほうである。日本人が南にこだわるのは、どうやら温度のせいだけとはいえないようなのだ。

神さまは「水と太陽」にかわった――「柱の家」の登場

まず、縄文人はどうだったろう。かれらの竪穴住居は、出入口以外はほとんど壁だったから、太陽のあたたかさをもとめてすまいの向きを変えるということはなかった、とおもわれる。もしすまいの向きにこだわるとしたら出入口ぐらいだったろう。雨風の侵入を防ぐためだ。日本人がすまいにおいて、すまいの向きとか方位とかを気にするようになったのは弥生時代になってからだ、とおもわれる。すまいの平面形が、竪穴住居の円形または楕円形から高床住居の方形にかわったことがそれを暗示している。

じっさい、弥生時代になるとすまいの平面形が方形になっただけでなく、すまいそのものの考え方が根本的にかわってしまった。それはその構造にはっきりあらわれている。「壁の家」から「柱の家」にかわったのだ。

そういうすまいの変化の背後にあるものは、人びとの想いの変化だったろう。人びとの想いは、「火」への感謝から「水と太陽」への讃歌にかわったのだ。その背景には、自然採集による生き方から、稲作による生き方にかわったことがある。

前にのべたように、自然採集社会では、少量の収穫物でも土器で煮たきすることによってカロリーを無駄なく利用し、かつ、保存することができる。そういうことを可能にした火はまさに「神さま」だった。だが稲作の登場は、そういう人びとの想いをくつがえした。小さなわずかばかりの水田が秋になると想像もつかないほどのみのりを約束してくれたからだ。

「神さま」はかわった。神さまは「火」から、コメの豊饒を約束する「水と太陽」にかわったのである。

日本神話にも、イザナギは火の神カグツチを斬って、そのあと川の水でミソギをしている。そういう移りかわりを住宅の変化が具体的にしめしているのだ。

竪穴住居は「神さま」である火を風雨からまもるべくかたく閉じられていたが、弥生時代になると「新しい神さま」である太陽と水はすまいの外にあるので、すまいは外にむかって開かれるようになった。高床住居である。「壁の家」が「柱の家」にかわったのだ。

そうして弥生人は「柱の家」でのぼる太陽を毎日あおぎみ、「柱の家」で流れる水を毎晩たしかめ、まわりの天地自然の気配を肌で感じた。それらの気をくみとり、それらの精を身につけようとしたのである。

大イエに竪穴住居と高床住居が並存する

ただし、それは弥生人全部についていえることではなかった。そういうすまいをつくって住んだのは、家のリーダーだけだったのである。

弥生人は稲作という生産手段を手にいれて、縄文人の大イエよりさらに大きい家をつくったとおもわれる。そういう大イエの形は、ついこのあいだまでの信州や東北地方の田舎などによくみられたものだ。村を形成しない大きな一軒家である。一軒家といっても「垣内《かいと》」などとよばれるひろい敷地をもち、まわりを林でかこんだ。エグネなどとよばれる。カイトのなかには建物だけでなく、畑や墓、ヤシロまであった。縄文人の大イエとどうよう「小さな国家」といっていいような独立性、自己完結制をもっていた。

その大イエを運営するのは家長である。その運営の中心はマツリゴトである。一家の家長は祭祀をとりおこなうのが最大のしごとである。家長は、はじめは家母つまり経験のある女主人公がおおかったようだが、のち男性になることが主流になった。最近でもトトとよばれたりしている。(1) そのばあいでも妻と二人して祭祀をとりおこなった。そして高床住居に住んだのはその家長夫妻だった。なぜなら、それは「神さまの家」

であり、マツリゴトをする人間だけが共住をゆるされたからである。そのすまいをオモテ、主屋《おもや》などといった。それにたいしてその他の家族は従来どおり竪穴住居に住んだ。そして火をかこんだ。

年ごろになった女性たちは、たいてい一軒の竪穴住居に住み、かよってくる男をむかえ、子どもをやどし、そしてそだてた。たまに流れ者の男がいつくこともあったが、たいていの竪穴住居には母子家族が住んでいた。その竪穴住居を「妻屋」といった。オモヤをとりかこんでいたからだろう。ツマには「ものの端」という意味がある。また大イエの男たちは、おなじ竪穴住居でも「長屋」といわれる共同住宅に住み、他の大イエのツマヤに妻どいにいった。

かれらが結婚しないわけは、嫁入りや婿入りによって、大イエの労働力がうしなわれるのをみながおそれたからだ。したがって大イエには若い男女や母子家族にかぎらず、年とった独身のオジ・オバといわれる人びとがたくさん住んでいた。大イエの人数が二、三〇人というのも不思議ではない(2)。合掌づくりで有名な白川村の大家族のすまいも、一棟の家のなかでいとなまれたという違いはあってもどうようのケースだったろう。

またそのようなすまいのあり方は、田舎だけでなく京都の西陣の町家などでもついこのあいだまでみかけたものである。

小イエは「二棟づくり」である

縄文時代以来、ながらく日本の家は「一軒家」にも似たこのような大イエという大家族、あるいは複合家族だった。いわば血縁的あるいは擬似血縁的集団である。それらが、おたがいに相当距離をはなれて割拠していた。全体として分散したひとつの広域的地域が構成されていた。

そこから家庭《やにわ》や家群《いえむら》、つまり村という地縁的社会がうまれるまでにはだいぶん時間がかかる。まえにのべたようにそのたしかなケースは中世の惣村までまたなければならないが、それ以前の荘園村や、さらにはそれ以前の古墳時代の大開発時代の集落にもその可能性があったろう。ヤシロの発生がそのような村の成立を推測させる。

ここで想像されることは、そのような村は大イエが自然に分解してできたのではなく「各地の大イエのオジ・オバ、アニ・アネたちによる新しい土地の共同開墾などを通じてうまれていったろう」ということだ。そこに「非血縁者どうしの集住」という、それまでになかった革命的集落形態の発生がかんがえられる。地縁社会である。

そういう村の構成単位はもはや大イエではなく、核家族、せいぜい世代家族ていどの小イエになった。その小イエのすまいは、さきにのべた大イエの「一棟の高床住居とそのまわりにある多数の竪穴住居」という形ではなくなる。家族人数がすくなく、その構成が核家族を主体とするようになったから、ほとんど「一棟の高床住居と一棟の竪穴住居」だけとなる。それをオモヤとカマヤという。カマヤは竈《かまど》のある土間空間で、竪穴住居のなごりだ。一つの家族が二つの住居部分をつかいわけるのだ。

そしてはじめのうちは一棟のオモヤと一棟のカマヤとは距離をおいて相対していた。のちこの二棟の住居はたがいに接して桁を共有するようになる。家づくり技術が向上したのだろう。しかし棟はなお独立のままだった。そこで民俗学ではこれを「二棟《ふたむね》づくり」という。しかし両方の屋根をふきおろしてきた家の境には「谷樋《たにどい》」ができる。その樋を室内から見えないようにするために大黒柱の上に「樋かくし」という板でおおったりする。[3] こういう形式の民家はいまも地方に存在する。神社建築にしばしばみかける「切妻づくり平入」の二つの建物を連結する「八幡づくり」といわれるもの

二棟づくりの民家（鹿児島県の例）

なども同一構造のものといえよう。

こういったものはみな居住者が村人の協力をえて建てたものである。のち建築技術の発達、専門の大工の登場、社会意識の変化などから二つの建物は一つになる。高床と土間の複合である。

しかし建築構造的には融合しても建物の機能はあくまで異なる。なおべつべつの二つの建物であることにはかわりはない。つまりいっぽうは神さまの来臨する「聖なる空間」であり、もういっぽうは人間が生活する「俗なる空間」である。そして日本の民家は基本的にはみなこの「二棟づくり」といえる。

「田の口型住居」

この二棟づくりの農家を、四つの部屋がならんだ平面形から「四つ間取りのすまい」とか「田の字型住居」などという。しかしそれでは日本の民家にとって大切な土間空間がまったく無視されている。適格な表現とはいいがたい。

そこでわたしはその平面形から「田口型」あるいは「田の口型住居」とよんではどうか、とおもう。「田」という高床部分と「口」という土間部分とをならべるのだ。それによって日本の農家の土間のもつ意味の重要性がわかる。日本の家が「田と口の二棟住居」であることも理解されてくるのである。

またわたしはその二棟住居を「二」型住居とよびたい。というのは、先土器時代に大動物を追っていた人びとのすまいは動物の皮をはるために数本の棒をイの形に組みあわせた「イ」型住居であり、つづく縄文人の竪穴住居はその閉鎖的な平面形から「ロ」型住居、さらに弥生人の高床住居は開放的な平面形から「ハ」型住居とすれば、二つの建物をあわせた二棟住居は「二」型住居といえるからだ。つまり「イロハ二」型が日本住居の発展形態というわけである。

それはともかく「田の口型のすまい」の中身をみると「田」の高床は、北側に囲炉裏のある板の間の常《じょう》居《い》、台所《だいどこ》または上《うえ》、その東または西に夫婦寝室の納戸《なんど》または部屋《へや》、ジョウイの南に出居《でい》または表《おもて》、ナンドの南に座敷または大出居というふうにわけられる。そのザシキにはかならず縁、まえには庭がある。斎場《ゆにわ》、門《かど》ともいう。ふつうの客はジョウイで、あらたまった客はデイで、格式のある客はザシキで迎える。

いっぽう「口」のほうは農家にとって大切な土間空間である。そこがニワだ。竈があり、井戸があり、風呂があり、便所があり、物置があり、さらにはひろい作業場があり、穀物倉庫、牛小屋、馬小屋などがある。このような形が日本全国の農家の伝統的なプランの基本形といってよい。

ケの大戸とハレの縁

「田の口型のすまい」が二つの住居の複合である、ということをしめす証拠にその出入口がある。出入口が二つあるのだ。ケの出入口とハレの出入口である。

まずケの出入口はカマヤにある。ニワつまり土間空間の南の大戸《おおど》だ。大きな板戸で、夜はつっかい棒などでしめられる。ふだん家人が使用する出入口である。

いっぽうハレの出入口はオモヤのザシキにある。ザシキはさきにものべたように南をむくが、その南の障子のさきにはエンがあり、エンの前には沓脱《くつぬぎ》石がおかれる。その前はニワである。ふつうの農家なら作業場である。庄屋のような家なら石や樹木を配したニワで、ニワのそばの泉水などをみながら飛石をたどって、門にいたる。そういう経路がその家の正式の出入口である。その証拠に冠婚葬祭の正客は門をくぐるとニワにはいり、泉水をながめ、飛石をつたい、沓脱石で靴をぬいで、エンからザシキにあがる。また葬式の棺桶も、これとは逆にザシキからエン、飛石、門をへて火葬場にむかう。他家へ嫁入りする娘も、ザシキからエンをおりて家を去っていく。

ケの出入口にたいしてこういうハレの出入口があるのも、ザシキはマツリゴトの空間であり、オモヤの核であり、その家の中心だからだ。そうして昔からつねにニワと相対し、ニワのさきにある外の世界と相対してきたのである。カマヤと相対するものではなかったのだ。カマヤはオモヤのいわば従属物にすぎない。

だから以前の日本の家では、ちいさい子どもがふだんザシキやニワで遊ぶことを禁じられていたものだ。

太陽を拝する「祭祀空間性」

そういう「田の口型のすまい」は農家の基本形だけでなく、日本の住宅の一貫した基本形である。

たとえば貴族の寝殿づくりをみよう。貴族の「寝殿」は農家のオモヤにあたる。オモヤのザシキとどうよう南に大きくひらかれている。中央の母屋は南の庇や縁ごしに太陽の光をいっぱいうける。その太陽を見、太陽を拝し、太陽の精をうける。また寝殿の前の庭には大きな池がある。寝殿の背後から遣水《やりみず》が池にそそいでいる。寝殿で水の流れる音を聞き、その気を感じ、その精をうける。

また寝殿づくりのふだんの出入口は、東西の「対《たい》」から南にのびる「中門廊の妻戸」である。農家の大戸にあたる。しかしハレの出入口は東西の四足門から中門にはいり、南庭をとおって寝殿にあがる階《きざはし》だ。上位の貴族が寝殿を訪ずれるのもこのキザハシである。農家のクツヌギイシとおなじ形だ。

このように天皇から庶民にいたるまで、この国の生活空間の形は一貫している。さらにこの寝殿づくりにみられる太陽をおがむ「南面志向」と庭をのぞむ「開放性」も、その後の日本の庶民のすまいにひきつがれる。寝殿がザシキになり、今日のリビングになっても、その南面はつねに太陽と庭にむかってひろく開放されているのである。

日本のマンションにバルコニーがある理由

たとえば現代の日本のすまいをかんがえてみよう。

その玄関という名称は、禅寺の方丈の南隅にある土間の入口からきている。それが武家の屋敷の正面入口になり今日の住宅の出入口となったが、もとをたどれば寝殿づくりの「中門廊の妻戸」であり、いわば「カマヤの大戸」だ。ケの出入口であることにはかわりはない。もちろん勝手口もそうだ。かつてのカマヤの大戸そのものである。昔はそこにひろい土間のニワがあったがいまはないだけだ。寝殿づくりでいえば雑舎《ぞうしゃ》の出入口や通用門にあたたろう。これにたいして現代日本住居におけるハレの出入口は、さきにもいったように門からニワ、エン、そしてザシキにいたる経路である。

しかし現在、そういった日本風の家はすくなくなった。すくなくなっただけでなく、そういうことの意味すら都会の住宅ではほとんどわすれられてしまった。ただし田舎ではまだまもられている。

つぎに今日の高層マンションのリビングをみよう。そのリビングもたいてい南を向き、バルコニーをもち、その壁面を大きく開放している。だいたいバルコニーをもつアパートというものは日本の特許といってもいい。西洋のアパートにはほとんどバルコニーがなかった。用心が悪いからだ。それに大きな開口部をもうけなければならず、冬寒い。それをもつのは南方のものか、贅沢なアパートか、最近のものにかぎられる。

日本のアパートやマンションでバルコニーが欠かせないのは、南面する戸を床まであけるためだ。そうして太陽の日をいっぱいにうけて部屋をあたたかくする、太陽の精を感じとる。その精の最大のものは明るさだろう。日本人はヨーロッパの家の暗さに辟易するわけである。

とどうじにバルコニーはニワである。そこはたとえせまくても「大自然」の一部だ。その大自然にむかって部屋がひらかれていなかったら、日本人は部屋のなかで窒息するような気分におちいる。家が大自然とつながっていないと、日本人は不安になる。

こころみにバルコニーがなくて、窓高が一メートルあるマンションを想像してみるとよい。よほど部屋が広くないかぎり、日本人はその室内の圧迫感にたえられないだろう。

24 家のなかになぜ神や仏か？——町衆と町家

最近はそうでもなくなったが、ついこのあいだまでの日本の家のなかには、神棚や仏壇があるのがあたりまえだった。いまでも神棚はともかく、仏壇のある家はすくなくない。このなんでもない日本の家のなかの光景が、じつは世界の住宅にあっては非常にめずらしいことなのだ。

いうまでもなく神棚や仏壇は宗教施設であり、礼拝空間である。そういう宗教施設や礼拝空間が家のなかにある、というのは、アジアの田舎などではときおりみかけるものの文明国ではおそらく日本だけだろう。しかも日本のばあい田舎だけとはかぎらない。東京や大阪の都心のマンションにだって仏壇のあるケースはすくなくないのだ。

こういう話を聞いた外国人は「日本人はなんと信仰ぶかい民族だ」とびっくりする。なかには「世界一宗教的な民族は日本人である」と感心するアラブ人もいた。

しかしそういわれた日本人は、たいてい面映さを感じる。「日本人が宗教的だ」などとだれもおもっていないからだ。じっさい、いま世界で「あなたは宗教を信じますか？」という問にたいする各国の世論調査をみると、いつもトップはアメリカ人で八五パーセント以上の数値をしめし、あとにインド人やアラブ人などがつづく。ヨーロッパ人は四〇〜六〇パーセントぐらいである。それにたいして日本人は、敗戦直後に七〇パーセントぐらいはあったものの、その後、低下の一途をたどり、一九九五年には二〇パーセントぐらいにまでおちこんでしまった。最近は一五パーセントぐらいという調査報告もある。

つまり統計上、日本人は世界でいちばん宗教を信じない国民なのだ。(1)

とすると、この統計上の日本人の宗教観念の低さと、現実の日本の家の礼拝施設の普遍性との矛盾をいったいどう説明するのか？

ヤとイヘ——家には「神観念」のことば

問題のひとつに「家とはなにか？」ということがあるだろう。「宗教施設は世界中どこにでもあるが、それが家のなかにあるのは日本ぐらいだ」というからである。

そこで家についてかんがえると、じつは日本には建物や住居をしめすことばが非常におおい。ス、スミカ、スマイ、ヤド、ウチ、イホ、ムロ、トノ、クラ、ミアラカなどである。そしてそれぞれに意味と由来があるが、そのなかでもっとも古く、ポピュラーなものに建物についてはヤがあり、住居についてはイヘがあろう。

そのヤとイヘとをくらべると、ヤはオモヤ、ツマヤ、ナガヤ、ウブヤ、イハヤ、ウマヤ、カハヤ、ネヤ、コヤなどのように他の音と連結して意味を限定するのにたいし、イヘはそういうことばの連結による意味限定はせず、ただイヘジ、イヘヅト、イヘビト、イヘノコなどのように他の語の修飾語になるだけだ。そしてヤがいつも「一棟の建物」という単体建築物をさすのにたいして、イヘは『記紀』などのに「垣でかこわれた敷地のなかの土地と建物」とあるように複合的な意味につかわれる。わかりやすくいうと、ヤは「建物」でイヘは「屋敷」なのだ。

さらにその語源をみると、ヤは、メ（目）やハ（歯）のような身体の基本語、あるいはヒ（火）やキ（木）などの日常の基本語とどうよう一拍一音の原始的な日本語であるのに、イヘは、イハヒやイホなどと同源といわれ「一団の人びとがイハむ場」とかんがえられている。イハムは「もののたくさんあつまっている状態」をいう。しかもイは斎《い》で「神聖であること」である。するとイヘは「祝う」や「庵《いお》る」とどうようの「神観念」にもとづく人間の行動といっていい。ヤは物的表現、イヘは「神観念」にもとづく行為的表現なのだ。

「神棚のあるのが家、ないのが小屋」

そういうヤとイへの違いについて、日本のすまいの調査から民俗学者の宮本常一は「神棚のあるのが家、ないのが小屋」という。

すると、縄文時代の竪穴住居はすまいの奥に祭壇とみられる「立石群」があるから、これは家である。また弥生時代の「拠点集落」とよばれる周囲に堀をめぐらした円形の環濠集落のなかの方形敷地では、しばしば首長の居館とみられる掘立柱建物とおおくの祭祀用遺物が発見されるから、これも家だろう。歴史時代にはいると、たとえば寝殿づくりの寝殿は南に庇、孫庇、簀子《すのこ》つまり縁をもつ。そのエンから太陽、山、川などを遥拝するからこれも家といってよい。そして民家はたいてい神棚や仏壇をもっている、つまり家である、というようにみてくると、日本のすまいのおおくは原初から家だったのだ。

すると小屋はなにか？　小屋はかならずしも「小さい屋」という意味ではなく「働らく人びとを一時収容する宿舎」をいう。「仮の屋」である。その典型は農村の「出小屋」つまり遠くの田んぼの収穫のために農夫が一時滞在する「仮の宿」だ。かつては農村では日常茶飯にみられる風景だった。そして都市がうまれ、農民が農閑期に都市に働きにでるようになると、都市の飯場や宿舎も「小屋」になったのだ。

それらは「仮の宿」だから神棚はない。それらが発展すると、あるていど長期滞在する長屋になり、借家になり、今日のアパートやマンションになるが、たいてい神棚も仏壇もないから、どんなにりっぱなすまいでも宮本民俗学的には「小屋」なのである。つまり家ではないのだ。

それが家であるためには、その住人がその土地家屋を所有し、仏壇をおいて祖先の霊をまつり、神棚をもうけて地域共同体の一員にならなければならない。

では、なぜ神棚をもうけると地域共同体の一員になれるのか？

それはさきにみたように、村や町という日本の地域共同体は「神さま」を媒介として成立しているからである。日本の村や町は「祭祀共同体」なのだ。

日本のすまいの伝統をこえた町家

するといまも昔も、家というものは農村にしかないのか？　都市にあるのは小屋だけか？　というとじつはそうではない。

都市はまえにもみたように平城京や平安京などでは天皇や貴族が住むところだった。庶民は近在の農村地主などごくわずかな人間しか住んでいなかった。都市は庶民のいるところではなかった。そして貴族たちはみな屋敷に住んでいた。家だ。かれらにつかえる奉公人も屋敷のなかにスペースをあたえられた。

ほかにかれら支配階級の家屋敷を建てるために農村からでてきたたくさんの季節労働者がいた。かれらははじめ長屋に住んでいたが、長年月たつと故郷に帰れなくなり、小屋を建てて都市にいつくようになった。

いっぽう、その季節労働者らに食糧などの日常生活品を供給するたくさんの立売り、居売りの行商人などがあらわれた。農村の過酷な税にたえかねて逃亡してくる農民たちもくわわったろう。これら行商人や売人は都市のなかの空閑地を占拠して小屋を建てた。「座売舎《ざうりや》」などといわれる。のち借家をかりて住むようになった。「町屋」である。しかし応仁の乱ののちには、堺の商人などがやってきて土地を買いもとめ、仲間で町をつくり、恒久的な家を建てて住んだ。かれらの家が「町家」である。やっと、都市のなかに家が登場したのだ。

町家は、日本のすまいのなかにあって、じつは非常にかわった存在である。たとえば町家の座敷と縁はかならずしも南をむいていない。これはいままで論じてきた日本のすまいの伝統に反する。そうなるのも、町家というすまいは道路に面しなければ成立しないからだ。そしてその道路は条坊制のせいで碁盤目にとおっている。したがって町家はその立地によって店のむく方角はさまざまであり、ザシキのむきも、ニワの方向も南とはかぎらなくなる。にもかかわらず町家のザシキは冠婚葬祭の空間であり、ザシキのエンが町家の正式の玄関である、という日本のすまいの原則にはかわりはない。問題は、ザシキやエンが南をむいていないだけだ。

しかしかんがえてみると、町家は農家ではない。稲作の豊穣のために太陽と水を拝する必要はない。つまり町家にとっては太陽と水は「神さま」ではないのである。したがって座敷が南をむかなければならない必然性はない。だから町家はたいてい家のなかまで日があたらない。ために女性はみな色白になった。「京美人」がつくられた空間的理由である。

すると町家にとって大切なものはなにか？「神さま」はなになのか？

それは「道ゆく人びと」だろう。道ゆく人びとに店の存在を知ってもらい、商品をみてもらい、買ってもらうことである。道ゆく人びとは、町家にとって、またそこに住む商人にとって「神さま」なのだろうか。

町家の発展と「四つの分節構造」

しかし、道ゆく人が「神さま」であるかどうかはともかく、町家はいままでの日本のすまいとはだいぶんかわっている。「聖なる方位性」が無視されただけでなく、寝殿づくりの開放性がなく、民家の「田の口」型とも合致しない。どれも一様に通りから奥にむかって室がつながっている。俗に「ウナギの寝床」とよばれるものだ。しかしそのウナギノネドコの配置には共通性がある。一定の「分節構造」にしたがっている。

そこで町家の歴史をふりかえってみよう。町家は平安京の発展のなかで形成されたが、その発展の歴史のなかに、ウナギノネドコといわれる奥に深い町家の「分節構造」の秘密がかくされているからだ。

分節構造の第一にあるのは店である。平安末または鎌倉時代のザウリヤは、通りに面したミセとよばれる一間きりの屋根と藁床の空間だった。通りにむけて蔀戸《しとみ》をもうけ、昼はそこに物をならべて売った。人びとは一間きりのところで寝泊まりした。入口をはいった土間には、水桶や火桶などがもちこまれたろう。

第二はダイドコ、居り間《おま》、のちに中の間といわれるところだ。鎌倉末から室町時代にかけて大工が建てた長屋式の「町屋」では、ミセの奥に食事や寝泊まりするダイドコといわれる高床がつくられた。そのまえの走り庭とよばれる土間にはカマドがもうけられた。職住が分離したのだ。ただし神棚はない。このころはまだ世の中の変転がはげしく、町屋のおおくは賃貸され、仮小屋の域をでなかった、とおもわれるからだ。

三番目は座敷の登場である。応仁の乱がおわると上級商人があらわれ、ダイドコの奥に、ザシキ、縁、前栽《ぜんざい》といわれる庭などをつくって冠婚葬祭をおこなうすまいを建てた。町屋は「町家」という家になった。ただしこれら商人は法華宗徒がおおかったようだ。「泥水に美しいハスの花を咲かせよう」という法華経の教えは、一攫千金を夢みる商人の意識に符合したからだろう。また近隣どうしで「お町内」とよばれる自治組織をつくり、産土《うぶすな》のヤシロをもうけ、各戸に神棚をまつり、「町衆」とよばれる共同体の成員となった。その町衆が、いったん滅んだ平安京を今日の京都に発展させた、といっていい。

さて、最後は数寄屋だ。すでに室町中期に登場したが、それが普及するのは江戸時代にはいってからである。人びとの生活が向上し、文化的欲求が高まるなかで、センザイの奥に露地という茶庭、スキヤという茶室、それに道具蔵などがつくられた。そこでお茶、お花、謡《うたい》、三味線などの芸事が披露された。町家は「数寄町家」となる。(2)

そしてそれらをつなぐ通り庭が確立して、今日みるウナギノネドコの構造、ミセ、ダイドコ、ザシキ、スキヤという、いわば商業空間、生活空間、祭祀空間、芸能空間の「四つの分節構造」が完成するのである。(3)

以上のように、町家の「四つの分節構造」はそのまま町家の歴史の発展の段階をしめす。こんなにダイナミックに発展したすまいというものは世界でもめずらしい。

けにとどまらない。

町家は富の暴走を防止した

このように町家は世界住宅史上、非常にユニークなものである。が、しかしそれは建築上のユニークさだけにとどまらない。

こういうことがある。町家は、さきにのべたように一本の道路をかこむ両側の家々で構成されるお町内を構成している。村とどうようの「地域共同体」だ。その目的はお町内の住人の生命・土地・財産をまもることであるが、それだけならどこにでもある話である。

問題は町家のお町内が各町家の商業活動の上限を規制したことである。江戸時代におおくの町内で「軒役三軒役」を禁じたのだ。つまり「ひとつの町内で三軒以上の土地家屋をもってはならない」というのである。もしそういうことをゆるすと、商売の成功者が町内の土地家屋を買いしめて商売を独占し、他の商人は四散せざるをえなくなるからだ。では商売の成功者はどうするのか？　店をそれ以上拡張せず、商売を後進にゆずって、みずからは芸事に沈潜する。町家の芸能空間はそのために発達した、といえる(4)。

たしかに、自動車はアクセルを踏めばいくらでもスピードを増し、最後には暴走してしまう。そうならないようにブレーキがあるのだが、商業活動にもそういうブレーキがないと最後には社会を倒壊させかねない。そこで西欧社会ではキリスト教によって社会への奉仕活動をおこなったり、アラブ社会ではイスラム教の教えにしたがって富の再分配行為をすすめたりするが、京の町家ではお町内といういわば「神さま」がブレーキをかけて、商業活動のエネルギーを芸能活動に転換させてきたのだ。じっさい、江戸時代に京都で尊敬された商人は金持ちや分限者《ぶげんしゃ》ではなく「能い衆《よしゅう》」だった。ヨイシュとは店を後進にゆずって芸能世界に沈潜する人たちのことだ。おかげで京都では文化がさかんになり、かつ、今日京都に町家がのこった、といえるのである。

ここに、わが国の商業従事者のひとつの賢明な生き方をみる。

とどうじに、この町家を「ホ」型住居とよぶことができるのではないか、とわたしはかんがえている。「十」字が道のクロスする町を意味し、そこに二つの「丶《てん》」がむきあっている形は、複数の家がお町内を構成していることをしめすからだ。

「四つの神さま」が住みわける

そういうことを保証してきたのも、いまのべたミセ—ダイドコ—ザシキ—スキヤという町家の「四つの分節空間」の存在である。ところが、この「四つの分節空間」は、たんに歴史や機能が異なるだけではない。それぞれがべつべつの「神さま」をもっていることに注目する必要がある。

まずミセやトオリニワの土間空間には、戎《えびす》、大黒などの神話にでてくるような「古い神さま」や、カマド、イドなどの火や水の「自然の神さま」がまつられている。「原始の神さま」だ。正月にはそれぞれにお餅がそなえられる。

またダイドコあるいはナカノマは、いまではおおく畳が敷かれているが昔は板の間で、たいてい炉の上に神棚がしつらえられ、氏神がまつられ、朝晩、お神酒《みき》やお灯明があげられた。正月には恵方《えほう》棚にその年の「神さま」をお招きした。これらはたいてい『記紀』にでてくる「歴史の神さま」だ。

いっぽうザシキには、床の間や仏壇がしつらえられ、花がかざられ、水やご飯がそなえられ、線香がたかれる。盆、先祖の命日、毎月一

京の町家はいま若者の心をとらえている

日・一五日、太子の命日などにはお経があげられる。もっとも正月には、一時、神さまに席をゆずって床の間に鏡餅などがかざられるが、それ以外の一年間はほとんど仏さまの世界だ。センザイには燈籠があり、四季の仏花がつましく咲いている。

最後のスキヤの小座敷では、蹴込《けこみ》床または踏込《ふみこみ》床にダルマの絵や先師の書の軸などがかけられ、茶花がいけられる。ロジには潜《くぐり》、蹲《つくばい》、飛石などが配される。そこはしばしば「草木うえず、石たてず、砂まかず」といったわび数寄の庭である。名のある仏はいない。自然を神さまとする、いわば「禅の神さま」のご身体といっていい。

といったように、この四つの空間には「原始の神さま」「歴史の神さま」「仏さま」「禅の神さま」のつごう四つの「日本の神さま」がいらっしゃる。そしてこの四つの「日本の神さま」はたがいに相手の領域をおかさずに住みわけていらっしゃるのだ。空間的に住みわけて平和的に共存している。

京の町家は、はしなくもいまもその姿をはっきりとみせてくれているのである。

「神さま」が家をまもってくださる

「日本の家のなかに多数の神さまが住んでらっしゃるのはわかったが、いったいなぜそんなにたくさんの神さまがいらっしゃるのか？　住んでいる人間にとってどういう意味があるのか？」と聞かれるかもしれない。そこで京の町家をおとずれる。

いつもそうだが、長屋とあまりかわらないようなさりげない町家の外観をながめながら、ノレンを左右にわけつつなかへはいると、そこは昼もうすぐらく、夏もひんやりしていて、一味ちがった空気のさわやかさを感じる。

まわりをみまわすと派手さや色彩がまったくない。みあげると重厚な梁、年季のはいった柱、黒ずんだ板戸、足もとには踏みかためられた三和土《たたき》、シャープな沓脱石《くつぬぎ》、つかいこまれたあがり框《かまち》、部屋にあがるとすずしげな籐《とう》の簾《すだれ》、つややかな畳、おちついた土壁、古い軸、ゆかしい香、手入れのゆきとどいた調度品、目にしみる白い障子、磨きあげられた縁側、丹精こめた庭のたたずまいなどが目にはいる。まるで美術館にでもきたような錯覚におちいるのだ。そういうなかにあって、玄関には一輪の置花が客を迎え、床の間には生花が彩りをそえ、庭には四季の花々が咲いている。みごとな演出というほかない。

「こういうゆきとどいた整頓や掃除がどうして毎日できるんですか?」と住人にたずねる。すると「神さま、仏さまのおかげです」という答がかえってくる。「毎朝・毎晩、家のなかの神さまをおがんでいるからしぜんに整理整頓ができる」というのだ。「そういう習慣ができてしまったからいまでは苦にならない」そうである。

また、その整理整頓は美しさのためだけではない。

町家がうまれて五〇〇年ほどたつが、いまなお町家にとって一番大切なのは「火の用心」である。密集した木造建築である町家にとっては、火事は最大の敵だからだ。その火事を防ぐには、家人がたえず火の始末に気をくばるしかない。したがって夜になるとカマドをきよめ、炉の灰をただし、神棚の水をかえ、仏壇に線香の火をあげるのも、かんがえてみたらみな「火の用心」のためである。またそういうお勤めをする、ということは、いわば「神さま」が家をまもってくださることなのだ。町家という木造建築がいまなお日本の京都に根づいているわけである。

「木にはマナがある」

そのことは、日本建築の重大問題を提起する。

というのは、日本建築はその原初から明治のはじめまで一〇〇パーセント木に終始し、石やレンガなどを一切つかってこなかったからだ。倉も城もみな木造建築なのである。といっても、レンガ造や石造技術を知らなかったわけではない。空海が長安でみた大雁塔も小雁塔もみなレンガ造だった。朝鮮の塔もみな石造だった。だが、そういうレンガや石を日本人の生活空間にしようという試みはついにおこなわれなかった。

その謎をとく鍵が日本神話にある。『記紀』に「天孫ニニギノミコトが、土地の神オオヤマツミの二人の娘のうち姉の磐長《いわなが》姫ではなく妹の木花咲耶《このはなさくや》姫をえらんで結婚した」という説話だ。それを建築的にみれば「石」をえらばず「木」を選択した話になるからである。イワナガヒメはなげいて「以後、天皇の命は木の花のように短くなる」という呪いをかけた。たしかに、石造建築にくらべて木造建築の寿命も短い。

しかし、日本人は一貫して木にこだわりつづけてきた。それは「木は美しく、あたたかく、強く、そしてなにより生きている」からである。暑さ、寒さ、湿気、乾燥による変化、そして歳月の積みかさねをたたえるその表情を愛し、「木にはマナがある」と信じられてきたのだ。だから、死者の空間はともかく、生者の空間には石をつかわず、木をつかいつづけてきた。

その木も大敵は火である。そこで日本建築は火との戦いに終始した。なんど焼かれても建てかえつづけた。火事をおこさない文化をつくりつづけてきた。木にこだわりつづけてきたのである。

その生きた姿がいまの京の町家である。

展望——「神なき百年」の建築と未来

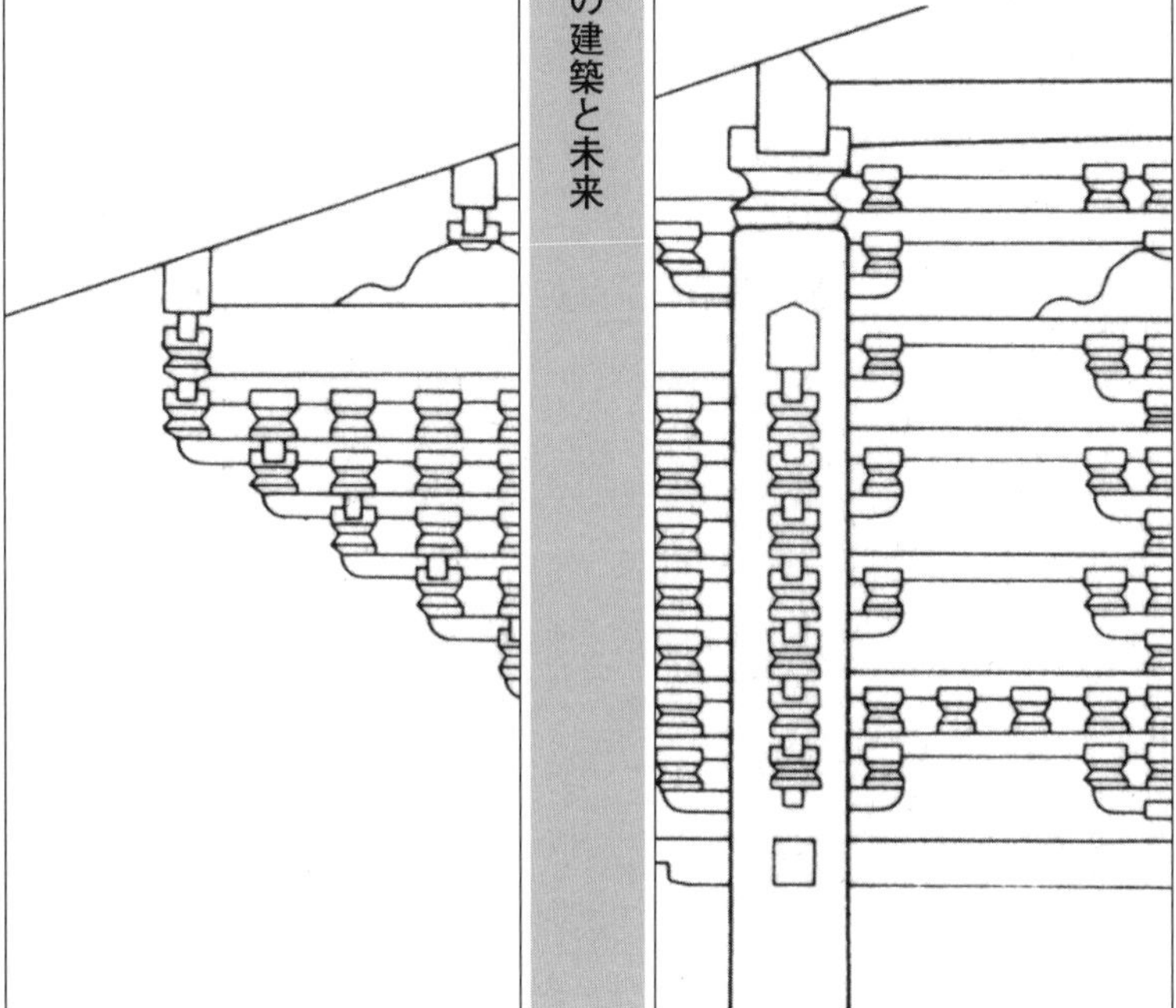

「日本人の心と建築の歴史」は幕末で終わる。

出版社との始めからの約束であり、また現実に原稿の枚数がふえてしまって、これ以上書きつづけることが不可能になってしまったからだ。

しかし、わたしが生きてきたこの現代というものを避けて歴史だけを論ずる、ということはわたしにはできない。歴史を過ぎさった過去のものとしてではなく同時代史としてかんがえたい、とおもっているからだ。

そこで明治維新から今日までの一三八年間とその先の未来とを一括して展望し、本書のむすびとしたい。

日本文化を否定する文化革命

明治維新というものは、日本人一万二〇〇〇年の歴史において、おそらく稲作文化をうけいれた「弥生革命」に匹敵するほどの「文化革命」だったろう。というのは「いままでの日本文化のほとんどを捨てて西洋文明に走る」という政治的変革を押しすすめたからだ。「文明開化」といわれたもので、福沢諭吉によれば「西洋の文明を目的として新日本の文明を進めるべきこと」（『文明論之概略』）である。

そういう流れのなかで、古くからあった日本の学問芸術などのおおくが省みられなくなった。

たとえば、江戸時代の学問は明治以降の大学でほとんど無視され、安藤昌益の哲学も、三浦梅園の論理学も、本居宣長の国学も、伊能忠敬の測量術もだれも学ぼうとしない。その中身はもちろん、そういった人たちがいたことすらあまり知らされていない。

また和歌が二〇〇〇年の日本文化の根幹をなしてきたにもかかわらず、小中高校では和歌や俳句の作り方すらおしえられない。

さらに江戸時代の音楽も、絵画も、幕末に欧米人があれほど驚嘆した陶磁器、漆器、染織、木工などの伝統工芸も、小学校から大学までの学校教育から姿を消した。東京美術学校に日本画がかろうじてのこったのはアメリカ人の東洋美術研究家アーネスト・フェノロサ一人の奮闘による。

そして建築学においても、今日、一〇〇あまりある全国の大学の建築関係学科では、日本の伝統的木造建築技術はほとんどおしえられていないのである。

ようするにそれらは、芸者や職人、大工の生計《たずき》でしかない、という認識である。せいぜい趣味人の遊びごとにすぎない。「新日本の文明」をになうべきものではないのだろう。

古い建築や町並は消えた

さらに具体的な建築の世界でみるとこうだ。

明治六年に、いままでの日本建築があれほど固守してきた「木造建築主義」という原則はあっさりすてられ、銀座にレンガ街が建てられた。井上馨、大隈重信、伊藤博文らの発議による、といわれる[1]。そして明治一六年には、東京日比谷に新興ドイツの宮殿風建築・鹿鳴館が建てられ、毎夜、燕尾服とイブニングドレスで着かざった紳士淑女がダンスパーティーをくりひろげた。それに象徴されるかのように明治にはヨーロッパの歴史的建築の模倣から日本建築と洋風建築の融合などさまざまな「洋風」「擬洋風」建築がつくられた。

大正になると近代ヨーロッパのモダニズム建築が注目され、日本建築界もわれがちにと「モダニズム」を追いかける。グロピウスの「インターナショナル・スタイル」に代表されるように「建築には民族的・文化的なものは不要で、世界的・人類的なものがすべてである」とおもわれるようになった。

そして昭和の敗戦後はアメリカ式機能主義建築が日本中の都市をおおった。

しかしそういう日本人が、戦後、ヨーロッパ旅行をするようになって、ヨーロッパのほとんどの都市や村がいまなお伝統的な建築文化を保持していることに気がついた。ヨーロッパの古くからある一般市街地・町村などではいまも伝統的建築を維持することが原則で、戦争で破壊されても昔どおりの建物を復原するケースがおおい。しかもその伝統的な建築文化にたいして、政府だけでなく国民もみな誇りをもっている。

そこで四角な箱をつみあげたような「モダニズム建築」というのは、ヨーロッパの大学とか、工場、鉄道駅舎、新市街地などの一部の場所でおこなわれた一部の試みにすぎず「世界の交流がすすめばすすむほど、おたがいの建築や文化を尊重しあうことが国際主義である」ことを知ったのである。

そうすると「アメリカはモダニズム建築ではないか？」と問われるだろう。たしかにアメリカの現代都市にはモダン建築があふれているが、しかしアメリカは古い歴史のない国で、モダニズムがアメリカの歴史なのだから当然だろう。

ところが日本には古くて、しかもユニークな歴史がある。しかし気がついてみると、そういう古い日本建築や町並のおおくは資本主義の荒波にのみこまれて姿を消し、わたしたちの眼前には「小アメリカ建築文化」とでもいっていいようなものが横溢している。

近年、ヨーロッパから日本への観光客が激減し、そのほとんどが中国にむかっている、といわれるのも「日本はもはや〈アメリカ〉である」とみなされているのだ。「わずかにのこっている日本文化は高いお金をはらわないとみられない」という認識が世界中にひろがってしまったためではないか。

しかしいっぽうでは「日本の現代建築には国際的な評価がある」といわれる。だが「そういうもののおおくには日本的感性がある」ということも外国人建築家はつとに指摘している。またそれらは価値あるけれどみな単体にすぎず、現実の町並や都市は、機能主義、つまり使用価値や経済価値を最優先する「アメリカニズム」に冒されている。そういう物量の前に、それらは「九牛の一毛」的存在でしかないのだ。

おかげで、日本の都市や農村の町並はうるおいのないものになってしまったのである。

「文化のないすまい」

さらにもうひとつ大きな問題がある。

それは、第二次大戦後につくられたすまいは核家族が住むだけならよいが「家に人を招《よ》んで楽しむ」という生活ができなくなったことだ。

昔は玄関、廊下、座敷、床の間、縁側、庭といった「接客空間」があったけれどそれらはなくなり、かといって大きな部屋にりっぱな家具をおき、絵をかざり、音楽をききながら、客と一緒に会話やダンスを楽しむ、という家のサロン性を重視する西洋的な生活スタイルも確立していないところから、現代日本のすまいはどこも物があふれかえって簡単に客をよべなくなってしまった。しかたなしに人との交際は、都市の喫茶店やレストランで高い金をはらっておこなっている。

すまいということばは、スミアイ、つまり「人と人とが住みあう」ことからおきたが、それができなくなり「すまい」ではなく「す＝巣」になってしまったのだ。塒《ねぐら》である。現代日本の住居はマンションといえども基本的には塒化の方向にすすんでいる。

そういうことになったのも、日本の長い歴史のなかでつくりあげてきた「祭住一致」のすまいの原則が忘れられてしまったからだ。「神さま」を媒介として家のなかで人と人とが交流すること、つまり「小さな祭＝直会《なおらい》」をおこなうことがすまいにおける人びとの喜びだった。それが日本の住文化だったのだ。

とすると「うるおいのない町並」と「文化のないすまい」を大量につくってしまったことが戦後日本の都市や建築の大問題といえるのである。

日本人の心は壊れていく

では、そういう「日本文化を否定する文化革命」がおきた原因はなにか？

じつはそれは建築にかぎらず、また文化のみならず、日本社会全般にかかわる問題だ。

たとえば、今日、日本の首相の靖国神社参拝問題について、中国・韓国からいろいろクレームをつけられることにたいし、日本としてははっきり態度をしめしえないのも、いまもって第二次世界大戦そのものについての国民的総括がなされていないからである。

また対米経済問題をめぐっておおくのトラブルが発生するのも「日本の国はアメリカの軍隊によってまもられている」という現実があるからだ。だからアメリカの政治や経済のリーダーたちからはみくびられている。はっきりいって自国の安全を自分の力でまもれないような国は独立国とはいえないだろう。

かつて「鬼畜米英」をさけび、一夜あけて「敗戦を終戦」「占領軍を駐留軍」といいかえ、今日「軍隊をもっているにもかかわらず軍隊をもっていない」といい、「他国の軍隊に駐留費をはらって駐留してもらっているにもかかわらず〈独立国〉である」としている日本の政治家、官僚、マスコミの発言の欺瞞性に、世界はとうにあきれはてているが、それだけではなく日本国民もながらくやりきれない想いをもってきたのである。

昨今、かつての日本では信じられないような犯罪がつぎつぎにおきているが、それも結局、こういう日本の国の政治家、官僚、マスコミのその場その場の「事なかれ主義」の対応や無責任な嘘の発言の積みかさねにその原因があるのではないか。国民はそこに国家としての理想も誇りもうしなわれ、日本人の夢もモラルも解体していっていることをみてとっているのである。

つまり、日本人の心はすこしずつ歪み、壊れていっているのだ！

そこに、日本建築における日本文化の喪失の真の原因もあるのではないか？

天皇は「巫女」から「大元帥十神さま」になられた

なぜ日本人の心は歪み、壊れていっているのか？

その原因も明治維新にさかのぼらざるをえない。さきにのべた「日本文化を否定する文化革命」であるが、その象徴的なものに天皇がある。

本編でたびたびのべたように、日本歴史において「天皇」はそもそも巫女であり、巫女の呪力をうしなっても「冒すべからざる聖にして空なるもの」としてみなが平等に参画する社会の構造の中核に存在する意義をもちつづけてきた。

それはいわば「天皇を車座の真ん中の空席」とするシステムである。日本の農民たちが、いつも車座になって会議をひらいたのも車座の真ん中には「神さま」がいらっしゃるからだ。だからだれもそこにはすわらない。なぜならその神さまが人びとを平等にし、結束させ、創造力をひきだすからだ。本書の最大のテーマとするところである。だから日本の政治においても「天皇を車座の真ん中の空席」としてきた。いわば「空白なるもの」が天皇なのだ。

こういう独裁者をつくらない政治制度のしくみは鎌倉時代も、室町時代も、戦国時代も、江戸時代もみなそうだった。ときの筆頭の権力者たちも「君」ではなく「将軍」という名の「臣」にすぎず、独裁者というよりは実力者たちの「議長」でしかなかった。だれもが天皇を壟断《ろうだん》することをおそれていた。だから「議長」である将軍も、室町幕府をのぞいて京に住まなかった。京はいわば「空席」だったのだ。

ところが明治になると、天皇は変わられた。

それまでの一三〇〇年間の天皇は、巫女の伝統をひいて衣裳も化粧も女性のようにおやつしになり、歌会などでもせっせと恋の和歌をつくっておられたのに、明治政府によって京都から政治中心の東京によびよせられると天皇は着物を着られず、タタミの家に住まわれず、正式な会食はほとんどフランス料理になられた。あまつさえ軍服をき、軍刀をさげ、軍馬にのり、髭まではやしてしまわれた。そして明治一五年の「軍人勅諭」によって軍人の最高統率者である「大元帥」になられ、その統帥権は内閣のおよばぬものになり、そして最後は「現人神《あらひとがみ》」である。つまり天皇は「巫女」から「大元帥＋神さま」になってしまわれたのだ。

こうして軍人が天皇を「大元帥＋神さま」にまつりあげ、自分たちがそれを操作する「独裁者」になった。

この独裁者にたいしてまともな議論をおこなった政治家たちは殺された。すると、だんだんまともな議論をおこなう人たちがいなくなった。

やがて軍は世界にのりだしていって、最後に国家を破滅させた。

日本社会の底に特別の構造がある

いったい、明治の改革がなぜそういうことになってしまったのか？

理由はいろいろある。

明治の改革をになうべきおおくのすぐれた人たち、たとえば吉田松陰、井伊直弼《なおすけ》、坂本竜馬、西郷隆盛、大久保利通といった人たちがそろって殺された、といったことがあったろう。現実に明治の改革をおこなった人たちは、この人たちにくらべればみな「二流の人材」の感をまぬがれない。

たとえば明治の改革の中身を、一口によく「和魂洋才」といわれる。しかし、じっさいに歴史の推移をたどると「和魂洋才」が通用したのは明治一〇年までであって、それ以後は「洋魂洋才」になってしまったのである。

つまり、日本人の心が失なわれてしまったのだ。明治の改革が失敗してしまったのは、心の本源にある「神さま」、その具体的な形としての「巫女としての天皇」、そして政治制度における「独裁者の抑止機能」というものをなくしてしまったことにその最大の原因があるのではないか、とわたしはおもう。

だが、そうやってわが国の歴史の不幸を嘆いてみても、いまさらはじまらない。

それより、わが国の社会の構造をもっと真剣にかんがえてみるべきではないか。そこにもう救いはないか？

するとと日本社会の根底に、そういった歴史の「孝不幸」をこえた「この国の特別な構造」のようなものがうかんでくるようにわたしにはおもえるのである。

技術者・職人・労働者は世界一

それはこういうことだ。

たとえば日本社会には、変わる部分と変わらない部分がある。わたしたちはつい変わる部分に眼がうばわれてしまうが、じつは変わらない部分があって、それはすこしも変わっていないかもしれないのである。

たとえば今日、日本は国連に多額の負担金を支払っているにもかかわらず、日本が国連常任理事国に立候補しても賛成する国は世界にほとんどない。つまり日本の国際政治に世界の評価がほとんどないのである。

それは昔もおなじだった。日本は日英同盟廃棄以後、国際外交で孤立しつづけて戦争にはいってしまったのだ。「政治小国日本」の姿である。

これは日本の政治家のみならず、官僚、経済人、学者、マスコミの共同責任だろう。さらには日本の知識人や社会的リーダーのすべての人びとの責任といえるのではないか。

にもかかわらず、日本にはもうひとつの顔がある。それは「経済大国日本」という顔だ。

その経済大国をささえているものは日本の工業生産の優秀さである。その優秀さに、世界は一目も二目もおいている。

そしてその優秀な日本の工業生産をささえているものは、名もなき日本の技術者、職人、労働者たちなのだ。

そういうことをわたしがことのほか実感するのは、イギリスやアメリカに住んでみて、むこうの工業製品の杜撰《ずさん》さにおどろき、あるいはむこうの技術者や職人たちとつきあってみて、かれらの無責任さにときにあきれてしまうからである。

外国にでかけたとき、日本の政治家、評論家、学者、マスコミは世界の三流、四流の評価しかうけないことを残念におもうが、しかし日本の技術者、職人、労働者は世界一である、といつも感じて、誇りにおもう今日このごろである。

いったい、どうしてそんなことになってしまったのだろうか?

機械は「生きもの」

たとえば、本編のなかでわたしは江戸の藩校と、私塾と、寺子屋についてのべた。

そのなかで、藩校出身者からはその後の日本をリードする学問も人材もそだたず、おおくが私塾出身者からでた、とのべた。

しかしその私塾出身者のうち有能な人材は途中でたおれてしまったとはいえ、おおくの私塾出身者がつくった明治維新は、すべてとはいわないが肝腎なところでは、いまのべたように重大な失敗を招来してしまった。

いっぽう寺子屋からは、明治維新の変革に参画した者はほとんどいなかった。

かれらは、日本社会のいつの時代にも革命には参加しない「物いわぬ大衆」である。しかし明治早々の数年のうちに日本に二万六〇〇〇の小学校がつくられたが、それは藩校でも私塾でもなく、大半がこれら寺子屋から生まれたものだった。そしてその小学校でそだった人たちが、明治以後、日本が驚異的な近代化をとげる礎《いしずえ》となった。また戦争になるとたくさんの大衆は死んでいったが、戦後かれらの子弟は、その技術力によって日本経済の発展をその底辺でささえたのである。

日本社会のリーダーたちとその支配階級は、歴史がかわるたびに交替をかさねてきたが、かれら大衆はすこしも変わっていないのだ。

その秘密は、これら「物いわぬ大衆」である技術者・職人・労働者たちと接してみるとわかる。かれらを見ていると、たいてい仕事相手である機械を「生きもの」のようにあつかっている。「生きもの」のようにその気配を知ろうと一生懸命なのだ。機械を注意ぶかくみたり、さわったりしている。そうすると機械の傷もわかる。動かない機械もしばしば動きだす。

それは本編にのべたように、伊藤仁斎が「すべてのものは生きている」[2]といったことに尽きる。生きているからこそ人びとは物の息づかいや、動きや、気分などを知ろうとする。日本人が昔から何事も物事の気配を知ろうとするわけである。

それは人間どうしのコミュニケーションについてもいえる。

日本人はなんとかして自分の気持ちを相手につたえようとし、相手も気配でそれを察しようとする。「人間という生きものどうしのコミュニケーション」だからだ。「以心伝心」である。日本社会におおい各種の贈答行為もそのひとつだろう。言葉でつたわらない気持ちを物でつたえようとする。物に心を秘める。

そういう文化がつくられてきた原因のひとつに、本編でたびたびのべた日本漁民の毎朝の「海見」の行事があったろう。それは縄文時代からつづいてきた習俗とおもわれる。自分の経験とカンでその日の海の気配を知る日本漁民の基本的な生き方だ。海の気配を知らなければ、漁民はこの危険な日本列島の海では生きていけなかったのだ。

「文字型人間」と「気配型人間」

そういう生き方を一万年以上もつづけてきたなかで、あるとき大陸から文字というものがはいってきた。しかしそれはなかなか日本社会には根づかなかった。一般に「文字で言葉や、さらにはものの気配や人間の気もちなどをつたえることは不可能だ」とおもわれたからである[3]。

しかしやがて大陸にみならって、日本にも文字による知識を大量にストックするインテリたちが登場した。するとと日本社会には伝統的な「気配人間」のほかに「文字人間」が登場するようになった。「文字人間」は、みなわれがちに外国から新しい法や思想を輸入して競いあい、社会のリーダーになっていった。しかし「文字人間」がふえると、リーダーになれなかった「文字人間」が反抗して反体制派になり、革命をくりかえした。

しかし「気配人間」はそういうことにかかわらず「物いわぬ大衆」として、社会的にはかれらのムラづきあいを尊重しつつ、そして個人的にはみずからの経験とカンにたよって従来どおり生きてきた。

そういう「気配人間」というのは、今日、だれだろう？

その典型を、かつては漁民といったがいまでは、わたしは大都市のタクシーの運転手にみる。かれらは仲間意識がつよい。しかし「どこで客をひろうか」というきまったシステムもマニュアルもかれらのあいだにはない。季節、月の始めと終り、祝祭日、曜日、時間、天気、イヴェントの有無、車の流れ、町の人間の気配などによって、それぞれの運転手がそれぞれの経験とカンで車を流している。そして客をひろっている。

そういうタクシーの運転手と話をしていると、社会のいろいろなことがわかる。選挙の結果などもほとんどタクシーの運転手のいうとおりになる。テレビ評論家の的外れな予測とはだいぶんちがう。

というと「気配人間」の人間の肩ばかりもつようだが、わたしは日本社会には両方のタイプの人間が必要だ、とおもっている。社会が「文字人間」ばかりだと争いが絶えないし、また社会が「気配人間」ばかりだと発展性がない。両者は車の両輪のように刺激しあい、ささえあうことが大切だとかんがえている。

ただ現状では「気配人間」の存在がおろそかにされ、その重要性がうしなわれていることが問題だ。その証拠に、今日、社会は高等教育をすすめ「文字人間」の増産にばかりせいだしている。ために職人の子どもたちも職人にならなくなっている。「気配人間」はどんどん減っていっているのである。

デパートにいってもレストランにはいっても、若い店員はみなきれいになったけれど、たいてい「文字人間」ならぬ「マニュアル人間」である。まるで「ロボット」と話しているような錯覚におちいる。

しかしそれでいいのか？

たとえば欧米人はエリートだけでなく一般大衆も、体質的にも文化的にも「文字人間」への傾斜がいちじるしい。権利意識がつねに前面にでて、契約がないと何事も前にすすまない。その結果の一面はさきにのべたとおりである。社会は進歩するかもしれないが、反面、ぎすぎすしていて争いがたえない。

家づくりのためにみなが心を一つにする

その点、まだ日本社会はちがう。いまなお「気配人間」がおおく存在している。

それは日本社会の美点であるとどうじに、現実に日本の高い工業生産を支えている原動力にもなっている。ハイテクにたいしてしばしばローテクといわれるものがそうだ。技術にたいする技能である。それにたずさわっている職人たちのことである。

じっさい、ITなどのハイテクをささえているのは、じつはこのローテクなのだ。ローテクをきわめれば、それがハイテクになるのである。

たとえば、コンピュータなどのハードディスクはアルミの円盤に超薄の磁石をぬったものだが、その異常をさがしだすのは人間である。機械はフィックスした状態でしか調べられないが人間はディスクをもちながら角度をかえて光の輝きぐあいなどをみることができる。つまり機械は高能力をもつかもしれないが局所的・部分的であるのに、人間は機械より能力は低いかもしれないが総合的・全体的に判断できる。そういう検査技能は職人芸で、専門家になると、ミクロン、つまり1ミリの千分の一の異常を発見できる、という。

また超高層建築などに活躍するタワー・クレーンにつかわれる高強度のワイヤロープは、素線をストランドという束に縒《よ》り、さらにストランドをロープに縒ったものだが、そのままではストランドがほどけたり、温度変化でロープがあばれたりして、吊っている鋼材などを回転させて事故をおこすので、ロープの用途や径、長さにおうじて巧みな加工がほどこされる。それを「口出し」といい、ほとんど職人芸である。(4)

そういうことの独壇場は、日本の伝統的技術の世界だ。その一つに木造建築の「建前《たてまえ》」がある。日本建築の伝統的工法によって木造住宅を建てるには半年ぐらいかかる。建前、あるいは棟上《むねあ》げといわれるものは、通常その半分ぐらいの期間のところでおこなわれる。そのときまで、現場には基礎コンクリートのほかには何もない。大工たちはいったい何をしているのか、とおもう。

ところが建前の朝になると、現場には材木が山のようにつみあげられる。しかもよくみるとその何十本、何百本という材木のすべてが寸法どおりに切られ、ホゾやホゾ穴などの仕口や継手がていねいに切りきざまれ、その仕口・継手のすべての箇所に墨で記号がかかれている。

それでやっと「半分の期間の仕事」がわかる。つまり施主の依頼をうけ、図面をつくり、役所に申請し、予算をはじき、下請け業者をきめ、工程表を作成し、隣家の承諾をえ、建物の位置を画定し、基礎の高さをさだめ、基礎コンクリートをうち、そのうえで図面からすべての材木をひろいだし、各部寸法を確認し、仕口・継手の型をえらび、材木屋で材木をみたて、購入し、一本一本切りきざみ、すべての接合部に記号をうち、材料を現場にはこびこみ、シートをかけ、管理する、といった下拵《こしら》えの一切がそれだ。それをおこなうのが棟梁である。

そうして建前の朝、つみあげられた材木の山へ一四、五人の大工や職人たちがどやどやとやってきて、夕方までには一軒の家の骨組をくみあげてしまう。その間、棟梁は材木の順番をかぞえたり、大工の「足らず前の材料」をとりにいったり、現場を片づけたり、職人たちの茶を用意したりしてウロウロしている。

また一四、五人いるこれら職人のうち高いところにあがって木槌やハンマーで派手に材木をたたきこんでいるのは大工である。しかしかれらは三、四人しかいない。あとは基礎屋であったり、屋根屋であったり、左官屋であったり、内装屋であったり、タイル屋であったり、建具屋であったり、ガラス屋であったり、家具屋であったり、電気屋であったり、水道屋であったり、あるいはクレーン車の運転手であったりする。

かれらはみな「手伝い」なのだ。だがその家にかんする職人のほとんど全部がこの棟上げのときにあつまってきて、足場をくんだり、道具をそろえたり、材木をはこんだり、それをホゾ穴にさしこんだり、みずから足場のバランスをとる重しになったりして大工を手伝う。みな黙々と、しかしてきぱきとはたらいている。初めての仲間どうしの初めての集まりであり、しかも自分の仕事でもない仕事に精だしている。そうして柱や梁がつぎつぎとたちあがり、くみたてられ、棟があがっていく。

そういうことが可能なのも、おたがいが気配を察しあって仕事をしているからだ。

ためにそこには一切なわばりがない。みな心を一つにしている。心を一つにしているからいい仕事ができる。他人の仕事に一切無関心で、徹底した「分業主義」や「自己中心主義」をとるイギリスやアメリカの職人たちの仕事とはおよそ異なる光景である。

そうして無事に棟が立ちあがった夕方、みなが「神さま」に感謝して上棟式をおこない、酒のいっぱいも飲む。そのときいちばんよろこんでいるのは棟梁である。うまく建前ができなかったり、事故があったりすると、その責任はすべて棟梁にかかってくるからだ。

そういう棟梁はたいてい昔は小学校出がおおかった。

わたしの手元にはこれらの棟梁からもらった手紙が何通かある。みな金釘流だが心がこもっている。

註

はじめに （1）森田慶一『建築論』（一九七二年、東海大学出版会）

第一章 ［起の巻］

1 （1）松井愈、吉崎昌一、植原和郎編『北海道創世記』（一九八四年、北海道新聞社）
（2）上田篤『呪術がつくった国ニッポン』（二〇〇二年、光文社）

2 （1）上田篤「斜面貝塚」（同『日本の都市は海からつくられた』一九九六年、中央公論社）
（2）ルイス・H・モーガン著、上田篤監訳『アメリカ先住民のすまい』（一九九〇年、岩波書店）

3 （1）アラン著、神谷幹夫訳『幸福論』（一九九八年、岩波書店）
（2）『日本書紀』の「書第三」によれば、アマテラスには「天安田《あまのやすだ》・天平田《あまのひらた》・天邑并田《あまのむらあわせだ》という良田があったが、スサノオには「天樴田《あまのくいだ》・天川依田《あまのかわよりだ》・天口鋭田《あまのくちとだ》」というやせ地しかなく、それをねたんでスサノオはアマテラスの田の用水路をこわしたり、溝をうめたりした、という。

4 （1）上田篤「丸木舟と巨木信仰」（同『呪術がつくった国ニッポン』二〇〇二年、光文社）
（2）森浩一「古代日本海文化と潟港」（梅原猛・伊東俊太郎編『海・潟・日本人』一九九三年、講談社）
（3）吉井巌「スクナヒコナの神」（『万葉』第六七号）

5 （1）（3）上田篤「地文学事始――日本人の国づくり」ほか、（上田篤・中村良夫・樋口忠彦編『日本人はどのように国土をつくったか』二〇〇五年、学芸出版社）
（2）上田篤「風――竜田神社」（同『空間の演出力』一九八五年、筑摩書房）
（4）安本美典『古代物部氏と「先代旧事本紀」の謎』（二〇〇三年、勉誠出版）

第二章 ［承の巻］

7 （1）（2）上田篤「謎の建築・五重塔」（上田篤他『五重塔はなぜ倒れないか』一九九六年、新潮社）
8 （1）上田篤「吉備の穴海って何だろう」（同『都市と日本人――「カミサマ」を旅する』二〇〇三年、岩波書店）
11 （1）上田篤「ヒ――焼火山」（同『海辺の聖地』一九九三年、新潮社）
12 （1）村上重良『日本史のなかの天皇』（二〇〇三年、講談社）

第三章 ［転の巻］

14 （1）田中充子「仏さまが輪中をつくり、神さまが人々を守った」（上田篤・中村良夫・樋口忠彦編『日本人はどのように国土をつくったか』二〇〇五年、学芸出版社）
15 （1）上田篤「鎌倉の切通しをみる」（同『都市と日本人――「カミサマ」を旅する』二〇〇三年、岩波書店）
（2）西ヶ谷恭弘『戦国の城・全四巻』（一九九三年、学習研究社）
16 （1）上田篤『お通しウタキ』（同『日本の都市は海からつくられた』一九九六年、中央公論社）
（2）上田篤「山は水甕　森は蛇口――津軽の森と岩木山」（同『鎮守の森の物語』二〇〇三年、思文閣出版）
（3）神部四郎次『森は一体の巨大な生き物』（二〇〇四年、コロナ社）
（4）コンラッド・タットマン・熊崎実訳『日本人はどのように森をつくってきたのか』（一九九八年、築地書館）
17 （1）田中充子「津軽平野はいかにつくられたか？」（二〇〇四年、京都精華大学紀要第二六号）
（2）上田篤「安土城に永遠の都がつくられた」（同『都市と日本人――「カミサマ」を旅する』二〇〇

三年、岩波書店）

第四章　[結の巻]

20（1）松浦茂樹「大河川に挑む――関東平野はいかにつくられたか（近世篇）」（上田篤・中村良夫・樋口忠彦編『日本人はどのように国土をつくったか』二〇〇五年、学芸出版社）
（2）上田篤「東京の鎮守の森はなぜなくならないか」（上田篤『都市と日本人――「カミサマ」を旅する』二〇〇三年、岩波書店）
21（1）服部幸雄「芝居見物を楽しむ」（山崎泰孝他『京都南座の記録』）
23（1）（2）（3）上田篤「町家の考察」（同『流民の都市とすまい』一九八五年、駸々堂）
24（1）上田篤「神なき国ニッポン」（上田篤・平岡龍人『神なき国ニッポン』二〇〇五年、新潮社）
（2）上田篤「スキ――第三の空間」（上田篤他『数寄町家・文化研究』一九七八年、鹿島出版会）
（3）上田篤「町家論」（上田篤他『町家・共同研究』一九七五年、鹿島出版会）
（4）上田篤「京町家――義理の共同体」（上田篤『京町家・コミュニティ研究』一九七六年、鹿島出版会）

展　望

（1）藤森照信『明治の東京計画』（一九八二年、岩波書店）
（2）上田篤「ものを活かす」（同『呪術がつくった日本』二〇〇二年、光文社）
（3）西尾幹二「日本語確立への苦闘」（同『国民の歴史』一九九九年、産経新聞ニュース・サービス）
（4）赤池学『ローテクの最先端はハイテクよりずっとすごいんです。』（二〇〇〇年、株式会社ウエッジ）

あとがき

本書は、わたしの五〇年間の研究生活の総まとめといった性格をもっている。

高校時代に反レッドパージ斗争をやり、大学四年間は学生運動に没頭し、おかげで卒業したけれど就職はなく、しかたなしに何の目的もなく大学院に進学したわたしではある。

しかし昭和三〇年（一九五五）四月に「新都市」というテーマでパリでおこなわれた第三回国際建築学生会議にむけての「日本レポート」の作成のために京都市の調査を一五人の学友たちとおこない、日本の都市というものがひとつのまとまりでなく本書中で「ブドウの都市」とよんでいるような「多数の住区の複合体」であることを知ったのが建築学研究の出発点であった。それを五〇年後のいまもあいかわらず論じているのであるから、わたしの学問もあまり進歩していない、といえる。

とはいえその間におおくのことを勉強した。順番にあげると、京都大学大学院での「住宅の型計画」の終了ののち、建設省時代（一九五六～六四）の「日本の住宅問題」、「ニュータウン」、「宅地造成」、「土地問題」にはじまり、京都大学時代（一九六五～七八）の「京町家」（日本エッセイストクラブ賞）、「タウンハウス」、「日本型ひろば――お祭り広場」（建築学会特別賞）、「都市の中自然」、「ツボグルマ――日本型自動車」（トヨタ自動車創立四〇周年記念論文最優秀賞）、「日本都市論」、「地域生活空間計画」（学位請求論文）、大阪大学時代（一九七八～八七）の「都市の水辺」、「水網都市」（大阪文化賞）、「日本の橋」、「参道」、「鎮守の森」（環境優良賞）、「流民の都市とすまい」（毎日出版文化賞）、「マスシティ」、「都市の文化行政」、京都精華大学時代（一九八七～二〇〇一）の「建築の広場――橋の博物館」（日本ディスプレーデザイン年賞・朝日新聞社賞）、「五重塔」、「海辺の聖地」、「遥拝の構造」、「川の自然」、そして定年退職後（二〇〇一～）の「社叢学」、「日本の生活空間における呪性と宗教性」、「地文学」、「蹴裂伝説と国づくり」などである。

そしてこれらにかんして出版した本は単著で二一冊、主要な共著・共篇をふくめると一〇〇冊をこえる。

われながらよくも書いたものだ、とあきれるが、またこうやってならべてみると何ともいろいろなことに触手をのばしたものである。それを学問分野的にみると、本来の建築計画学のほか住宅問題、都市論、都市計画学、建築史、建築構造学、土木計画学、造園学、植物生態学から、はては地理学、歴史学、民俗学、考古学、社会学、経済学、政治学、宗教学、人類学の分野にまで勝手気ままに論じてきたものであった。

ただ「勝手気まま」といってもその視点は本書の「はじめに」でのべたようなことである。しかし専門の方々からみると、そのおおくがなんとも許しがたい「空想論」にみえることだろう。ご批判を甘受したい。

しかしこのように手当たりしだい、といってもいいほどにいろいろな学問分野に立入ってきたが、しいてこれらの研究や著述における共通点をさがすと「日本人の生活空間」ということがいえそうである。やっぱりわたしの学問における関心はそのへんにあったのかな、とおもう。

そこであらためて「日本人の生活空間の歴史をまとめよう」とおもって書きはじめたのが本書である。書いているうちに「こういういろいろな研究分野への越境もどうやら年貢の納め時だ」とおもったが、終ってみると「やっと日本文化のことが多少わかってきたのかな」という感想をもつ今日このごろである。

するとこれは終りの始まりかもしれない。しかしそれはわたしにもわからない。

わかっていることはおおくの方々の研究や著作に目をひらかされ、数々のご教示をいただいたことである。が、その数があまりにおおいとはいえ、ここにいちいちお名前をしるさなかった非礼をおゆるしいただきたい。ただ末筆ながら、心からの感謝をもうしあげるしだいである。

二〇〇五年一一月

上田　篤

〈著者略歴〉

上田 篤（うえだ あつし）

一九三〇年大阪に生まれる。五六年京都大学大学院終了後、建設省住宅局技官、京都大学工学部建築学科助教授・経済研究所助教授（併任）・人文科学研究所教授（客員）、大阪大学工学部環境工学科教授、京都精華大学美術学部デザイン学科建築分野教授、総合研究開発機構理事（非常勤）、NPO法人社叢学会副理事長、上田篤都市建築研究所主宰、京都精華大学名誉教授。

主な著書に『生活空間の未来像』（一九六七年、紀伊国屋書店）、『京町家』（一九七四年、鹿島出版会）、『日本人とすまい』（一九七四年、岩波書店）、『鎮守の森』（一九八四年、鹿島出版会）、『橋と日本人』（一九八四年、岩波書店）、The Inner Harmony of JAPANESE HOUSE（一九九〇年、講談社インターナショナル）、『五重塔はなぜ倒れないか』（一九九六年、新潮社）、『呪術がつくった国日本』（二〇〇二年、光文社）、『都市と日本人』（二〇〇三年、岩波書店）、『神なき国ニッポン』（二〇〇五年、新潮社）など。

主な建築作品に『万国博お祭り広場』（一九七〇年、日本万国博協会）、『平和通り買物公園』（一九七一年、旭川市）、『ポートアイランド市民広場』（一九八一年、神戸市）、『橋の博物館』（一九八七年、倉敷市）、『火の橋』（一九九一年、北九州市）、『京町家』（一九九一年、U邸）、『探検の殿堂』（一九九四年、湖東町）、『京都精華大学校舎』（一九九七年、京都精華大学）など。

日本人の心と建築の歴史

発行 二〇〇六年一月一日 第一刷©
二〇〇八年五月三〇日 第四刷

著者 上田 篤
発行者 鹿島光一
装丁者 石原 亮
印刷 壮光舎印刷
製本 牧製本
発行所 鹿島出版会
〒107-0052 東京都港区赤坂六-二-八
電話 〇三(五五七四)八六〇〇
振替〇〇一六〇-二-一八〇八八三

ISBN4-306-04461-0 C3052 Printed in Japan

本書の内容に関するご意見・ご感想は下記までお寄せください。
URL: http://www.kajima-publishing.co.jp
E-mail: info@kajima-publishing.co.jp